长江设计文库

KUQU NONGCUN JUMINDIAN ANZHI GUIHUA SHEJI YANJIU

库区农村居民点安置规划设计研究

朱滢　任洁　等著

长江出版社
CHANGJIANG PRESS

图书在版编目（CIP）数据

库区农村居民点安置规划设计研究 / 朱滢等著 .
武汉 ：长江出版社，2024. 6. -- ISBN 978-7-5492-9536-4

Ⅰ . D632.4

中国国家版本馆 CIP 数据核字第 2024Z2G662 号

库区农村居民点安置规划设计研究

KUQUNONGCUNJUMINDIANANZHIGUIHUASHEJIYANJIU

朱滢等　著

责任编辑： 闫彬
装帧设计： 刘斯佳
出版发行： 长江出版社
地　　址： 武汉市江岸区解放大道 1863 号
邮　　编： 430010
网　　址： https://www.cjpress.cn
电　　话： 027-82926557（总编室）
027-82926806（市场营销部）
经　　销： 各地新华书店
印　　刷： 武汉邮科印务有限公司
规　　格： 787mm×1092mm
开　　本： 16
印　　张： 11.75
字　　数： 235 千字
版　　次： 2024 年 6 月第 1 版
印　　次： 2024 年 6 月第 1 次
书　　号： ISBN 978-7-5492-9536-4
定　　价： 78.00 元

前言

PREFACE

党的十九大提出全面推进乡村振兴，是对“三农”工作做出的重大决策部署。大中型水利水电工程建设征地规划的规模化农村移民集中安置居民点建设，成为乡村振兴中美丽家园建设浪潮的重要组成部分。其统一规划、统一征地、统一基础设施和公共服务设施建设等特点，决定了具体规划设计技术指标统一、工作流程标准化，这是本书编制的重要契机。同时，在本书研究过程中，努力建立一套移民安置居民点规划与国土空间规划有机衔接的技术体系，细化、深化行业规程规划要求和工作流程。

如何妥善安置大中型水利水电工程建设征地移民，事关工程成败和建设征地区域社会稳定。集中安置居民点作为其物质载体，规划设计工作是决定工程建设征地移民安置效果的关键环节，也是后续依法开展移民安置实施工作的依据。历经数十年的发展，大中型水利水电工程建设征地移民安置逐步建立起了完善的规划技术标准体系，包括《水利水电工程建设征地移民安置规划大纲编制导则》(SL 441—2009)、《水利水电工程建设征地移民安置规划设计规范》(SL 290—2009)、《水利水电工程建设农村移民安置规划设计规范》(SL 440—2009)，涵盖前期实物调查与规划设计、移民安置实施、验收和后期扶持等内容。

党的二十大提出全面建设社会主义现代化国家要求，最艰巨最繁重的任务仍然在农村。坚持农业农村优先发展，坚持城乡融合发展，畅通城乡要素流动。大中型水利水电工程建设征地移民安置工作面对新时期的新要求，规划设计如何与“山水林田湖草沙”生态系统有机衔接、如何与国土空间规划体系有机衔接、如何促进移民更好融入安置区经济社会发展，移民安置点建设如何与当地乡村振兴、和美乡村建设衔接，规划设计人员如何从村庄总体规划、村庄布局规划、社会主义新农村规划、美丽乡村规划、乡村建设规划、村庄整治规划等从属关系不明、内容繁杂与重复的系列要求中提炼出对开展移民集中居民点规划设计与建设具有真实指导意义的系统要求，是摆在我们面前急需攻关的新课题。

前言

本书是在水利水电相关移民安置规划框架下对相关工作的深化、细化，力求规范流程、统一标准、细化成果要求，提出指导性规划布局方案等。主要工作包括：一是研究提出农村移民集中安置居民点选址、建设用地、空间布局、公共服务设施配置、生态环境、建筑风貌等工作流程与规划设计要求；二是结合国土空间规划、村庄规划等上位规划，梳理规程规范中相关水、电、路、通信、环保等设施的设计要求，整理形成一套完备的相关设施技术指标体系；三是细化、深化现行规范相关要求和内容，提出较为系统的指标体系和指导性标准。

本书以乡村振兴战略、美丽乡村建设的实施为背景，以农村移民集中安置居民点的规划设计为研究对象，以建立完善系统的集中安置点规划设计体系框架和标准为研究目的，以移民安置规划方面丰富的工作案例与经验为基础，以指标技术体系为切入点，以大数据分析利用为技术手段，在水利水电相关移民安置规划框架下，对相关规划设计工作进行深化、细化，力求规范流程、统一标准、细化成果要求，提出具有指导性的规划布局方案等。

本书共8章，全书统稿和校核由朱滢、任洁完成，其中第1、2、3章由朱滢、王建鹏、任洁负责，5、6章由朱滢、王之婳、石磊负责，第4章由李颖、徐娜、王笑雨、李波负责，第7章由任洁、贺牧侠、臧达霏、陈思尧负责，第8章由朱滢、任洁、谭畅负责。

本书在撰写过程中，得到了四川省、安徽省移民相关部门以及中水东北勘测设计研究有限责任公司的大力支持，为本书提供了部分实例资料，在此表示衷心感谢。还要感谢长江出版社的大力支持，在编制过程中提出了宝贵的修改意见。

由于时间及作者水平所限，书中不当、疏漏之处，恳请各位专家及读者批评指正。

作　者

2024年4月

目 录

CONTENTS

第1章 概 述

1.1 关于农村居民点

水利水电工程移民是指因水利水电工程建设用地需要，必须离开原居住地迁移到新居住地定居谋生人口和需要进行生产安置的农业人口。水利水电农村移民集中安置居民点（简称“农村居民点”）主要指由水利水电工程引起，居民点居住主体为非自愿移民（Involuntary Resettlement or Forced Immigration），即因兴建工程项目而引起的较大数量、有组织的人口迁移后的重建社区。集中安置居民点的移民仍保留农业人口属性，保留传统的生产方式，并通过生产安置解决其生产生活问题。水利水电工程移民安置规划是根据工程建设征地处理范围内涉及对象受影响情况，拟定安置任务和标准，对移民生产生活条件和各项设施功能恢复方案进行技术策划和统筹安排的活动。根据移民条例，移民安置规划应当与国民经济和社会发展规划以及土地利用总体规划、城市总体规划、村庄和集镇规划相衔接。

农村移民搬迁安置方式一般分为集中居民点安置、分散安置和进城集镇安置。集中居民点安置中城集镇移民安置点及小区型农村移民集中安置居民点的规划一般参考城市居住区规划设计标准，然后根据各地征地指标、建设标准要求再进行调整，由于城市居住区规划设计标准已有明确指标要求，因此城集镇移民安置点及小区型农村移民集中安置居民点的规划指标不列为本书研究重点。而位于农村的“一户一宅”式集中居民点安置规划一般参考《镇规划标准》（GB 50188—2007）和地方相关村庄规划要求，建设用地分类和比例、道路工程、公用工程设施等指标主要参考《镇规划标准》（GB 50188—2007）的要求，但在具体操作过程中往往会出现镇规划技术指标与集中居民点特征不匹配的矛盾。

因此，本书主要研究对象为大中型水利水电工程建设征地“一户一宅”式农村移民集中安置居民点的规划指标体系。水电工程、堤防加固、河道整治、抽水蓄能和引调水等工程可参照执行。

1.2 农村居民点指标研究现状综述

现有移民安置指标的相关研究，主要研究方向是移民生产安置标准、土地补偿标准、安置后评价指标体系等，鲜有关于水利水电搬迁安置规划设计指标体系的研究。在水利水电工程移民安置规划领域，出现了与国土空间规划衔接、用地标准、道路规划、住宅设计等方面指标的思考，但缺乏系统性。在村镇规划标准的相关研究中，主要关注点集中在“镇”这一层级，以及探讨村镇规划编制和标准的完善措施，主要为定性层面的研究与分析。其中郐艳丽、刘海燕梳理了我国村镇规划编制的历史进程，将存在的问题分为体系、标准、内容、编制及实施问题，并提出了完善措施的建议，为农村居民点规划的指标体系研究提供了思路。

1.3 实践中的困惑

在实际工作中，农村居民点安置规划设计中用地一般参考《镇规划标准》(GB 50188—2007)，由于建设用地权属性质不同，建设规模差异巨大等，往往导致用地分类、各类用地比例确定、基础设施和公共服务设施配套无据可依，或适用性差等问题。

1.3.1 与城镇建设用地的权属性质不同，分类不适用

农村居民点安置规划设计中用地分类一般参考《镇规划标准》(GB 50188—2007)中的用地类型，包括居住用地(R)、公共设施用地(C)、道路广场用地(S)和公共绿地(G1)等。这些都是城市用地类型，且未与新版城市用地分类标准衔接。但农村居民点用地性质为农村集体建设用地，非城市建设用地，因此《镇规划标准》(GB 50188—2007)中的用地分类并不适用于农村居民点。

1.3.2 建设规模差异巨大，用地比例参照适用性差

城镇人口规模少则数千人，多则数万人、数十万人。而农村居民点人口规模一般在百人，千人以上的居民点已属于特大型农村居民点。城镇与农村居民点人口规模之间的巨大差距影响着用地类型与比例。城镇聚居区除解决居住问题外，还需配置完善的公共服务、商业服务、医疗、对外交通枢纽、集中绿地广场等，因此在用地比例上，城镇建设用地中居住用地仅占28%～43%。但农村居民点主要是解决移民居住的问题，提供基础的社区服务、商业配套、医疗等，其他公共服务配套设施如学校、枢

组站点主要与附近城镇共享。因此在用地比例上，农村居民点的居住用地占比较大；同时考虑到农村居民点一般为一户一院的联排形式，道路用地占比较城镇居住区也更高。因此城镇规划中各类建设用地的比例不适用于农村居民点。

1.3.3 无成套的基础设施和公共服务设施配置标准指导文件，现行标准通用性较差

农村居民点一般参考《镇规划标准》(GB 50188—2007)中，新建镇区规划人居建设用地指标的标准：最低要求 $80m^2$/人。主要目标是解决移民“住得了”的问题，但与移民日益提升的生活水平不适应，且与移民后期扶持“十四五”规划中移民“安稳致富”的任务不符。如在基础设施配置上，《镇规划标准》(GB 50188—2007)主要考虑道路、供水、排水、供电、电信等方面的规划建设，忽略了农村移民生活燃料、供热采暖等配套设施，导致居民点在规划建设过程中所需要的标准远超出现有相关规范导则的范畴。在道路交通规划上，私人小汽车的普及导致居民点停车难的问题愈显突出。此外，还面临公共服务设施考虑不充分、建设标准过低的问题，公共设施的配置缺乏考虑农村居民点产业转型升级，缺少结合移民创业就业问题，不利于移民安置的可持续发展。

1.4 研究任务

1.4.1 梳理农村居民点概念

为农村移民安置规划融入乡村振兴战略以及与衔接国土空间寻找契合点，主要梳理乡村振兴政策以及在国土空间的规划背景，辨析农村居民点以及村庄的概念，厘清农村居民点与村庄的关系。

1.4.2 系统梳理相关法律法规、政策和技术标准，找出当前问题

梳理国家移民与乡村振兴相关的宏观政策和行业相关的规范标准，分析和解读新时期农村居民点规划设计的重点与要求。对各省市乡村振兴、美丽乡村建设的指导要求进行收集，分析不同地域的侧重点的异同，找出目前在农村居民点规划过程中存在的问题，为进一步指导农村居民点规划工作奠定基础。

同时，研究并分析水利水电移民较为集中的流域中农村居民点规划的典型项目，梳理农村居民点设计本身存在的问题，以及与所在地国土空间规划、美丽乡村建设、乡村振兴发展衔接过程中的具体问题。分析农村居民点中人口、用地、水电等重要指

标的依据问题，以及农村居民点规划设计的工作流程、工作内容和工作成果等问题。总结以往规划设计工作过程中的不足与缺失，并提出有效的解决途径，以完善和补足规划框架。

1.4.3 编制导则的必要性和重点内容

本书依据水利水电工程建设征地农村居民点规划设计经验总结，统一水利水电行业农村居民点规划设计流程、技术体系，以指导后续农村居民点的规划设计，落实乡村振兴战略，促进农村移民安稳致富。

重点研究内容为：通过系统梳理农村居民点概念，解读相关法律法规、政策标准，进行案例研究。分析农村居民点指标体系及规模，从居民点选址、用地结构、空间形态等方面深入研究农村居民点设计体系。为科学地开展大中型水利水电工程建设征地农村居民点规划提供参考。

1.4.4 提出农村居民点规划设计导则

现承担农村居民点规划设计单位多样，有水利行业、水电行业、市政行业、规划设计行业、建筑行业等不同类型设计院，在规划设计农村居民点的过程中，因缺乏农村居民点的行业设计标准，导致参照的建设用地标准、道路标准、基础设施标准各式各样，规划设计成果质量参差不齐，常常出现用地指标大幅超标、道路等级过高或过低、基础设施标准不达标等问题。本书通过建立农村居民点规划设计指标体系，从技术层面提供技术标准指引，提出农村居民点规划设计导则，统一规范要求。

1.5 研究方法和工具

不同于美丽乡村或新农村建设，农村居民点受到水利水电工程建设征地移民管理的限制，移民安置规划需要考虑到征地补偿费用的限制，集约高效合理利用土地、改善生态环境和保护耕地等要求，需要严格规定人均建设用地面积，这为本书提供了较为统一、稳定的基础条件。

1.5.1 研究方法

本书主要梳理对新中国成立后至今的移民安置目标，明确新时代乡村振兴要求下的移民安置目标，将“增加移民收入，使移民生活水平不断提高，逐步达到当地农村平均水平”的安置目标分解为用地控制指标，参考《镇规划标准》(GB 50188—2007)九大类用地指标体系、村庄三大类用地指标分类，结合农村居民点与村庄在形成基础和属性、形态特点、建设主体和规划设计依据等方面的异同，在“五级三类四体系”的国土空间规划体系的大框架下，遵循乡村振兴战略规划，提出适应于农村居民点规划设计的用地分类，并构建移民安置用地指标，提出农村居民点规划体系，填补相关研究领域的空白。

(1)文献阅读法

通过广泛阅读和整理文献，了解现阶段国内外的研究动态，获取相关的理论成果和结论，借鉴科学的研究方法，奠定本书深入研究的基础。

(2)比较分析法

比较分析是确定对象之间差异或雷同的一种逻辑思维方法。本书针对全国不同区域水利水电工程的农村居民点规划设计，进行对比、类比分析，从而掌握不同区域农村居民点的差异点和共同点，使得研究的立足点更清楚、研究更有效。

(3)归纳和演绎相结合的方法

一方面运用数据收集与现场调查法，在现有资料的基础上进行分析、归纳出判断、结论和规律方法，另一方面把这些规律运用到农村居民点规划设计导则的实践中去。

(4)实证分析法

本书尽量利用掌握的实践资料来分析和论证研究课题，提高研究的科学性和实践性。

1.5.2 研究工具

(1)ArcGIS 分析

本书选取全国农村居民点共有 100 余处，且类型多样，分布广泛，需要借助一定的数理统计知识对其进行归纳总结，采用定性与定量分析相结合的方式。同时，考虑到农村居民点在空间分布上的地理差异，需要借助 GIS 空间信息平台对其空间分布特征进行整体性的可视化分析。

(2)空间句法分析

空间句法理论(Space Syntax)自 Bill Hiller 和 Julienne Hanson 于 20 世纪 80 年代一同创立以来，成为近 20 年来研究空间形态构成的一门分析技术。通过对人居空间结构的量化描述，来研究空间组织与人类直觉体验之间的联系，近年来对于空间句法的研究主要集中于交通通达度的实证应用。其作为研究复合空间内部相互联系的网络体系中空间拓扑关系的理论，可以定量分析人居空间布局与社会之间的联系，可以作为农村居民点空间布局优化的科学参考依据。

本书以农村居民点街巷空间为研究对象，建立居民点街巷空间轴线模型，导入Depthmap进行分析，研究居民点街巷空间可达性。

(3)Excel研究数据处理

由于样本数量众多，且数据量大，需要对农村居民点的数据进行分析处理，为提出相应控制指标导则提供强有力的支撑。

第 2 章 农村居民点与村庄

2.1 关于村庄

村庄,乡人聚集的地方,是时间和个人行为的叠加,其形态根据现状地形山势,体现个人意志,布局较为灵活,道路宽窄不一,受到地形现状、地方文化等因素的影响较为深远。在城乡发展过程中,村庄是指农村村民居住和从事各种生产的聚居点,是乡镇以下的农村居民点,根据其职能,分为中心村和自然村。中心村一般指村民委员会所在地,除作为村民的生产、生活基地外,还有一定的政治、经济、文化职能。自然村是普通村庄,是村民生产、生活基地。

对"乡村"的理解由于学科领域和国家的不同其划分标准也不尽相同,按现代地理学词典的解释,乡村是非城市化地区,是社会生产发展到一定阶段而产生的,相对独立的,具有特定经济、社会和自然景观特点的地域综合体。乡村社会地理学家Gareth Lewis 认为乡村一般具有以下几个特点:在空间上表现出面状分布,其小和低的聚落展现出建筑与周围环境的重要关系;乡村土地利用是粗放的,农业和林业土地利用特征明显;乡村生活的环境和行为质量是广阔景观的有机组成部分,是特有的乡村生活方式。在我国,乡村地域范围是指国家行政建制设市的城市市区以外的广大区域,包括城市郊区、建制镇及其他农村地区。

2.2 农村居民点与村庄的关系

水利水电工程建设农村居民点与传统村庄规划存在一些异同点。首先,两者之间最大的不同在于建设目的和方式。农村居民点是由国家资金投资,旨在解决因水利水电工程建设产生的农村人口迁移与安置的问题,从无到有进行建设。性价比较高,并能够基本满足居民需求,具有较强的可操作性和科学性。

而传统村庄作为本身已经存在的社会组织形式,规划则一般下放到各个区县,作为其地域性和对现有行政管理结构的适应，缺乏专门的设计导则，建设方式也不尽相同。因此，设计导则的制定和实施成为村庄建设的重要环节。

在规划设计方面，对于农村居民点，基本上差异性较小，这也进一步证明了构建指标体系的必要性。而对于传统村庄规划，则需要考虑更多的因素，如地理位置、气候条件、村落历史文化和民俗传统等，因此在规划设计方面需要更加细致入微。

2.3 乡村振兴战略和国土空间规划要求

党中央在十九大报告中提出我国社会的主要矛盾转化为人民日益增长的美好生活需要和不平衡不充分的发展之间的矛盾，提出乡村振兴战略，明确了“产业兴旺、生态宜居、乡风文明、治理有效、生活富裕”的总要求；2019 年 5 月 10 日印发的《中共中央 国务院发布关于建立国土空间规划体系并监督实施的若干意见》，明确了村庄规划属于“五级三类四体系”国土空间规划编制体系中详细规划的一部分，在城镇开发边界外的乡村地区，由乡镇人民政府组织编制“多规合一”的实用性村庄规划。“多规合一”的实用性村庄规划成为新时期村庄规划的主要目标，给水利水电建设征地农村居民点规划带来新的发展机遇。

水利水电工程建设农村居民点在选址、规模控制方面，应在区域总体发展布局下统筹规划解决移民安置问题，考虑国土空间规划乡村体系布局、结构、功能，与国土空间规划体系进行衔接，编制“多规合一”村庄规划。加强与国土空间规划内容的衔接，其规划理念、规划原则、规划内容应当适应国土空间规划的要求。同时结合地方经济社会发展状况，在符合国土空间布局的基础上，细化移民安置规划内容。

2.4 农村居民点规划设计原则

2.4.1 人本关怀原则

农村居民点规划设计应以人为本，以现状为基础，与资源综合开发利用、生态环境保护相协调。关注被征地农民的需求和福祉，充分了解农民的生活方式、社会经济特点和文化习惯，提供适宜的居住环境、基础设施和公共服务设施，提高居民的生活品质，并为移民安置区经济可持续发展留有余地。

2.4.2 公平公正原则

确保征地农村移民的合法权益，公平合理补偿和安置被征地农民，确保农村移民在失去土地、房屋和生计来源后得到公平合理的补偿，并提供良好的安置条件。依法进行征地程序，明确权益保障机制，防止社会不稳定因素的产生。

2.4.3 经济发展原则

促进征地农村移民的经济发展。规划合理的产业布局和就业机会，提供创业支持和培训机会，促进就业增收，提高农民经济状况。农村移民生产安置应以农业安置为主。有条件的地方，可采用农业与非农业安置相结合的方式进行安置，使移民生活达到或超过原有水平。

2.4.4 可持续发展原则

注重生态环境保护和资源利用。规划设计要充分考虑生态环境的保护和恢复，优化土地利用，合理开发和利用水资源，减少对生态系统的负面影响，实现可持续发展。

2.4.5 安全与便利原则

确保居民的安全和便利。规划设计要考虑自然灾害防护和安全管理，提供安全设施和应急预案，保障居民的生命财产安全。同时，移民搬迁安置应与生产安置相协调，移民安置区应结合社会主义新农村建设的要求配置必要的公用设施和公共建筑，提供便利的交通网络和基础设施，满足居民的出行和日常生活需求，为移民安居乐业提供必需的生活环境。有条件的地方可结合新农村和小城镇建设进行搬迁安置。

第3章　相关法律、政策和技术标准的解读

3.1　针对村庄的政策规定

3.1.1　村庄政策发展历程

我国乡村正从“社会主义新农村建设”的初级阶段向乡村振兴的全面小康阶段逐步迈进。2004—2018年，中共中央、国务院先后发布了多个“三农”主题的“一号文件”。这些“一号文件”虽然没有系统性地提出乡村治理政策，但根据我国“三农”实践发展中的问题，制定了改善乡村治理状况的重要意见和要求。可见，我国的乡村建设政策发展经历了一个长期的摸索过程，并不断从经济、产业、体制机制等方面切入、完善(表3.1-1)。

表3.1-1　国家关于农村建设政策发展历程

时间	政策名称
2004年	关于促进农民增加收入若干政策的意见
2005年	关于进一步加强农村工作，提高农业综合生产能力若干政策的意见
2006年	关于推进社会主义新农村建设的若干意见
2007年	关于积极发展现代农业，扎实推进社会主义新农村建设的若干意见
2008年	关于切实加强农业基础设施建设，进一步促进农业发展农民增收的若干意见
2009年	关于促进农业稳定发展农民持续增收的若干意见
2010年	关于加大统筹城乡发展力度进一步夯实农业农村发展基础的若干意见
2012年	关于加快推进农业科技创新，持续增强农产品供给保障能力的若干意见
2013年	关于加快发展现代农业，进一步增强农村发展活力的若干意见
2014年	关于全面深化农村改革加快推进农业现代化的若干意见
2015年	关于加大改革创新力度加快农业现代化建设的若干意见
2016年	关于落实发展新理念加快农业现代化，实现全面小康目标的若干意见
2017年	关于深入推进农业供给侧结构性改革加快培育农业农村发展新动能的若干意见
2018年	关于实施乡村振兴战略的意见

3.1.2 村庄规划建设政策

(1)《中共中央 国务院关于建立国土空间规划体系并监督实施的若干意见》

明确了村庄规划的定位,村庄规划属于国土空间规划"五级三类四体系"(图3.1-1)中详细规划的一部分,在城镇开发边界外的乡村地区,由乡镇人民政府组织编制"多规合一"的实用性村庄规划,同时确立了多规合一、村民主体、成果简明、生态优先、地方特色、因地制宜等新要求,并进一步明确其作为核发乡村建设项目规划许可、进行各项建设的法定依据。

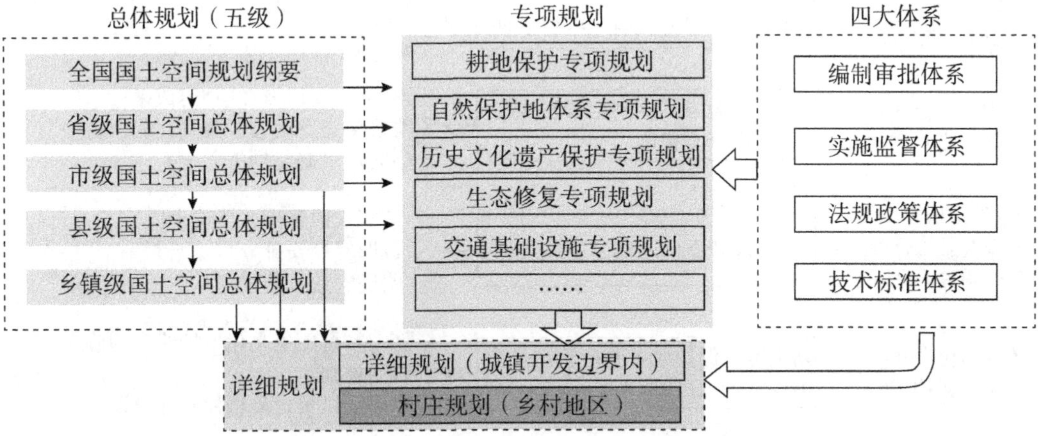

图3.1-1 国土空间规划"五级三类四体系"

(2)《关于加强村庄规划促进乡村振兴的通知》

自然资源部办公厅2019年印发《关于加强村庄规划促进乡村振兴的通知》,指出了村庄规划的主要任务和编制要求;明确了村庄规划的规划定位,通知指出村庄规划是法定规划,是国土空间规划体系中乡村地区的详细规划,是开展国土空间开发保护活动、实施国土空间用途管制、核发乡村建设项目规划许可、进行各项建设等的法定依据。与此同时,要整合村土地利用规划、村庄建设规划等乡村规划,实现土地利用规划、城乡规划等有机融合,编制"多规合一"的实用性村庄规划。

(3)《关于进一步做好村庄规划工作的意见》

2020年印发的《关于进一步做好村庄规划工作的意见》,对村庄规划的相关要求进一步细化。《关于进一步做好村庄规划工作的意见》指出,有序编制,避免盲目追求所有村庄规划的全覆盖;全面规划,全域全要素编制村庄规划,以第三次国土调查的行政村界线为规划范围,对村域内全部国土空间要素做出规划安排;彰显特色,避免村庄同质化,出现"千村一面"的问题;优化农村功能布局;尊重农民意愿,不强迫农民

“上楼”，加强村庄规划实施监督和评估。

(4)《关于做好2023年全面推进乡村振兴重点工作的意见》

2023年中央一号文件《关于做好2023年全面推进乡村振兴重点工作的意见》提出，要扎实推进乡村发展、乡村建设、乡村治理等重点工作，加快建设农业强国，建设宜居宜业和美乡村，为全面建设社会主义现代化国家开好局起好步打下坚实基础。

新时期乡村规划九大任务内容见图3.1-2。

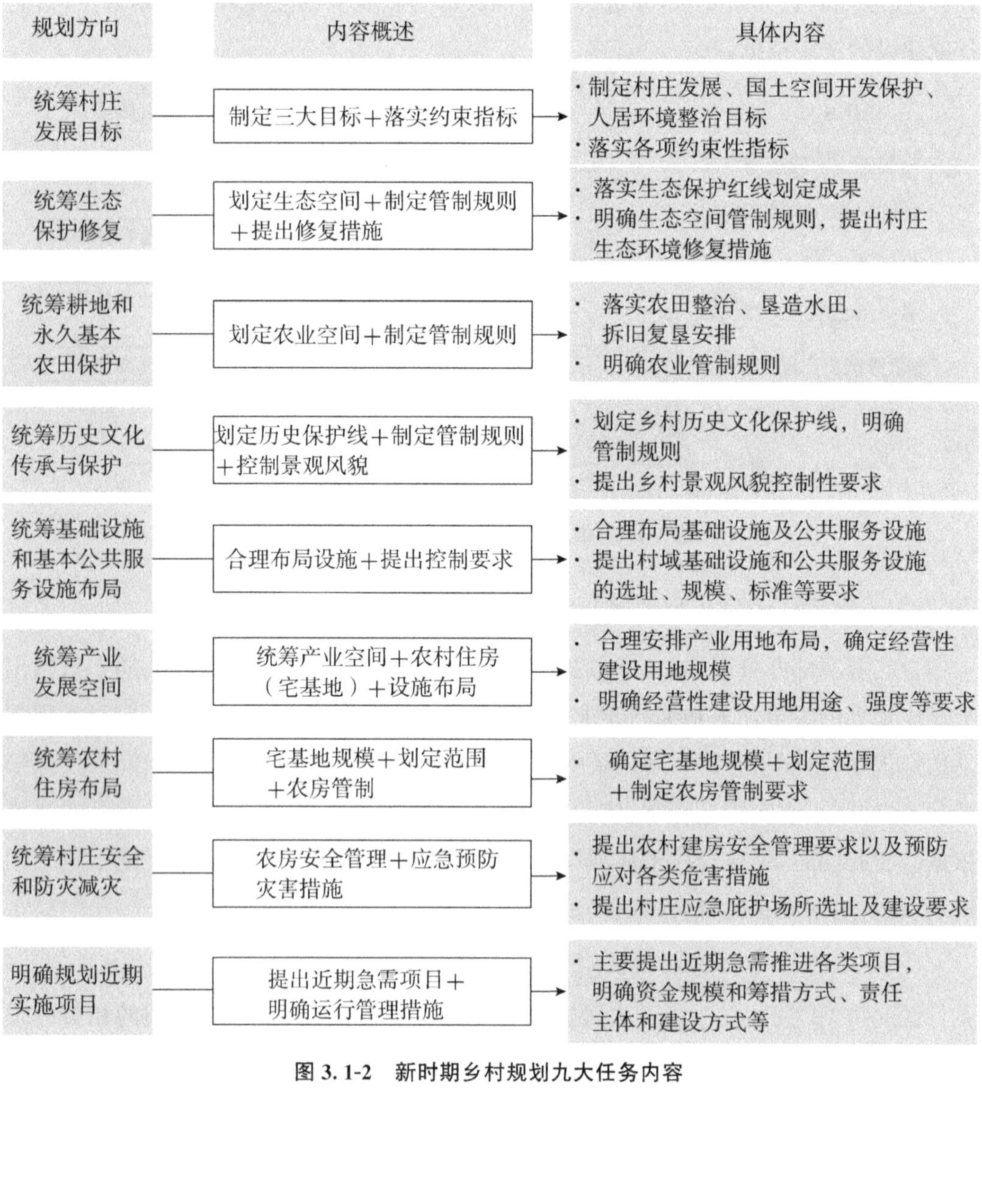

图3.1-2　新时期乡村规划九大任务内容

3.1.3 村庄规划编制导则

为深入贯彻落实党中央、国务院关于实施乡村振兴战略、改善农村人居环境的指示精神，切实加强对“多规合一”的实用性村庄规划编制工作的指导，提高村庄规划的科学性和可操作性。各省结合自身实际情况，已陆续出台了村庄规划编制导则、技术指南等相关文件。

《重庆市乡村规划设计导则》图文并茂地对农村住房等乡村建设项目总体布局、建筑风貌、原野整治、公共空间、服务设施、道路交通、公用设施等七个方面提出了规划设计指引，引导新建农房遵循“八不准”“六严禁”要求，为重庆市的乡村规划、建设、管理提供了参考。

《内江市村规划编制管理细则(试行)(草案)》提出，村规划编制组织单位和村民委员会应当根据本地乡村振兴发展的实际，择优委托具备城乡规划或土地规划编制等国土空间规划相关业绩的专业规划编制单位，承担村规划编制技术工作。

《安康市实用性村庄规划编制指南(试行)》提出，村庄规划内容要与县、乡镇级国土空间规划相衔接，落实好上位规划的有关要求。针对不同类型村庄发展需求，合理确定村庄规划内容和深度。

《恩施州村庄规划编制技术手册》规划目标：致力于落实乡村振兴战略规划，实现村庄发展有目标、重要建设项目有安排、生态环境有管控、农村人居环境有改善、自然景观和文化遗产有保护。

《芜湖市村庄规划编制技术导则(试行)》主要针对村庄规划编制的工作程序、村庄分类及特定片区引导、村域规划技术要求、居民点设计引导以及报批备案、规划公示的规划成果形式等内容做出了系统详尽且契合芜湖地方实际的要求与指引。

《天津市村庄规划编制导则(试行)》适用于天津市城镇开发边界外的乡村地区村庄规划编制。村庄规划成果一般由规划文本、文本附表、规划图件、规划附件、数据库五部分组成，也可在满足国土空间“一张图”管理要求的前提下，鼓励采用“前图后则”(即规划图表+管制规则)等方式优化创新成果表达形式。

3.2 针对农村居民点的政策规定

作为工程移民中的重要环节，工程移民规划是移民安置实施的基础，是科学实施移民安置的依据。工程移民规划经过数十年的发展，逐步建立起了较为完善的规划编制体系和内容体系。包括《水利水电工程建设征地移民安置规划大纲编制导则》

(SL 441—2009)、《水利水电工程建设征地移民安置规划设计规范》(SL 290—2009)、《水利水电工程建设农村移民安置规划设计规范》(SL 440—2009),以及涵盖实物调查、监督评估、工程验收和后期扶持等相关内容。从工程移民规划的内容上来看,建立了从确定工程移民的影响范围到工程移民实施阶段在内的工作内容体系。

3.2.1 移民安置规划依据的发展历程

2007 年以前,水利水电工程农村居民点的规划建设主要以《村镇规划标准》(GB 50188—93)为依据,随着国家对"三农"问题的重视,在多个文件中提出"城乡统筹""新农村建设""美丽乡村"等举措后,住房和城乡建设部(简称"住建部")将《中华人民共和国城市规划法》修订为《中华人民共和国城乡规划法》,同年(2007 年)将镇与村分开制定规划标准,并将村这一层面的规范标准要求下放至各省市,取而代之的《镇规划标准》(GB 50188—2007)仅对村庄规模进行等级划分,不再统筹规定村庄建设用地比例等指标要求。

住建部于 2014 年 7 月发布《村庄规划用地分类指南》,仅对村庄用地分类提出指引性建议。考虑到村庄建设的差异性,各省市在近几年积极响应,纷纷出台制定了村庄规划编制导则,从规划编制的目的要求、规划内容、实施保障、规划成果等方面明确了要求,但对于村庄规划建设指标等细节内容,均不在村庄规划编制导则的指引要求中。

3.2.2 移民安置目标的变化与比较

随着水库工程移民相关安置政策的完善和体系化发展,对于移民生产、生活的关注度渐渐增加,移民安置的目标要求越来越高,移民的生活水平逐渐向乡镇居民生活水平靠拢,见表 3.2-1。从改革开放以前的"重工程、轻移民""重搬迁、轻安置"倾向发展至改革开放之后"达到或者超过原有水平",再到《水利部办公厅关于大中型水库移民后期扶持"十四五"规划编制工作的指导意见》(办移民〔2020〕98 号)中对移民安置总体目标的定义——"水库移民平均生活水平达到所在县级行政区农村平均水平"。

表 3.2-1　　我国移民政策中移民安置目标的完善历程

政策来源	发布年份	移民安置目标
政务院	1953—1958 年	尽一切努力保证不降低移民原有生活水平
《大中型水利水电工程建设征地补偿和移民安置条例》	1991 年	逐步使移民生活达到或者超过原有水平

续表

政策来源	发布年份	移民安置目标
《长江三峡工程建设移民条例》	2001 年	实施开发性移民的方针，使移民的生产生活达到或者超过原有水平
《南水北调工程建设征地补偿和移民安置暂行办法》	2005 年	贯彻开发性移民的方针，确保移民安置后生活水平不降低
《NJ 中下游水电移民安置补偿补助指导意见》	2008 年	使移民收入不低于当地城镇最低生活保障标准，达到或超过全省农民平均纯收入，移民生活超过搬迁安置前的水平
《大中型水利水电工程建设征地补偿和移民安置条例》	2006—2017 年	实行开发性移民方针，采取前期补偿、补助与后期扶持相结合的办法，使移民生活达到或者超过原有水平
《水利部办公厅关于大中型水库移民后期扶持“十四五”规划编制工作的指导意见》	2020 年	增加移民收入，使移民生活水平不断提高，逐步达到当地农村平均水平

注：根据《新时期水库移民安置目标的界定与指标设计》移民安置目标内容进行补充更新。

为落实现有移民安置目标，农村居民点规划用地指标体系的搭建尤为重要，用地指标体系是实现移民安稳致富的基础，其框架体系的科学性、适宜性、全面性直接影响具体指标的制定，同时也是审批、决策者的重要评判标准。科学、合理、全面的农村居民点规划用地指标体系也可以使其规划设计有据可依，推动农村居民点的有序、健康发展。

3.2.3 水利水电相关规划建设规范

专门为开展水利水电工程建设征地移民安置居民点规划设计工作制定，且适用范围直接明确为水利水电工程征地移民工作的法律法规和规范性文件，可统称为基本法律法规和规范性文件。主要有《大中型水利水电工程建设征地补偿和移民安置条例》(2017 年 4 月第 3 次修订)、《水利水电工程建设征地移民安置规划设计规范》(SL 290—2009)、《水利水电工程建设农村移民安置规划设计规范》(SL 440—2009)、《水利水电工程建设征地移民安置规划大纲编制导则》(SL441－2009)、《水电工程建设征地移民安置规划设计规范》(DL/T5064－2007)、《水电工程农村移民安置规划设计规范》(DL/T5378－2007)等。

(1)《大中型水利水电工程建设征地补偿和移民安置条例》

《大中型水利水电工程建设征地补偿和移民安置条例》(2017 年 4 月第 3 次修订)

（简称“《条例》”）共八章、六十三条，是水利水电工程建设移民安置规划的总纲领，关系到广大移民的切身利益、大中型水利水电工程建设的顺利进行，以及经济社会发展和社会稳定。党中央、国务院高度重视水库移民工作，先后出台了一系列政策措施。1991 年，国务院制定了《大中型水利水电工程建设征地补偿和移民安置条例》（国务院令第 74 号）；党的十六大后，党中央、国务院就解决“三农”问题、统筹城乡发展、建设和谐社会等做出了一系列重大战略决策。为适应新形势要求，2006 年国务院重新修订发布了《大中型水利水电工程建设征地补偿和移民安置条例》（国务院令第 471 号）；2017 年 4 月国务院再次修订发布了《大中型水利水电工程建设征地补偿和移民安置条例》（国务院令第 679 号）。

《条例》第十一条提出移民安置规划应当与国民经济和社会发展规划以及土地利用总体规划、城市总体规划、村庄和集镇规划相衔接，应当尊重少数民族的生产、生活方式和风俗习惯。第十三条提出对农村移民安置进行规划，应当坚持以农业生产安置为主，遵循因地制宜、有利生产、方便生活、保护生态的原则，合理规划农村居民点；有条件的地方，可以结合小城镇建设进行。

（2）《水利水电工程建设征地移民安置规划设计规范》（SL 290—2009）

根据水利水电工程项目用地范围、用地性质，《水利水电工程建设征地移民安置规划设计规范》（SL 290—2009）主要分为两大部分，分别是枢纽工程水库区、枢纽工程及其他水利工程建设区，规定了农村移民安置规划设计应包括的主要内容以及编制规划应遵循的一般原则，对农村居民点规划设计提出框架性要求。

其中，枢纽工程水库区的“农村移民安置”部分，提出农村移民安置规划设计要求、基本资料要求，对生产安置人口和搬迁安置人口进行数据计算说明，提出移民安置区选择和环境容量分析要求，规定了农村居民点规划设计的原则、内容和要求，并提出设计成果及设计深度规范。

3.3 存在的问题

3.3.1 规划理念和思路调整不及时

当前，水库移民安置规划遵循国家与地方法律法规、行业规程规范，相应法规政策、规范条款的动态调整具有较长的工作周期，在一定程度上落后于当前社会经济发展的新情况与新要求，如水电行业移民规范从“1996 规范”调整为“2007 规范”，自 2017 年开始修编新规范，每次调整跨越数十年，容易出现刚颁布新规范无法回答新问题的情形，移民安置规划与区域社会经济发展环境和水电工程社会环境存在“脱嵌”现象。

3.3.2 移民安置规划与地方发展规划未衔接

村庄规划方面，根据国家现有的相关法规文件规定，村庄规划由村庄总体规划和村庄建设规划组成，在其编制过程中须同时与国民经济和社会发展规划、土地利用总规划相衔接。但在村庄规划体系构建过程中，伴随着不同时期的政策指引和要求，出现了村庄总体规划、村庄布局规划、社会主义新农村规划、美丽乡村规划、乡村建设规划、村庄整治规划等村庄规划类型，各规划之间从属关系不明、成果深度不一、内容繁杂重复，导致许多规划对村庄实际建设发展作用甚微。

移民安置规划方面由于不同行业间政策差异、规划责任主体缺少沟通机制等，与地方发展规划存在规划项目、规划标准、实施进度计划及资金来源统筹不衔接等现实困境，容易造成移民安置规划不落地、实施有困难。

第4章 案例研究

4.1 案例选择

4.1.1 选取因素

(1)区域代表性

本书研究选取样本横跨我国东北、东部、中部和西部四大经济区，涵盖了不同地理环境、社会经济特征、文化传统和政策实践等方面的多样性。样本选取主要涉及长江流域、松辽流域，具有区域代表性。

长江流域是世界第三大流域、亚洲最长河流，是我国长度最长、水量最多、流域面积最广的河流，横跨我国东部、中部和西部三大经济区，共计 19 个省、自治区、直辖市。长江水资源丰富，水利水电工程众多，被誉为世界第一大水利水电河流。流域内大、中、小型供水水库在防御洪旱灾害、保证农业持续稳定增产、保障工业及城镇生活供水、解决边远山区和牧区居民和牲畜饮水，以及保护生态环境等方面做出了重要贡献，同时也为流域的经济和社会快速发展提供了保障。在水利水电工程的兴建过程中，长江流域进行了大规模的移民。其中，三峡水利工程的库区影响范围涉及湖北省、重庆市共 20 个县(区)，13 座城镇(城市、县城)，116 座集镇。

松花江、辽河流域主要包括松花江流域、辽河流域以及黑龙江、乌苏里江、绥芬河、图们江、鸭绿江等国际河流。辽河流域河流主要包括辽河、浑河、太子河、大辽河等。松花江流域河流有松花江干流、嫩江等。

水利工程一般修建于山区，在其形成水库所淹没区域范围内的居民，都需要迁移，易地安置。移民安置工程是基于工程淹没区内拆迁安置的需要设置的，主要目的是解决工程造成的需拆迁安置的农户的住房问题。长江流域、松辽流域作为我国的重要河流，以及水利水电工程主要实施区域，其农村居民点集中安置的规划建设在全国水利水电工程建设农村居民点安置范围内具有代表性。

(2)案例样本丰富性

本书选择了 100 余个水利水电工程建设农村居民点作为研究样本，分布于 15 处水库(河流)，涉及的水利水电工程类型多样、民族地域广泛、居民点规模差异显著，具有较强的代表性。

(3)区位分布广泛性

本书研究居民点样本分散于西藏自治区、甘肃省、内蒙古自治区、四川省、湖北省、安徽省、河南省、辽宁省等 8 个省份，具有一定的普适性。

(4)地形地貌多样性

地形地貌是影响农村居民点规划设计的重要因素之一，本书选择 100 余个水利水电工程建设农村居民点，基于地形地貌差异，将农村居民点分为平原型和山地型两类。通过选取不同地形地貌的农村居民点样本，详细研究不同地貌条件下农村居民点样本的规划设计策略和应对措施，针对不同区域的农村移民安置现状和问题，为农村居民点规划设计中可能出现的问题提供相应的解决方案。进一步深入了解不同地域的经济特点、社会结构及生活方式等，为制定可持续发展策略提供参考。

4.1.2 流域水利水电发展情况

(1)流域范围

本书研究样本涉及长江流域、松辽流域。

长江流域，是指长江干流和支流流经的广大区域，横跨我国东部、中部和西部三大经济区，共计 19 个省、自治区、直辖市，是世界第三大流域，流域总面积 180 万 km^2，占我国国土面积的 18.8%，流域内有丰富的自然资源。长江干流自西而东横贯我国中部，经青海、西藏、四川、云南、重庆、湖北、湖南、江西、安徽、江苏、上海 11 个省、自治区、直辖市，数百条支流延伸至贵州、甘肃、陕西、河南、广西、广东、浙江、福建 8 个省、自治区的部分地区。

松花江、辽河流域泛指东北地区，行政区划包括辽宁、吉林、黑龙江三省和内蒙古自治区东部的四盟(市)及河北省承德市的一部分，流域总面积 124.92km^2。流域处于北纬高空盛行西风带，具有较多的西风带天气和气候特色，东北地区有明显的大陆性气候特点，为温带大陆性季风气候区。冬季严寒漫长，夏季温湿而多雨，部分地区属寒温带气候。

(2)流域水资源

长江流域是我国水资源配置的战略水源地。长江流域水资源相对丰富,居全国各大江河之首,约为全国平均值的 2 倍。每年长江供水量支撑流域经济社会供水安全。通过南水北调、引汉济渭、引江济淮、滇中引水等工程建设,惠泽流域外广大地区,保障供水安全。长江流域是我国实施能源战略的主要基地。作为我国水能资源最为富集的地区,是我国水电开发的主要基地。流域内风能、太阳能、生物能、地热能等十分丰富,是我国新能源发展的重点地区。

松花江、辽河流域水资源地表水与地下水资源丰富。

(3)水利水电建设现状

新中国成立以来,特别是改革开放以来,党和国家始终高度重视水利工作,兴建了大量的水利工程。水利工作的开展对长江流域防御洪旱灾害、保证农业持续稳定增产、保障工业及城镇生活供水、解决边远山区和牧区居民和牲畜饮水,以及保护生态环境等方面做出了重要贡献,为流域的经济和社会快速发展提供了保障。

根据《长江流域及西南诸河水资源公报 2016》显示,2016 年,长江流域人均用水量为 446m^3,万元 GDP 用水量为 76m^3,万元工业增加值用水量为 71m^3,农田灌溉亩均用水量为 411m^3,城镇居民人均生活用水指标为 154L/d,城镇公共生活人均用水量 106L/d,农村居民人均生活用水指标为 89L/d。总体来看,长江流域水资源仍具有较大的节水潜力。

长江流域 51643 座水库中,大型水库 282 座,中型水库 1543 座,小型水库 49818 座,大、中、小型水库分别占 0.55%、2.99%、96.46%。水库总库容 3606.89 亿 m^3,大、中、小型水库分别占 79.86%、11.50%、8.64%。兴利库容 1799.91 亿 m^3,大、中、小型水库分别占 74.55%、13.6%、11.77%;防洪库容 765.82 亿 m^3,大、中、小型水库分别占 85.89%、8.29%、5.82%(图 4.1-1)。

长江流域区域中小型水库座数占流域水库总座数的 99.45%,大型水库的总库容、兴利库容、防洪库容分别占全流域水库总量的 79.86%、74.55%、85.89%,其中三峡、丹江口、溪洛渡 3 座特大型水库的总库容共 916.2 亿 m^3,兴利库容共 393.2 亿 m^3,防洪库容共 377.0 亿 m^3,分别占流域总量的 25.4%、21.9%、49.2%。

长江流域的水库,大多具有防洪、发电、供水、灌溉、航运、养殖、旅游等效益中的 2 项以上的综合效益。根据《长江流域及西南诸河水资源公报 2021》分析,长江流域已建、在建水库中,工程任务以防洪为主的水库有 7049 座,占 13.65%;以发电为主的水库 1853 座,占 3.59%;以供水为主的水库 11522 座,占 22.31%;以灌溉为主的水库

30930 座，占 59.89%；以航运为主的水库 3 座，以养殖为主的水库 121 座，以其他效益为主的水库 119 座。

大中型水库，特别是大型水库，多以防洪、发电、供水为主，中小型水库，特别是小型水库，多以灌溉为主。

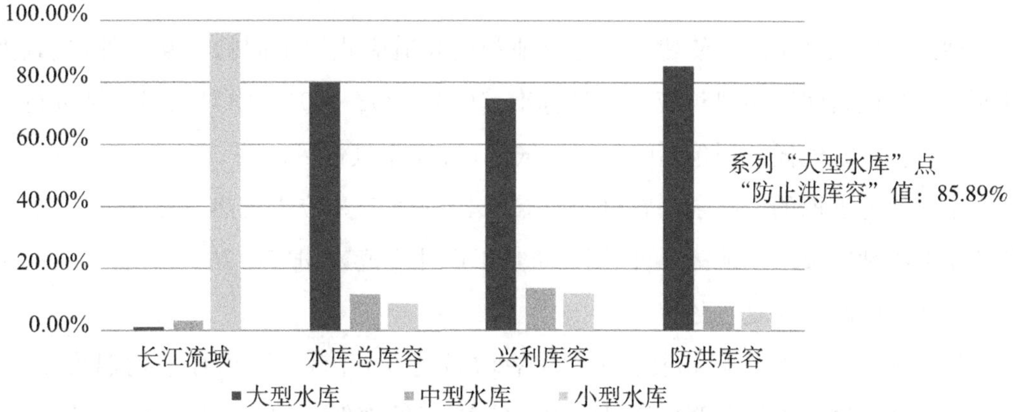

图 4.1-1　长江流域水库情况统计

4.1.3　居民点涉及水利水电工程情况

本书研究选取样本横跨我国东北、东部、中部和西部四大经济区，共涉及 15 处水库(河流)。

4.2　案例区位气候分析

4.2.1　农村居民点区位特征

(1)地理区位

本书研究的样本为长江流域、松辽流域水利水电工程建设农村居民点，横跨我国东部、中部和西部三大经济区，样本涉及全国 15 处水库(河流)。

(2)行政区位

本书研究农村居民点样本 100 余个，分布于西藏、四川、云南、湖北、甘肃、河南、安徽、辽宁、内蒙古等 9 个省(自治区)。

(3)密度特征

运用 ArcGIS 核密度分析水利水电工程农村居民点密度特征，研究选取样本居民点的集聚程度。通过对比，从空间分布来看，选取的100余个居民点呈现分散分布特征，高密度区与中密度区主要集中分布于长江中下游，长江上游地区居民点密度较低。

4.2.2 农村居民点建筑气候分区

建筑气候区划是出于使建筑更充分地利用和适应我国不同的气候条件，达到因地制宜的目的，在《民用建筑统一设计标准》(GB 50352—2019)中对我国全域进行气候区划分。建筑气候区划包括7个主气候区，20个子气候区。

本书研究选取的100余个农村居民点样本，绝大多数位于夏热冬冷区地区，少部分位于寒冷地区及严寒地区。《民用建筑热工设计规范》(GB 50176—16)将长江流域(不含金沙江段)划入夏热冬冷区。

夏热冬冷区主要气候指标：最冷月平均温度0～10℃，最热月平均温度25～30℃。长江流域冬季的主要特征是阴雨天气多、日照率低。如冬季日照率上海43%、武汉39%、长沙27%、成都21%、重庆13 %，而北京高达67%。夏季的主要特征是高温高湿，连晴高温天气中，日照强烈，白天风大，夜间和清晨无风。夏季也有宜人的晴雨相间和阴雨天气过程。例如，重庆最近十年平均6—9月的122天中，日平均温度不超过27.5℃的有73天；超过的有49天。这49天中，有阵雨天19天；雨天后的晴天14天；晴天后的晴天(即连晴高温天气)16天。

夏热冬冷区所处的高湿地区，冬季室内不会出现相对湿度过低，而夏季室内相对湿度高则是一个普遍问题。从节能角度，室内相对湿度可控制在70%以下。对于半球温度，调查实测表明，相对湿度为70%时，室内气温超过30℃影响睡眠；低于10℃不能静坐。卫生学研究也表明气温高于30℃，低于10℃时，人体局部血流图出现异常，特别是低于10℃时，不但严重影响手的功能，而且有导致冷损伤的危险。因此从住宅的居住性和人体健康考虑要求室内气温夏季不超过30℃，冬季不低于10℃。这可作为长江流域住宅热环境质量的低级标准。要达到热舒适性，室内气温需要夏季不超过28℃，冬季不低于18℃，这可作为高级标准。根据在长江流域的调查实测，高级标准的不满意率不超过5%，按ISO 7730计算，高级标准对应的PMV值，冬季为−0.40，夏季为0.76；不满意率分别为7%和18%。

(1)建筑气候特征

夏热冬冷区大部分地区夏季闷热，冬季湿冷，气温日较差小，年降水量大，日照偏少。春末夏初为长江流域的梅雨期，多阴雨天气，常有大雨和暴雨出现。长江流域地区夏秋常受热带风暴和台风袭击，易有暴雨大风天气。

(2)建筑基本要求

1)建筑物必须满足夏季防热、通风降温要求，冬季应适当兼顾防寒。

2)总体规划、单体设计和构造处理应有利于良好的自然通风，建筑物应避西晒，并满足防雨、防潮、防洪、防雷击要求；夏季施工应有防高温和防雨的措施。

4.3 案例实施效果评价

根据样本情况，选择长江流域自西向东不同水利水电枢纽工程农村居民点实施效果调研，调研对象分别为WDD-01居民点、WDD-04居民点、WDD-02居民点、DJK-95居民点，以及XXS-06居民点、XXS-04居民点、XXS-05居民点和XXS-02居民点。

4.3.1 WDD水电站居民点

WDD水电站WDD-01居民点、WDD-04居民点、WDD-02居民点均位于会理市，WDD-01和WDD-04居民点为特大型居民点，WDD-02居民点为大型居民点。3个居民点均为统规自建形式。

(1)WDD-01居民点

WDD-01居民点位于四川省会理市。根据地形、地质条件，WDD-01居民点规划结构为“一带、三心、四组团”，通过南北向道路串联北部、中部和南部组团。原规划居民点移民597户，为特大型村。根据《金沙江WDD水电站可行性研究阶段建设征地移民安置规划大纲(四川部分)》，WDD水电站农村居民点建设用地按80m²/人控制；人均生活用水量指标按130L/d考虑，公建用水按生活用水的10%考虑；居民点建设用地拟定供电标准为2kW/户，公共建筑用电标准按照50W/m²控制；固定电话安装规划普及率按1门/户控制，公共建筑按1门/100m²控制；有线电视用户按1终端/户控制，公共建筑按1终端/100m²控制。

在实施阶段，由于移民意愿变化、傣族建筑布局特点、建筑风貌等要求，新增组团规划安置45户即新建南部组团二期，并对小学、南部组团公共设施用地进行局部调整，其他组团实施总平面与规划布局基本一致，WDD-01居民点变更后总面积22.81hm²，人均建设用地99.93m²，宅基地建设按照《四川省土地管理条例》，人均占地不得超过30m²，一户最多不得超过150m²。居民点设置公共服务功能包括村委会、文化室、卫生室、公共厕所、小学、幼儿园、农贸市场、健身场地、治安管理及沿街住宅商铺。居民点路网分为三级，其中干路 16m，两侧各规划宽为 3m 的人行道，支路红线宽度为 10m，两侧各规划宽为 2m 的人行道，巷路宽 3.5m，满足居民点内部车辆通行需求，居民点主要采用地面停车方式。居民点房屋建筑根据所处傣族乡特点，进行风貌设计和颜色控制(图 4.3-1 至图 4.3-5)。

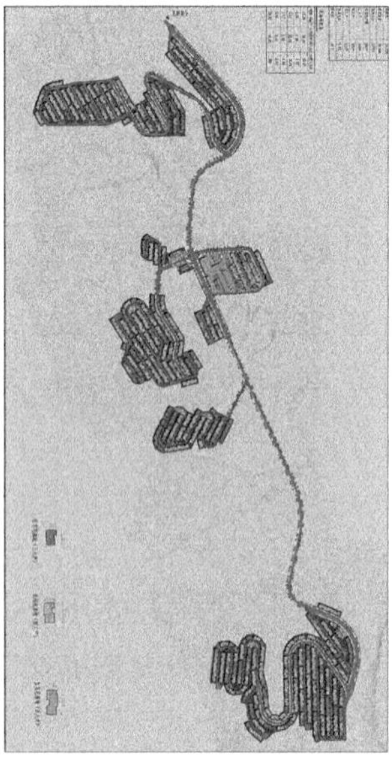

图 4.3-1　WDD-01 居民点总平面布置图

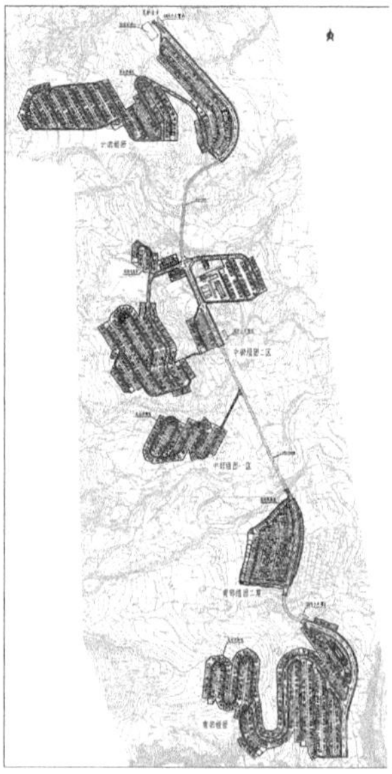

图 4.3-2　WDD-01 居民点实施平面图

图 4.3-3　WDD-01 居民点实施后鸟瞰

(a)建筑布局依山就势,错落有序

(b)建筑屋檐、山墙、颜色均考虑傣族特点

(c)沿金沙江设立亚热带水果繁育基地

(d)居民点生产安置紧邻宅基地

图 4. 3-4 WDD-01 安置点建设布局情况

(a)组团连接村道,即干路

(b)组团内部支路

(c)居民点排水沟,顺坡排水

(d)在建幼儿园

(e)自发建设新安傣族乡水上乐园

(f)村委会、卫生室等公共服务设施

(g)全民健身广场

(h)农贸交易市场

(i)复建居民点金沙江码头

(j)主要沿街商铺

图 4.3-5 WDD-01 居民点公共服务及基础设施配套建设情况

(2)WDD-04 居民点

WDD-04 居民点位于四川省会理市富乐乡集镇北西、会理市城南东方向。安置区规划建设用地面积约 9.75hm^2,人口规模为 305 户。由于选址于山顶区域,根据地形及地质情况,呈"三心、三组团"的规划布局形式,并通过主干路串联,住宅沿两侧横向布置,公共服务设施主要位于地块中部。WDD-04 居民点公共服务设施主要包括居民所必需的村委会、文化室、卫生室、公共厕所、小学、幼儿园、农贸市场等。居民点道路、宅基地、基础配套设施建设控制标准与 WDD-01 居民点一致。

WDD-04 居民点于 2022 年完成建设搬迁。实施整体布局情况与规划一致。由于居民点离富乐乡集镇较近,小学、幼儿园等公共服务设施与集镇共用,未建设实施。其他公共服务设施目前仍在建设阶段(图 4.3-6 至图 4.3-9)。

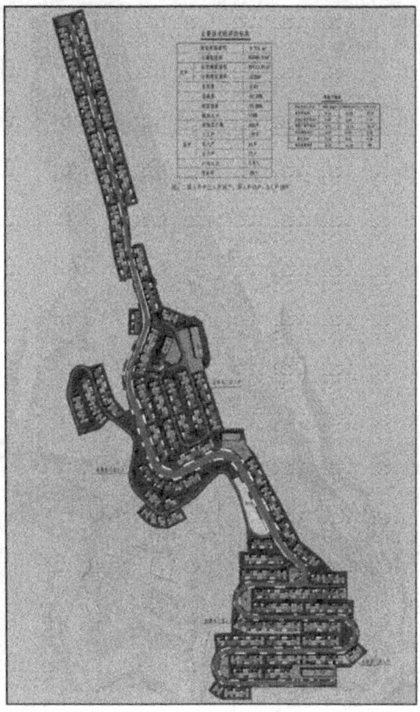

图 4.3-6 WDD-04 居民点总平面布置图

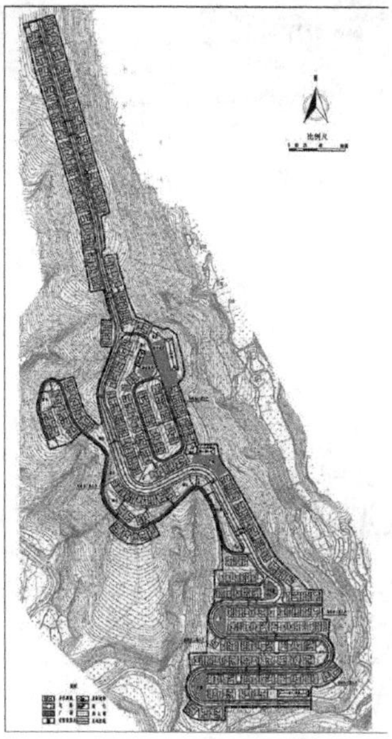

图 4.3-7 WDD-04 居民点实施平面图

图 4.3-8　WDD-04 居民点实施后鸟瞰

(a)住宅建筑立面形式

(b)沿山体错落布局

(c)规划小学场地目前空置

(d)规划幼儿园场地目前空置

(e)农贸交易市场

(f)居民点主干路

图 4.3-9　WDD-04 居民点公共服务及基础设施配套建设情况

(3)WDD-02 居民点

WDD-02 居民点位于云甸乡。WDD-02 居民点采用集中布置形式,住宅沿道路两侧布置,整体顺等高线呈行列式布局形式。原规划居民点移民 91 户,为中型村。实施阶段,由于场地地质、移民意愿等原因,居民点规模调整至 65 户,公共服务中心仍位于居民点西北侧,主要包括居民所必需的村委会、文化室、卫生室、公厕等公共设施。居民点道路、宅基地、基础配套设施建设控制标准与 WDD-01 居民点一致。

WDD-02 居民点于 2020 年左右完成建设搬迁。实施整体布局除根据地质情况调整以外,与规划较为一致(图 4.3-10 至图 4.3-13)。

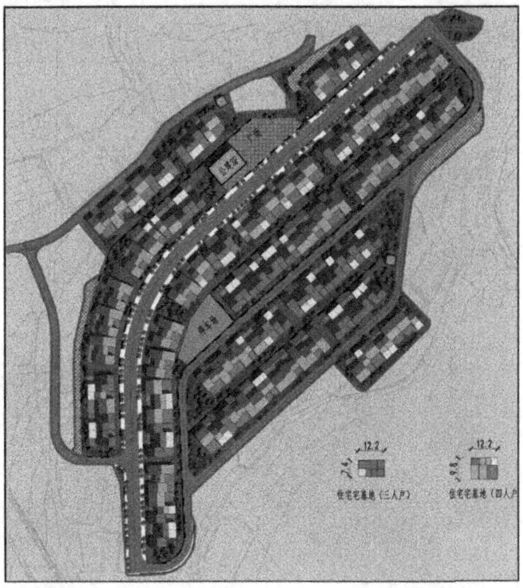

图 4.3-10　WDD-02 居民点总平面布置图

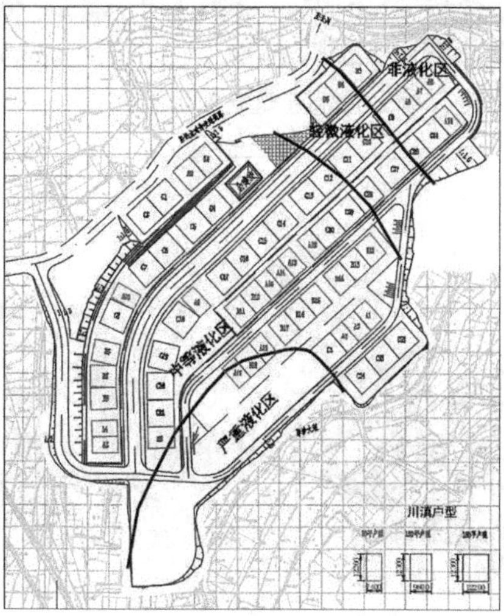

图 4.3-11　WDD-02 居民点实施平面图

图 4.3-12　WDD-02 居民点实施后鸟瞰

(a)住宅建筑立面形式

(b)公共活动广场

(c)居民点主干路

(d)居民点支路

(e)道路排水沟

(f)宅间绿地

图 4.3-13 WDD-02 居民点公共服务及基础设施配套建设情况

4.3.2 XXS 水库居民点

XXS 水库原规划移民安置点共 6 个,实施阶段因移民意愿变化、多村合并等,最终实施建设居民点 4 个,分别是 XXS-06 居民点、XXS-04 居民点、XXS-05 居民点和 XXS-02 居民点,均为统规自建形式,于 2017 年左右建设,并完成搬迁。

(1)XXS-06 居民点

XXS-06 居民点位于源潭镇。居民点规划人口规模为 249 户。根据安徽省《中华人民共和国土地管理法》实施办法,人均建设用地标准为 $80m^2$,按此标准控制居民点总用地规模为 $74197m^2$,为大型村。居民点内道路干路规划红线宽度 12m,两侧设置 2.5m 宽人行道,巷道红线宽度为 4m;生活用水采用自来水供水方式,人均生活用水量指标为 110L/d;生活用电负荷标准为 2kW/户。XXS-06 居民点公共服务设施用地位于居民点中心,包括服务中心、文化站、卫生所、便民超市等行政办公、商业服务、医疗卫生、幼儿园等,学校、医疗、信用社等公共设施可利用周边网点。结合地域特色,建筑以徽派风格为主,建筑沿主干道垂直行列布局。

在实施阶段,搬迁安置规模略有调整,总体布局与规划较为一致,住宅朝向调整为南向(图 4.3-14 至图 4.3-17)。

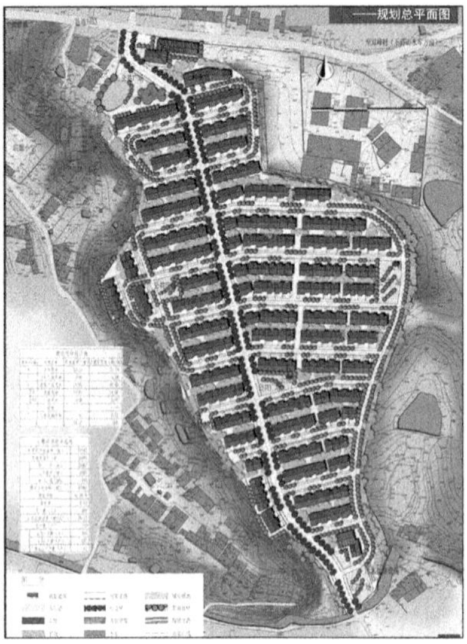

图 4. 3-14　XXS-06 居民点总平面布置图

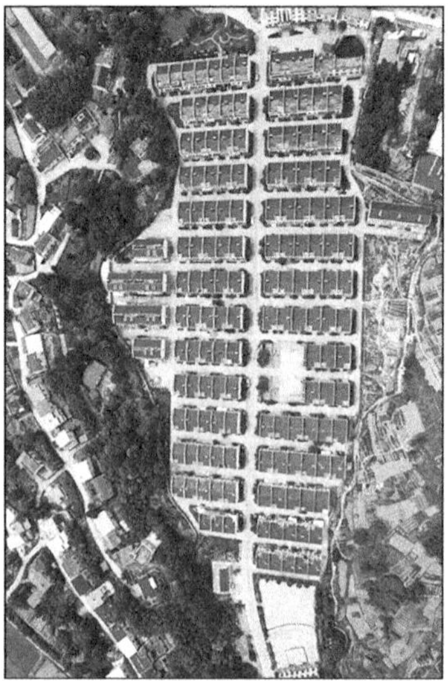

图 4. 3-15　XXS-06 居民点实施平面图

图 4. 3-16　XXS-06 居民点实施后鸟瞰

(a)住宅建筑立面形式

(b)居民点卫生室

(c)居民点南侧广场及公共服务用房

(d)居民点中部广场

(e)居民点北侧公共绿地

(f)公共绿地旁水塘

(g)居民点主干路　　(h)居民点巷道

图 4.3-17　XXS-06 居民点公共服务及基础设施配套建设情况

(3)XXS-04 居民点

XXS-04 居民点原规划位于潜山市源潭镇，紧邻县道 X053。原规划居民点规模为 160 户，实施阶段由于移民意愿变化、多个移民村合并等，选址调整至 XXS-06 西侧，居民点规模、整体布局形式均已调整，实施后居民点规模为 104 户，为中型村。居民点道路、宅基地、基础配套设施建设控制标准与 XXS-06 居民点一致(图 4.3-18 至图 4.3-21)。

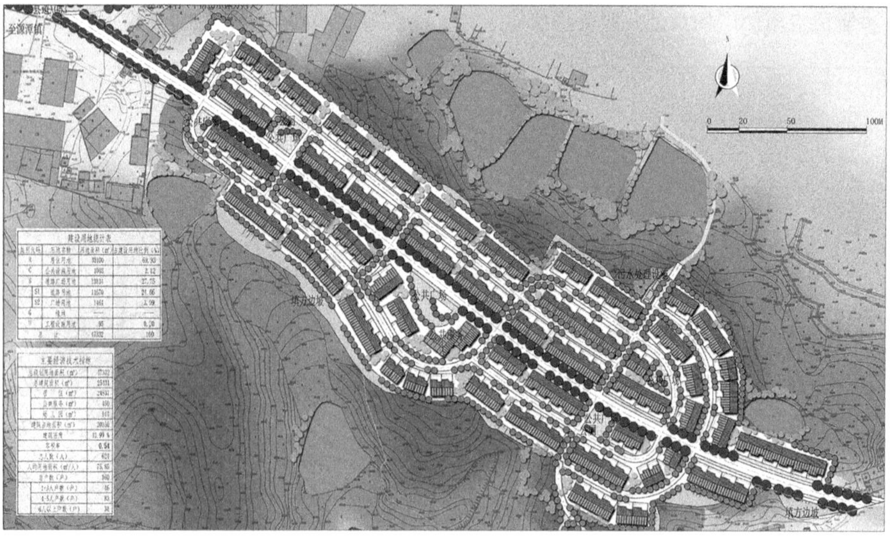

图 4.3-18　XXS-04 居民点总平面布置图

图 4.3-19 XXS-04 居民点实施平面图

图 4.3-20 XXS-04 居民点实施后鸟瞰

(a)住宅建筑立面形式

(b)居民点公共服务中心

(c)居民点公共绿地及水塘

(d)居民点公共广场

(e)居民点主干路

(f)居民点巷道

图 4.3-21 XXS-04 居民点公共服务及基础设施配套建设情况

(3)XXS-05 居民点

XXS-05 位于潜山市西北山区,距县城 50km,是黄柏镇人民政府所在地,居民点交通条件较好,县道 X013 从新址西北侧经过。叶河居民点规划安置 168 户,为大型村。XXS-05 居民点紧邻县道和村委会,学校、医疗、信用社等公共设施服务范围已覆盖居民点,结合现有 XXS-05 村委会,规划在居民点北入口规划公共开放空间,设置幼儿园等公共设施,形成较为集中的公共服务中心。居民点道路、宅基地、基础配套设施建设控制标准与 XXS-06 居民点一致。

实施阶段,考虑移民搬迁意愿变化,以及南侧出口边坡开挖量,北侧道路出口调整,同时将公共服务设施调整至北侧入口处,居民点规模有所压缩,为中型村,居民点内宅前绿化均调整为硬质铺装,建筑为徽派风格(图 4.3-22 至图 4.3-25)。

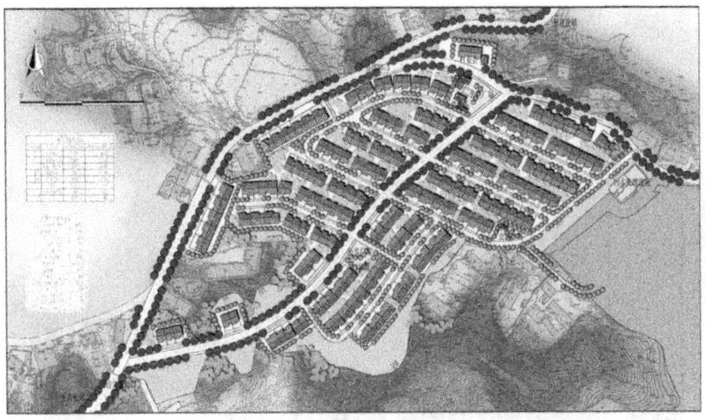

图 4.3-22　XXS-05 居民点总平面布置

图 4.3-23　XXS-05 居民点实施平面图

图 4.3-24　XXS-05 居民点实施后鸟瞰

(a)住宅建筑立面形式

(b)公共服务中心

(c)健身小广场及公共厕所

(d)文化活动广场

(e)地埋式污水处理设施

(f)居民点主干路 1

(g)居民点主干路 2

(h)居民点巷道 1

(i)居民点巷道 2

(j)居民点沿水库巷道

图 4. 3-25　XXS-05 居民点公共服务及基础设施配套建设情况

(4)XXS-02 居民点

XXS-02 居民点位于黄柏河中游，距离 XXS-05 居民点较近，交通条件较好，县道 X050 从新址通过。居民点原规划安置 30 户，实施阶段由于移民意愿变化、其他小型居民点合并、村集体用地较为富足等，XXS-02 居民点规模增加至 42 户，为小型村，住宅垂直外部道路布局，并在居民点中部增加公共广场及服务设施。居民点道路、宅基地、基础配套设施建设控制标准与 XXS-06 居民点一致(图 4. 3-26 至图 4. 3-29)。

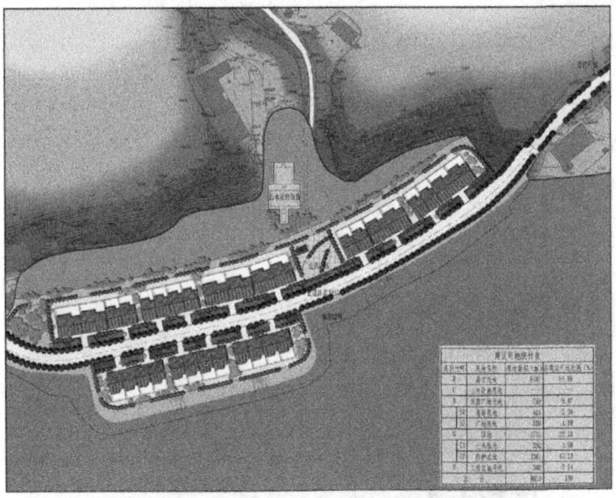

图 4. 3-26　XXS-02 居民点总平面布置图

图 4. 3-27　XXS-02 居民点实施平面图

图 4.3-28　XXS-02 居民点实施后鸟瞰

(a)住宅建筑立面形式

(b)居民点公共广场

(c)居民点巷道

(d)地埋式污水处理设施

图 4.3-29　XXS-02 居民点公共服务及基础设施配套建设情况

4.3.3 DJK 水库居民点

DJK-95 居民点位于黄冈市团风县。DJK-95 居民点交通便利，东临 106 国道、京九铁路，南靠江北一级公路阳大公路。

原规划在 DJK-95 居民点建设 5 个移民安置点，总规模 847 户，后考虑居民点规模发展、用地集约、为居民点城镇化发展打基础等原因，提出 DJK-95 居民点“5 合 1”方案，保持原规模不变，为特大型村。根据《南水北调一期工程 DJK 水库建设征地移民试点方案工作细则》，居民点人均建设用地标准按 $85m^2$ 控制，根据《湖北省土地管理实施办法》，居民点宅基地面积为 $140m^2$/户。居民点内道路分三级，主路红线宽度为 16m，其中每侧人行道 3.5m，支路红线宽度除建设路 8m 外，其余均为 10m。居民点生活用水采用自来水供水方式，人均生活用水量标准 100L/d，生活用电负荷标准为 1.4W/户。DJK-95 居民点公共服务设施布置于居民点中心，包括行政办公、商业金融、文化教育、医疗保健等。

实施阶段与调整后规划保持一致，居民点更名为“黄湖新村”居民点，于 2010 年建成搬迁。移民生产安置位于居民点周边，并在产业发展方面成立米业、物流仓储等产业，被评为乡村振兴示范区(图 4.3-30 至图 4.3-33)。

图 4.3-30 DJK-95 居民点原布置平面图

图 4.3-31 DJK-95 居民点实施平面图

图 4.3-32　DJK-95 居民点实施后鸟瞰

(a)住宅建筑立面形式

(b)党群服务中心

(c)公共活动广场

(d)社区菜市场

(e)客运物流站

(f)居民点入口

(g)居民点小学

(h)居民点垃圾分类站

(i)农业产业发展

(j)米业农业发展

(k)居民点主路

(l)居民点支路

(m)居民点巷道

(n)居民点中心公共绿地

图 4.3-33　DJK-95 居民点公共服务及基础设施配套建设情况

4.4　原因分析与经验教训总结

农村居民点在实施阶段变化较大，主要有以下几个方面的原因：

一是移民意愿变化的因素。在农村居民点规划、设计、建设阶段，均需要广泛听取移民和安置区居民的意见。而影响移民意愿的因素包括生产条件、社会关系网络、环境条件、家庭物资资本、个体条件等方面。由于是移民个体对客观因素的主观判断，会受到周围声音的影响，变动性较大，是难以预测和控制的影响原因，因此不在本书研究范围内。

二是用地条件变化的因素。在实施过程中，不少农村居民点的选址是地方相关部门直接指定位置，未充分考虑国土空间规划的用地要求、地质条件情况等，如 WDD-02 居民点，或是用地集约化考虑，并村并点，如 XXS-04 居民点、XXS-02 居民点、DJK-95 居民点，导致建设阶段出现用地范围，甚至区位的调整，从而影响到整个居民点的安置人口数量、规划布局。因此在本书中，需要将农村居民点规划置于国土空间规划框架中，规范居民点的选址流程，在前期论证居民点功能定位，从而减少后续实施过程中的根本性调整。

三是农村居民点建设标准不符的因素。不少农村居民点在规划设计阶段，缺乏对建设标准和未来发展的考量，如道路标准过低、给排水设施不完善、污水处理方式标准过低、公共活动空间缺乏，导致居民点实施与规划设计难以匹配，增加后续建设、验收难度。因此本书在案例分析的基础上，需要提出具有普遍适用性的规划设计导则，并与乡村振兴战略要求相匹配，实现农村居民点的宜居目标。

第5章　开展研究的必要性和重点内容

5.1　研究的必要性

5.1.1　是及时总结农村居民点规划设计经验，指导相关后续工作的需要

过去农村居民点相关规划导则，如《水利水电工程建设农村移民安置规划设计规范》(SL 440—2009)、《水利水电工程建设征地移民安置规划设计规范》(SL 290—2009)、《水利水电工程建设征地移民安置规划大纲编制导则》(SL 441—2009)等，这些标准主要是针对移民安置规划全过程的编制指导与要求，缺乏针对农村移民搬迁安置规划设计部分集中居民点规划设计的详细指标与建设要求。本书可以弥补这一空缺，总结不同水利水电工程的农村居民点规划设计成果和建设实施经验，统一水利水电行业农村居民点规划设计中的标准。

5.1.2　是统一农村居民点规划设计流程、技术体系的需要

现承担农村居民点规划设计单位多样，有水利行业、水电行业、市政行业、规划设计行业、建筑行业等不同类型设计院，在规划设计农村居民点过程中，因缺乏安置居民点的行业设计标准，导致参照的建设用地标准、道路标准、基础设施标准各式各样，规划设计成果质量参差不齐，常常出现用地指标大幅度超标、道路等级过高或过低、基础设施标准不达标等问题。因此，需要建立科学的制度和技术指引，以确保农村居民点规划设计的质量和可持续性，并保障农村移民的生存和发展需求。本书通过建立农村居民点规划设计指标体系，从技术层面提供标准指引，统一农村居民点规范要求。

5.1.3 是农村移民安置规划融入乡村振兴战略、国土空间规划，寻求机遇和契合点的需要

大中型水库移民后期扶持“十四五”规划从解决移民温饱、基础设施薄弱问题转向解决移民长远发展的问题，并提出移民美丽家园建设要积极融入地方乡村发展中，本书从最具体的农村居民点规划设计入手，作为契合点，实现后期扶持“十四五”的要求。通过与国家、地方美丽乡村建设要求的具体结合，提出适宜移民可持续发展、与地方美丽乡村相衔接的指标体系与标准，实现乡村振兴的长远目标。依据国家空间规划和产业结构调整发展需求，提出可行性方案和建议，寻找契合点和机遇，以推动农村移民安置事业的可持续发展。

5.2 技术路线

2019年发布的《中共中央　国务院关于建立国土空间规划体系并监督实施的若干意见》首次提出建立国土空间规划体系，并将村庄规划划入五级三类体系中的城镇开发边界外详细规划。本书结合农村居民点用地指标体系，构建在国土空间规划框架下的农村居民点规划设计体系，见图5.2-1。

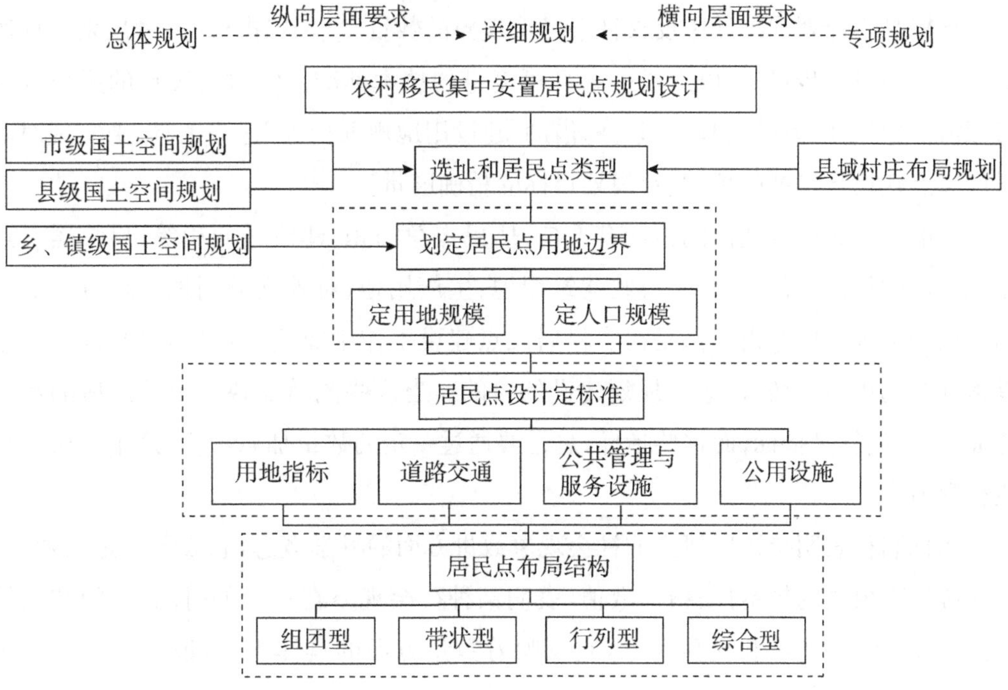

图5.2-1　农村居民点规划设计体系

农村居民点在国土空间规划体系中属于“详细规划”类，是村庄规划的重要组成部分。居民点的选址和类型，纵向上应遵循市级、县级国土空间规划中市域、县域城镇发展格局、职能结构、国土空间控制线等规划来确定，横向上应依据专项规划中如县域村庄布局规划等对村庄区位和职能的划定进行明确。而居民点的用地边界则是在乡、镇级国土空间规划中进一步确认，根据用地容量、移民意愿等方面确定居民点用地和人口规模。在此基础上提出适宜的规划设计标准，依据选址地形地貌、自然人文特点，依山就势、因地制宜地进行居民点的规划布局设计。

本书通过构建农村居民点指标体系，收集、分析水利水电工程建设农村移民集中安置居民点建设规模、空间形态、用地结构指标、道路系统指标、景观绿化指标、配套设施建设指标、基础设施建设情况等方面的数据。基于数据分析的结果，分析农村居民点规模及指标特征、规划建设特征，比较对比、归纳演绎农村居民点规划共性特征，为农村居民点指标体系提供科学、合理的依据。

5.3 指标体系概念解读

5.3.1 指标

指标是指计划和统计中反映社会经济现象的数量。本书“指标”是对规划目标所确定的方位进一步量化，以形成一系列可度量的技术标准。农村居民点的用地规划目标需要根据外部环境和内部条件，借助“建设用地规划指标”这一工具，来实现对农村居民点建设与发展的预测、对规划目标的精确度量。

一般反映居民点规模的指标有人口、居民点总面积、建成区面积等；反映居民点用地方面的指标有住宅用地、公共建筑用地、生产用地、对外交通用地、绿化用地、道路广场用地等。这些指标都是在农村居民点建设工作中概括提炼出来的，以区别于其他部门的指标范畴，并达到规划建设的目的。当这些范畴反映一定的总体的数量方面时，它们就是指标，而这些指标，总是要通过一定的数量加以说明，这个数值就是指标数值。

指标名称表明统计所研究的社会现象数量方面的科学概念，它表示一定的范畴，说明统计对象质的规定性；指标数值，表明某种社会现象在一定的时间、空间和条件下的规模、水平、速度和比例关系，它反映着数量方面的具体内容，说明对象量的规定性。

5.3.2 指标体系

体系是相关事物或意识互相联系而构成的一个整体。农村居民点建设用地规划包括了移民生产和生活的方方面面，为了全面、系统、正确地反映它们各个方面的特征，就需要对相关指标标准进行规定和控制，以更好指导规划的编制。而这些相关的指标按一定的规律和构架总结，就构成了农村居民点建设用地规划的指标体系。

很显然，为了全面反映农村居民点用地规划中的数量，正确地说明问题，其指标就不能只反映个别现象，因为任何一个规划指标都不是孤立存在的，都是与农村居民点的社会文化现象、经济现象、基础设施现象等相互联系、相互制约的。将这些相互联系、相互制约的指标结合在一起所形成的体系，就是农村居民点用地规划的指标体系。将相关的指标名称和其对应的指标数值整理起来，全面、准确地反映规划工作的规定性，就能为居民点用地规划的制订提供重要的量的依据。

5.3.3 设计导则

“设计导则”在美国译为“Design Guideline”，指提供一般性的规划政策和实施规章之间的联系；在英国译为“Design Guidance”，指提供项目开发建设的引导文件。总体来说，导则是指对上位规划和政策的解释，用以有效推进下一阶段项目建设的实施。

在我国，导则是一种指导性的标准文件。国内学者对城市设计导则有许多定义，例如：吴松涛、郭恩章提出的保证规定区域和规定导控要素的城市物质环境质量，所规定的指导性综合设计要求；邵甬、陈悦通过对平遥古镇保护与发展的问题梳理，提出设计导则从“单向控制”到“双向引导”的转变需求。

设计导则作为一种可以充分调动自下而上力量的引导体系逐渐建立。相较于以往通过硬性指标和终极式蓝图进行刚性管理的方式，导则显然更具灵活性，恰恰可以适应城市发展中的诸多不确定性。通过设定具体指标的刚性程度，设计导则可有效指导农村居民点的设计，避免在一系列标准规范中踌躇不前。

设计导则目前在我国没有一个编制规范标准，其编制内容通常针对编制对象与导则类型的不同而产生很大的差异，但总体来说我国设计导则的编制一般都遵循以下原则：

1)结合其他相关法定规划。设计导则要依据其上位法定规划内容而编制，例如城市总体规划、控制性详细规划等，尤其是控规，其内容直接指导设计导则的编制。设计导则只有与其上位法定规划紧密结合才能具有更强的可行性，更有效地实施。

2)弹性控制。由于城乡的飞速发展,设计导则在编制过程中应充分考虑各种不定的影响因素,弹性地控制每个方面。例如,预留发展用地、不同的导则侧重点不同、重大项目控制深度加大等。弹性控制的原则是基于整体的控制原则进行适度的自由量裁。

3)图示化与一张纸。由于规划设计的成果中图纸占了很大的比重,并且许多图示化语言可以使得控制要素更加直观、精确地表达出来,因此设计导则的图示化是较为重要的原则之一,“一张纸”原则是由美国丹尼和普雷特·范伯格所提出的,是指将城市设计控制要素在一张纸上表达出来。但由于控制要素的数量众多,我国设计导则表达的原则为简短、精炼、易懂。

5.4 研究重点内容

5.4.1 农村居民点选址

国际上在农村居民点演变及布局优化的研究上起步较早,早期对农村居民点的研究集中在村庄选址层面。Robert 认为农村居民点的选址需要考虑点、位的问题,同时影响村庄区位选择的所有条件并非一成不变的。法国学者 Demangoon 和德国学者 Meizn 通过对农村居民点选址分布与周围农业环境的相关研究,初步提供了农村居民点区位选择研究的理论基础。

国内农村居民点选址与布局方面的研究主要集中在选址影响因素研究、选址适宜性评价研究、空间布局结构优化等方面。焦贝贝、闫庆武等分析海拔高程、坡度坡向、地表粗糙度等影响因子与农村居民点选址分布之间的关系;何建等提出影响村落选址的主要自然因素包括坡度及地质灾害等,社会经济因素包括耕作条件、交通条件、土地利用状况等。宋文等从地形、河流、水库等自然因素,公路、建制镇等社会经济因素研究了农村居民点的选址分布特征。

目前,我国农村居民点规划选址主要从交通区位、自然环境特征、人文环境特征、生态环境特征等方面进行研究。

5.4.2 用地结构

农村居民点用地结构作为内部各土地利用类型通过内在机制相互作用而表现出的空间状态,是村庄功能在用地构成上的集中体现,是农村居民点内自发生成力与地域自然、社会经济背景因素组合作用下的复合表现,反映了农村居民生产生活的基本空间特征，同时也影响着区域乡村发展模式。

随着我国经济的持续发展，农村的乡镇企业和第三服务业也随之发展，农村居民点用地结构经历了单一到复杂的转型过程。目前，我国农村居民点土地利用结构特征都比较单一化，包括居住用地、公共管理与公共服务用地、道路交通、公用设施用地、绿地等。

5.4.3 空间形态

目前，学界对农村居民点形态还没有一个统一的认识。姜广辉认为农村居民点外在空间形态是自然和社会经济共同影响的结果，具有规模、形状和区位特征。曲衍波将农村居民点形态分为点状形态和面状形态，认为点状形态具有规模、密度和形状特征，面状形态承载生产、生活和生态功能。

近年来，随着国家对“三农”问题的重视以及乡村振兴战略的提出，农村居民点空间形态及转型重构已经成为当前乡村地理学和土地科学等领域的重要研究内容之一。

5.4.4 道路系统

道路不仅作为村庄肌理脉络以及空间形态的主要塑造因素，并且对于居民的日常生活、对外交流有极其重要的影响。因此，道路交通系统规划也是村庄规划的重点内容。村庄道路的功能主要是解决村庄内部各区与各建筑之间的交通联系、村庄与周围环境的联系，以及村庄内部消防问题，同时又是重要的景观构成因素。

(1)路网形式

村庄路网形式一般包括：横竖行列模式、自由行列模式、组团结合模式，这些也是一般城市路网的主要形式。根据多个村庄规划实践，网格形的路网最适合一般村庄，这种路网形式可达性好，有利于降低基础设施投入，且符合村民原有的直线排列住宅的意愿。为绝大部分的村民所认可。另外，居民村庄内出行基本采用步行，因此，村庄总体格局应尽量呈正方形，缩短居民出行距离。

(2)道路等级及宽度

城市道路一般分为过境公路、快速路、主干路、次干路、支路和巷道等几个等级。其主要依据道路功能的不同确定道路的级别。农村居民点道路应分为干路、支路、巷路三级。

干路：在路网中具有重要地位，承担村庄主要交通功能，并服务于村庄沿线居民。

支路:作为干路的辅助,支路承担着村庄内不同区域之间的交通联系。在规模较大的村庄,支路通常与干路相连,形成一个完整的道路网络。

巷路:连接村庄内各户人家的道路,通常只服务于居住在附近的居民。

5.4.5 公用设施

农村基础设施建设,是乡村振兴之基。实施乡村振兴战略,需要补齐农村基础设施建设的短板,推进城乡基础设施互联互通,着力解决好农村基础设施建设不平衡不充分的矛盾。

农业生产性基础设施,主要指现代化农业基地及农田水利设施。农业生活性基础设施,主要指饮水安全、农村沼气、农村道路、农村电力等基础设施。生态环境设施建设,主要指天然林资源保护、防护林体系、种苗工程建设、自然保护区生态保护和建设、湿地保护和建设、退耕还林等农民吃饭、烧柴、增收等影响当前生计和长远发展问题。农村社会发展基础设施,主要指有益于农村社会事业发展的基础建设,包括农村义务教育、农村卫生、农村文化基础设施等。本书重点研究市政基础设施指标。

5.4.6 环境规划

环境规划设计主要应包括生产污染防治、环境卫生、环境绿化和景观风貌。生产污染防治是环境规划设计的重要内容之一,包括产生的污染控制和排放污染物的治理。在安置居民点的规划过程中,必须考虑到工业、农业等生产活动可能带来的潜在污染问题。通过科学合理地规划生产区域、采用先进的环保技术和设施,可以有效减少和控制污染排放,保障居民的健康与安全。

环境卫生是确保居民点整洁与卫生的重要方面。规划设计中应充分考虑垃圾处理、废水处理、室内外环境卫生设施等方面的布局和配置,确保居民享有清洁、卫生的生活环境。同时,还需加强环境卫生管理,提倡垃圾分类、定期清扫和消毒等措施,使居民点始终保持良好的卫生状态。

环境绿化是农村居民点环境规划设计中不可忽视的一环。通过科学规划植被覆盖、建设绿色景观和公共绿地,可为居民提供良好的自然环境和休闲空间。合理植被配置、保护和增加绿化面积、引入本地特色植物,可以改善气候、净化空气、保护生态系统,并提升居民的生活质量和幸福感。

景观风貌的规划设计是环境规划重要的考虑因素之一,通过农村居民点风貌和影响其周边环境的规划设计,使居民点在建筑风格、道路布局、人文景观等方面体现出独特的特色。同时,注重居民点的整体统一性与和谐性,营造宜居、宜游的环境氛围。

第 6 章 农村居民点指标体系及规模研究

6.1 指标体系

6.1.1 指标体系构建

根据《大中型水利水电工程建设征地补偿和移民安置条例》(2017 年)和《水利部办公厅关于大中型水库移民后期扶持“十四五”规划编制工作的指导意见》，梳理、细化移民安置目标中生活水平提高的具体要求，见图 6.1-1，包括人均居住面积、基础设施水平、公共服务设施水平的维持和提升，以及与周边生态环境和谐，实现村容村貌与地域文化特色的协调。同时，紧密结合乡村振兴战略规划提出的 5 大类、22 项指标体系，进一步完善、量化移民安置点指标体系，见表 6.1-1。总体构建集中居民点的用地指标体系，分为控制性指标和指导性指标两大类型(图 6.1-2)。

控制性指标起到控制、约束的作用，体现移民安置规划的法律效力。主要通过刚性量化标准对安置点的建设强度、布局等进行规定和限制，从而规范移民规划建设单位和个人的建设行为。同时考虑到未来乡村经济和社会发展、地域不同特点等因素，通过具体指标上下浮动的方式，限定波动空间，体现指标适当的灵活性和适应性。控制性指标包括人均建设用地指标、道路交通建设指标、工程设施建设指标、公共管理与公共服务设施建设指标和生态环境保护指标。

指导性指标起到指引、建议的作用，主要通过定性的方式指导移民居民点的规划建设。主要对应移民安置目标中“村容村貌协调”的要求，细化相应指标，并和地区美丽乡村、乡村振兴等要求衔接，提出适宜农村居民点的风貌指引要求。

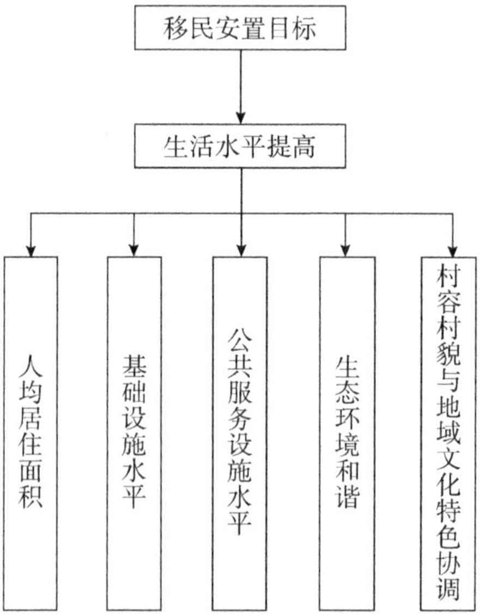

图 6.1-1　移民安置目标中移民生活水平的要求

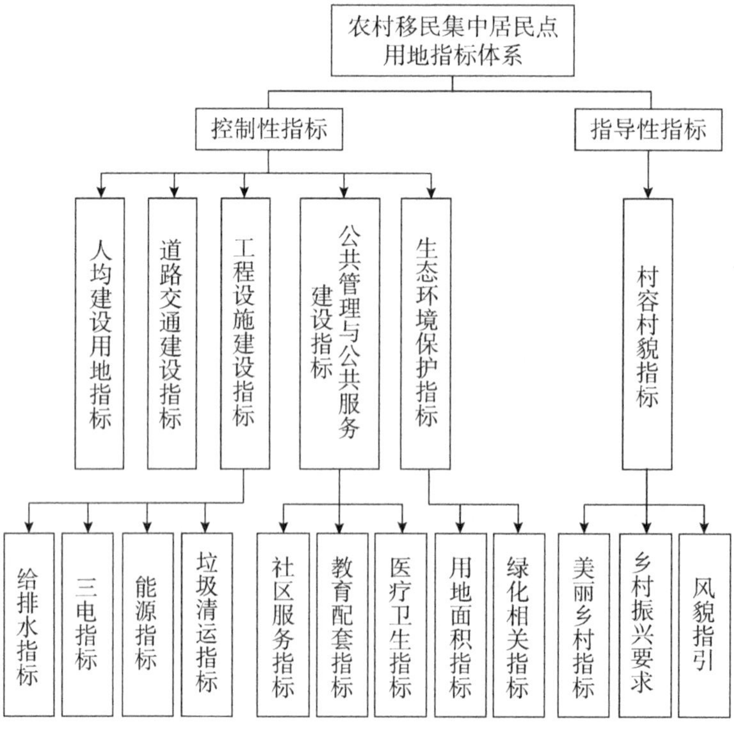

图 6.1-2　构建农村居民点规划用地指标体系

表 6.1-1 农村居民点规划用地指标体系与乡村振兴战略规划主要指标的对应关系

<table>
<tr><th colspan="3">乡村振兴主要指标</th><th colspan="3">农村居民点规划用地指标</th></tr>
<tr><th>分类</th><th>主要指标</th><th>2022 年目标值</th><th>分类</th><th>主要指标</th><th>说明</th></tr>
<tr><td rowspan="4">生态宜居</td><td>禽畜粪污综合利用率(约束性)</td><td>78%</td><td>公用设施建设指标</td><td>给排水指标</td><td rowspan="2">保障农村居民点的正常运行重要因素，主要包括给排水、三电(电力、电信、有线电视)、能源、垃圾清运等四部分指标，一般参考国家、地区相关标准规范要求进行取值</td></tr>
<tr><td>对生活垃圾进行处理的村占比</td><td>>90%</td><td>公用设施建设指标</td><td>垃圾清运指标</td></tr>
<tr><td>村庄绿化覆盖率</td><td>32%</td><td>生态环境保护指标</td><td>绿化相关指标</td><td>为响应和进一步促进库区生态文明建设，农村居民点作为重要的基础组成单元，需对其生态化指标进行严格控制，主要分为绿地用地面积、绿化覆盖率等指标</td></tr>
<tr><td>农村卫生厕所普及率</td><td>>85%</td><td>—</td><td>—</td><td>农村居民点新建住宅卫生厕所普及率 100%</td></tr>
<tr><td rowspan="2">乡风文明</td><td>综合性文化服务中心覆盖率</td><td>98%</td><td>公共管理与公共服务建设指标</td><td>社区服务指标</td><td rowspan="4">提升移民的精神文化需求、实现居民点社会治理的重要载体，主要包括行政管理、文体科技、商业金融、教育配套、医疗卫生等功能，将其划分为社区服务、教育配套、医疗卫生三类指标，主要根据居民点的规模、在乡村体系中的职能确定配套标准与建设指标</td></tr>
<tr><td>农村居民教育文化娱乐支出占比</td><td>13.6%</td><td>公共管理与公共服务建设指标</td><td>社区服务指标、教育配套指标</td></tr>
<tr><td rowspan="2">治理有效</td><td>村庄规划管理覆盖率</td><td>90%</td><td>公共管理与公共服务建设指标</td><td>社区服务指标</td></tr>
<tr><td>建有综合服务站的村占比</td><td>53%</td><td>公共管理与公共服务建设指标</td><td>社区服务指标</td></tr>
</table>

续表

乡村振兴主要指标			农村居民点规划用地指标		
分类	主要指标	2022年目标值	分类	主要指标	说明
生活富裕	农村自来水普及率	85%	公用设施建设指标	给排水指标	同上
	具备条件的建制村通硬化路比例（约束性）	100%	道路交通建设指标	对外道路交通指标	道路交通一般分为居民点内部道路与对外连接道路，在本书中，仅考虑内部道路的用地指标。综合考虑农村居民点的规模和相关道路交通标准规范进行取值

6.1.2 农村居民点用地分类

农村居民点用地类别严格上应是村庄建设用地（H14，农村居民点的建设用地），在住建部发布的《村庄规划用地分类指南》中已明确定义了村庄规划用地，细分为3大类、10中类、15小类，本书在该用地分类基础上，参考《城市用地分类与规划建设用地标准》（GB 50137—2011），将农村居民点用地划分为2大类、6中类，第一大类是农村居民点建设用地，包括居住用地（VR）、公共管理与公共服务用地（VA）、道路交通用地（VS）、公用设施用地（VU）和绿地广场用地（VG）；第二大类是非居民点建设用地，主要包括对外交通设施用地（VN），具体内容以及与城市建设用地、村庄用地及国空用地用海分类的比较见表6.1-2。

表6.1-2　农村居民点用地分类和对应关系

农村居民点用地分类			城市建设用地分类	村庄用地分类	国土空间用地用海分类
类别代码	类别名称	定义			
居民点建设用地			建设用地（H）		
VR	居住用地	宅基地及周边附属用地，包括宅基地、与宅基地相结合的宅间绿地、宅前路用地	居住用地（R）	村民住宅用地（V1）	农村宅基地（0703）

续表

农村居民点用地分类			城市建设用地分类	村庄用地分类	国土空间用地用海分类
类别代码	类别名称	定义			
VA	公共管理与公共服务用地	用于提供基本公共服务的各类集体建设用地，包括公共服务设施用地、公共广场用地	公共管理与公共服务用地（A）	村庄公共服务用地（V2）	公共管理与公共服务用地（08）
		用于生产经营的各类建设用地，包括村庄商业服务业设施用地、商业金融用地	商业服务业设施用地（B）	村庄产业用地（V3）	商业用地（0901）
VS	道路用地	用于居民点内部道路、交通设施用地	道路与交通设施用地（S）	村庄基础设施用地（V4）	乡村道路用地（0601）
VU	公用设施用地	用于居民点工程设施建设的用地，包括给水、排水、电力、电信、有线电视、能源、垃圾清运用地	公用设施用地（U）		公用设施用地（13）
VG	绿地	用于集中游憩、生态、美化、工程防护的建设用地，包括公共绿地、防护绿地	绿地与广场用地（G）	村庄公共服务用地（V2）	绿地与开放空间用地（14）
VT	其他建设用地		其他建设用地（H9）	村庄其他建设用地（V9）	
非居民点建设用地		除集中居民点用地之外的建设用地			
VN	对外交通设施用地	包括安置点对外联系道路、过境公路和铁路等交通设施用地	区域交通设施用地（H2）	对外交通设施用地（N1）	公路用地（1202）

国土空间调查、规划、用途管制用地用海分类指南不同点如下：

1）适用范围不同。用地用海分类试用稿，适用于国土空间各个层面的分类和规划，主要集中在城镇建设用地的分类上，村庄用地分类较粗，如农村居民点公共管理与公共服务用地、商业服务用地、公用设施用地等，缺乏相应的用地分类。

2）内涵定义不同。一是用地用海宅基地解释与土地管理办法不一致，居民点用地分析中除宅基地以外，还包括与宅基地相结合的宅间绿地、宅前路用地等。二是居民点公共管理与公共服务建筑、设施一般与公共广场统筹布局，用地不便划分，因此公共管理与公共服务用地包括公共广场，区别于用地用海分类。三是绿地的定义不同，用地用海分类中，绿地与开敞空间用地包括了城镇、村庄建设用地范围内的公园绿地、防护绿地、广场等公共开敞空间用地，分类范围与农村居民点分类不同。

3)标准内容与要求不同。《村庄规划用地分类指南》重点关注农村地区的规划和建设,在用地分类和规划中强调生产、生活、公共服务设施等方面。用地用海分类试用稿针对全国范围内的用地和用海分类进行指导,涉及不同类型的用地需求和管制措施等方面的内容。

6.2 建设规模

6.2.1 人口规模

本书研究的农村移民集中安置居民点规模分级初步参照《镇规划标准》(GB 50188—2007)中“农村居民点规模分级”标准,按人口数量分为特大、大、中、小型四级,其中特大型及大型农村居民点一般具有行政村管理职能,设有为本居民点或附近村庄服务的基本公共服务设施,从事农业、家庭副业、产业活动等,中型农村居民点为从事农业、家庭副业和生产活动的较大居民点,小型农村居民点则是从事农业、家庭副业和生产活动的最基本单元。具体规模分级见表 6.2-1。

表 6.2-1 农村居民点规模分级一览表

人口规模分级	人数/人	性质
特大型	≥1001	一般具有行政村管理职能,设有为本居民点或附近村庄服务的基本公共服务设施,从事农业、家庭副业、产业活动的大型居民点
大型	601~1000	
中型	201~600	从事农业、家庭副业和生产活动的较大居民点
小型	50~200	从事农业、家庭副业和生产活动的最基本单元

参照如上规模分级要求,本书农村居民点研究样本共 100 余个,其中特大型居民点 24 个,大型居民点 40 个,中型居民点 37 个,小型居民点 33 个,特大型、大型、中型、小型居民点的占比分别为 18%、30%、27%、25%(图 6.2-1),各个规模居民点数量较为均等,有利于后续数据研究。

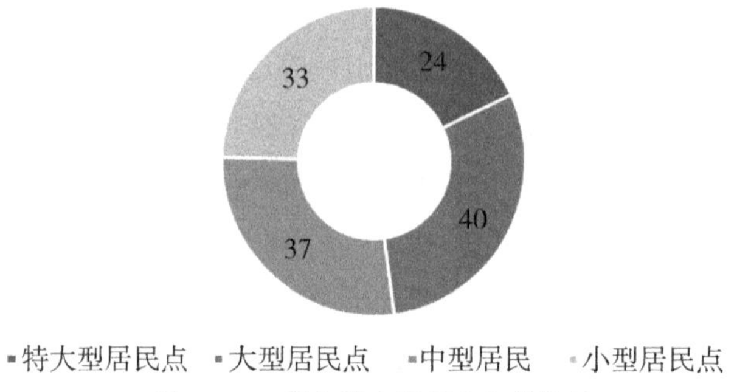

图 6.2-1 所有样本居民点规模统计

(1)各规模居民点分布

1)特大型居民点。

特大型居民点样本共24个,见表6.2-2。

表6.2-2 特大型居民点样本具体指标

序号	工程名称	居民点	规划安置户数/户	规划安置人数/人
1	DJK水库	DJK-76	250	1006
2	DJK水库	DJK-77	249	1008
3	DJK水库	DJK-78	255	1029
4	DJK水库	DJK-79	273	1031
5	DJK水库	DJK-80	262	1056
6	DJK水库	DJK-81	269	1094
7	DJK水库	DJK-82	289	1167
8	DJK水库	DJK-83	331	1338
9	DJK水库	DJK-84	339	1369
10	DJK水库	DJK-85	340	1372
11	DJK水库	DJK-86	350	1415
12	DJK水库	DJK-87	363	1466
13	DJK水库	DJK-88	386	1533
14	DJK水库	DJK-89	386	1533
15	DJK水库	DJK-90	388	1568
16	DJK水库	DJK-91	401	1619
17	DJK水库	DJK-92	430	1736
18	DJK水库	DJK-94	783	3500
19	DJK水库	DJK-93	783	3500
20	DJK水库	DJK-95	847	3507
21	HYH水库	HYH-06	369	1565
22	HYH水库	HYH-07	510	1953
23	WDD水电站	WDD-04	247	1030
24	WDD水电站	WDD-01	597	2272

2)大型居民点。

大型居民点样本共40个,见表6.2-3。

表 6.2-3　　大型居民点样本具体指标

序号	工程名称	居民点	规划安置户数/户	规划安置人数/人
1	DJK 水库	DJK-46	150	605
2	DJK 水库	DJK-47	152	611
3	DJK 水库	DJK-48	156	628
4	DJK 水库	DJK-49	158	632
5	DJK 水库	DJK-50	159	639
6	DJK 水库	DJK-51	176	642
7	DJK 水库	DJK-52	187	699
8	DJK 水库	DJK-53	176	699
9	DJK 水库	DJK-54	175	705
10	DJK 水库	DJK-55	208	715
11	DJK 水库	DJK-56	182	717
12	DJK 水库	DJK-57	174	725
13	DJK 水库	DJK-58	180	728
14	DJK 水库	DJK-59	182	734
15	DJK 水库	DJK-60	182	734
16	DJK 水库	DJK-61	182	734
17	DJK 水库	DJK-62	186	746
18	DJK 水库	DJK-63	186	746
19	DJK 水库	DJK-64	202	756
20	DJK 水库	DJK-65	188	759
21	DJK 水库	DJK-66	189	797
22	DJK 水库	DJK-67	201	813
23	DJK 水库	DJK-68	206	829
24	DJK 水库	DJK-69	206	834
25	DJK 水库	DJK-70	208	842
26	DJK 水库	DJK-71	202	860
27	DJK 水库	DJK-72	223	876
28	DJK 水库	DJK-73	233	942
29	DJK 水库	DJK-74	233	942
30	DJK 水库	DJK-75	237	957
31	HYH 水库	HYH-04	170	615
32	HYH 水库	HYH-05	177	703
33	XXS 水库	XXS-04	160	624

续表

序号	工程名称	居民点	规划安置户数/户	规划安置人数/人
34	XXS 水库	XXS-05	168	631
35	XXS 水库	XXS-06	249	969
36	XL 水电站	XL-01	131	864
37	YYLT 水库	YYLT-01	116	625
38	LLSL 工程	LLSL-01	102	644
39	LLSL 工程	LLSL-02	118	762
40	WDG 工程	WDG-01	200	611

3)中型居民点。

中型居民点样本共 37 个,见表 6.2-4。

表 6.2-4 中型居民点样本具体指标

序号	工程名称	居民点	规划安置户数/户	规划安置人数/人
1	CXH 水库	CXH-01	153	362
2	CXH 水库	CXH-02	189	460
3	DJK 水库	DJK-23	50	201
4	DJK 水库	DJK-24	52	204
5	DJK 水库	DJK-25	53	207
6	DJK 水库	DJK-26	63	219
7	DJK 水库	DJK-27	61	227
8	DJK 水库	DJK-28	58	236
9	DJK 水库	DJK-29	68	278
10	DJK 水库	DJK-30	73	294
11	DJK 水库	DJK-31	76	305
12	DJK 水库	DJK-32	88	316
13	DJK 水库	DJK-33	98	394
14	DJK 水库	DJK-34	107	433
15	DJK 水库	DJK-35	126	439
16	DJK 水库	DJK-36	103	442
17	DJK 水库	DJK-37	114	456
18	DJK 水库	DJK-38	124	476
19	DJK 水库	DJK-39	126	512
20	DJK 水库	DJK-40	127	515
21	DJK 水库	DJK-41	132	532

续表

序号	工程名称	居民点	规划安置户数/户	规划安置人数/人
22	DJK 水库	DJK-42	132	534
23	DJK 水库	DJK-43	136	550
24	DJK 水库	DJK-44	134	563
25	DJK 水库	DJK-45	153	567
26	HYH 水库	HYH-03	82	342
27	NJ 水电站	NJ-02	132	500
28	QYK 水库	QYK-02	59	221
29	QYK 水库	QYK-03	79	279
30	QYK 水库	QYK-04	124	403
31	WDD 水电站	WDD-02	91	345
32	WDD 水电站	WDD-03	135	597
33	WDD 水电站	WDD-06	65	272
34	WDD 水电站	WDD-07	100	399
35	QY 抽水蓄能电站	QY-01	90	292
36	BLJ 工程	BLJ-01	138	600
37	WDG 工程	WDG-02	64	203

4)小型居民点。

小型居民点样本共 33 个,见表 6.2-5。

表 6.2-5 小型居民点样本具体指标

序号	工程名称	居民点	规划安置户数/户	规划安置人数/人
1	DJK 水库	DJK-01	22	74
2	DJK 水库	DJK-02	21	83
3	DJK 水库	DJK-03	22	90
4	DJK 水库	DJK-04	25	97
5	DJK 水库	DJK-05	25	97
6	DJK 水库	DJK-06	26	100
7	DJK 水库	DJK-07	27	103
8	DJK 水库	DJK-08	35	121
9	DJK 水库	DJK-09	32	128
10	DJK 水库	DJK-10	30	131
11	DJK 水库	DJK-11	34	136
12	DJK 水库	DJK-12	39	142

续表

序号	工程名称	居民点	规划安置户数/户	规划安置人数/人
13	DJK 水库	DJK-13	32	151
14	DJK 水库	DJK-14	32	151
15	DJK 水库	DJK-15	44	157
16	DJK 水库	DJK-16	39	159
17	DJK 水库	DJK-17	36	159
18	DJK 水库	DJK-18	40	163
19	DJK 水库	DJK-19	47	185
20	DJK 水库	DJK-20	41	191
21	DJK 水库	DJK-21	61	196
22	DJK 水库	DJK-22	54	199
23	HS 水库	HS-01	19	95
24	HS 水库	HS-02	36	140
25	HYH 水库	HYH-01	41	137
26	HYH 水库	HYH-02	44	150
27	NJ 水电站	NJ-01	42	126
28	QYK 水库	QYK-01	56	154
29	TZK 水库	TZK-01	17	70
30	XXS 水库	XXS-01	24	77
31	XXS 水库	XXS-02	30	97
32	XXS 水库	XXS-03	39	141
33	WDD 水电站	WDD-05	32	119

(2)各水库居民点规模

1)CXH 水库。

CXH 水库样本共 2 个,均为中型居民点,见表 6.2-6。

表 6.2-6　　CXH 水库居民点规模

序号	工程名称	居民点	规划安置户数/户	规划安置人数/人	居民点规模
1	CXH 水库	CXH-01	153	362	中型
2	CXH 水库	CXH-02	189	460	中型

2)DJK 水库。

DJK 水库样本共 95 个,包含特大型居民点 20 个,大型居民点 30 个,中型居民点 23 个,小型居民点 22 个,见表 6.2-7。

表 6.2-7 DJK 水库居民点规模

序号	工程名称	居民点	规划安置户数/户	规划安置人数/人	居民点规模
1	DJK 水库	DJK-01	22	74	小型
2	DJK 水库	DJK-02	21	83	小型
3	DJK 水库	DJK-03	22	90	小型
4	DJK 水库	DJK-04	25	97	小型
5	DJK 水库	DJK-05	25	97	小型
6	DJK 水库	DJK-06	26	100	小型
7	DJK 水库	DJK-07	27	103	小型
8	DJK 水库	DJK-08	35	121	小型
9	DJK 水库	DJK-09	32	128	小型
10	DJK 水库	DJK-10	30	131	小型
11	DJK 水库	DJK-11	34	136	小型
12	DJK 水库	DJK-12	39	142	小型
13	DJK 水库	DJK-13	32	151	小型
14	DJK 水库	DJK-14	32	151	小型
15	DJK 水库	DJK-15	44	157	小型
16	DJK 水库	DJK-16	39	159	小型
17	DJK 水库	DJK-17	36	159	小型
18	DJK 水库	DJK-18	40	163	小型
19	DJK 水库	DJK-19	47	185	小型
20	DJK 水库	DJK-20	41	191	小型
21	DJK 水库	DJK-21	61	196	小型
22	DJK 水库	DJK-22	54	199	小型
23	DJK 水库	DJK-23	50	201	中型
24	DJK 水库	DJK-24	52	204	中型
25	DJK 水库	DJK-25	53	207	中型
26	DJK 水库	DJK-26	63	219	中型
27	DJK 水库	DJK-27	61	227	中型
28	DJK 水库	DJK-28	58	236	中型
29	DJK 水库	DJK-29	68	278	中型
30	DJK 水库	DJK-30	73	294	中型
31	DJK 水库	DJK-31	76	305	中型
32	DJK 水库	DJK-32	88	316	中型
33	DJK 水库	DJK-33	98	394	中型

续表

序号	工程名称	居民点	规划安置户数/户	规划安置人数/人	居民点规模
34	DJK 水库	DJK-34	107	433	中型
35	DJK 水库	DJK-35	126	439	中型
36	DJK 水库	DJK-36	103	442	中型
37	DJK 水库	DJK-37	114	456	中型
38	DJK 水库	DJK-38	124	476	中型
39	DJK 水库	DJK-39	126	512	中型
40	DJK 水库	DJK-40	127	515	中型
41	DJK 水库	DJK-41	132	532	中型
42	DJK 水库	DJK-42	132	534	中型
43	DJK 水库	DJK-43	136	550	中型
44	DJK 水库	DJK-44	134	563	中型
45	DJK 水库	DJK-45	153	567	中型
46	DJK 水库	DJK-46	150	605	大型
47	DJK 水库	DJK-47	152	611	大型
48	DJK 水库	DJK-48	156	628	大型
49	DJK 水库	DJK-49	158	632	大型
50	DJK 水库	DJK-50	159	639	大型
51	DJK 水库	DJK-51	176	642	大型
52	DJK 水库	DJK-52	187	699	大型
53	DJK 水库	DJK-53	176	699	大型
54	DJK 水库	DJK-54	175	705	大型
55	DJK 水库	DJK-55	208	715	大型
56	DJK 水库	DJK-56	182	717	大型
57	DJK 水库	DJK-57	174	725	大型
58	DJK 水库	DJK-58	180	728	大型
59	DJK 水库	DJK-59	182	734	大型
60	DJK 水库	DJK-60	182	734	大型
61	DJK 水库	DJK-61	182	734	大型
62	DJK 水库	DJK-62	186	746	大型
63	DJK 水库	DJK-63	186	746	大型
64	DJK 水库	DJK-64	202	756	大型
65	DJK 水库	DJK-65	188	759	大型
66	DJK 水库	DJK-66	189	797	大型

续表

序号	工程名称	居民点	规划安置户数/户	规划安置人数/人	居民点规模
67	DJK 水库	DJK-67	201	813	大型
68	DJK 水库	DJK-68	206	829	大型
69	DJK 水库	DJK-69	206	834	大型
70	DJK 水库	DJK-70	208	842	大型
71	DJK 水库	DJK-71	202	860	大型
72	DJK 水库	DJK-72	223	876	大型
73	DJK 水库	DJK-73	233	942	大型
74	DJK 水库	DJK-74	233	942	大型
75	DJK 水库	DJK-75	237	957	大型
76	DJK 水库	DJK-76	250	1006	特大型
77	DJK 水库	DJK-77	249	1008	特大型
78	DJK 水库	DJK-78	255	1029	特大型
79	DJK 水库	DJK-79	273	1031	特大型
80	DJK 水库	DJK-80	262	1056	特大型
81	DJK 水库	DJK-81	269	1094	特大型
82	DJK 水库	DJK-82	289	1167	特大型
83	DJK 水库	DJK-83	331	1338	特大型
84	DJK 水库	DJK-84	339	1369	特大型
85	DJK 水库	DJK-85	340	1372	特大型
86	DJK 水库	DJK-86	350	1415	特大型
87	DJK 水库	DJK-87	363	1466	特大型
88	DJK 水库	DJK-88	386	1533	特大型
89	DJK 水库	DJK-89	386	1533	特大型
90	DJK 水库	DJK-90	388	1568	特大型
91	DJK 水库	DJK-91	401	1619	特大型
92	DJK 水库	DJK-92	430	1736	特大型
93	DJK 水库	DJK-93	783	3500	特大型
94	DJK 水库	DJK-94	783	3500	特大型
95	DJK 水库	DJK-95	847	3507	特大型

3)HS 水库。

HS 水库样本共 2 个,均为小型居民点,见表 6.2-8。

表 6.2-8 HS 水库居民点规模

序号	工程名称	居民点	规划安置户数/户	规划安置人数/人	居民点规模
1	HS 水库	HS-01	19	95	小型
2	HS 水库	HS-02	36	140	小型

4)HYH 水库。

HYH 水库样本共 7 个,包含特大型居民点 2 个,大型居民点 2 个,中型居民点 1 个,小型居民点 2 个,见表 6.2-9。

表 6.2-9 HYH 居民点规模

序号	工程名称	居民点	规划安置户数/户	规划安置人数/人	居民点规模
1	HYH 水库	HYH-01	41	137	小型
2	HYH 水库	HYH-02	44	150	小型
3	HYH 水库	HYH-03	82	342	中型
4	HYH 水库	HYH-04	170	615	大型
5	HYH 水库	HYH-05	177	703	大型
6	HYH 水库	HYH-06	369	1565	特大型
7	HYH 水库	HYH-07	510	1953	特大型

5)NJ 水电站。

NJ 水电站本共 2 个,中型及小型居民点各 1 个,见表 6.2-10。

表 6.2-10 NJ 居民点规模

序号	工程名称	居民点	规划安置户数/户	规划安置人数/人	居民点规模
1	NJ 水电站	NJ-01	42	126	小型
2	NJ 水电站	NJ-02	132	500	中型

6)QYK 水库。

QYK 水库样本共 4 个,包含中型居民点 3 个,小型居民点 1 个,见表 6.2-11。

表 6.2-11 QYK 水库居民点规模

序号	工程名称	居民点	规划安置户数/户	规划安置人数/人	居民点规模
1	QYK 水库	QYK-01	56	154	小型
2	QYK 水库	QYK-02	59	221	中型
3	QYK 水库	QYK-03	79	279	中型
4	QYK 水库	QYK-04	124	403	中型

7)TZK 水库。

TZK 水库样本共 1 个,为小型居民点,见表 6. 2-12。

表 6. 2-12　　TZK 水库居民点规模

序号	工程名称	居民点	规划安置户数/户	规划安置人数/人	居民点规模
1	TZK 水库	TZK-01	17	70	小型

8)WDD 水电站。

WDD 水电站样本共 7 个,包含特大型居民点 2 个,中型居民点 4 个,小型居民点 1 个,见表 6. 2-13。

表 6. 2-13　　WDD 水电站居民点规模

序号	工程名称	居民点	规划安置户数/户	规划安置人数/人	居民点规模
1	WDD 水电站	WDD-01	597	2272	特大型
2	WDD 水电站	WDD-02	91	345	中型
3	WDD 水电站	WDD-03	135	597	中型
4	WDD 水电站	WDD-04	247	1030	特大型
5	WDD 水电站	WDD-05	32	119	小型
6	WDD 水电站	WDD-06	65	272	中型
7	WDD 水电站	WDD-07	100	399	中型

9)XXS 水库。

XXS 水库样本共 6 个,包含大型居民点 3 个,小型居民点 3 个,表 6. 2-14。

表 6. 2-14　　XXS 水库居民点规模

序号	工程名称	居民点	规划安置户数/户	规划安置人数/人	居民点规模
1	XXS 水库	XXS-01	24	77	小型
2	XXS 水库	XXS-02	30	97	小型
3	XXS 水库	XXS-03	39	141	小型
4	XXS 水库	XXS-04	160	624	大型
5	XXS 水库	XXS-05	168	631	大型
6	XXS 水库	XXS-06	249	969	大型

10)QY 抽水蓄能电站。

QY 抽水蓄能电站样本 1 个,表 6.2-15。

表 6.2-15 QY 抽水蓄能电站居民点规模

序号	工程名称	居民点	规划安置户数/户	规划安置人数/人	居民点规模
1	QY 抽水蓄能电站	QY-01	90	292	中型

11)BLJ 工程。

BLJ 工程样本 1 个,见表 6.2-16。

表 6.2-16 BLJ 工程居民点规模

序号	工程名称	居民点	规划安置户数/户	规划安置人数/人	居民点规模
1	BLJ 工程	BLJ-01	138	600	中型

12)LLSL 工程。

LLSL 工程样本 2 个,见表 6.2-17。

表 6.2-17 LLSL 工程居民点规模

序号	工程名称	居民点	规划安置户数/户	规划安置人数/人	居民点规模
1	LLSL 工程	LLSL-01	102	644	大型
2	LLSL 工程	LLSL-02	118	762	大型

13)WDG 工程。

WDG 工程样本 2 个,见表 6.2-18。

表 6.2-18 WDG 工程居民点规模

序号	工程名称	居民点	规划安置户数/户	规划安置人数/人	居民点规模
1	WDG 工程	WDG-01	200	611	大型
2	WDG 工程	WDG-02	64	203	中型

14)XL 水电站。

XL 水电站样本 1 个,见表 6.2-19。

表 6.2-19 XL 水电站居民点规模

序号	工程名称	居民点	规划安置户数/户	规划安置人数/人	居民点规模
1	XL 水电站	XL-01	131	864	大型

15)YYLT 水库。

YYLT 水库样本 1 个,见表 6.2-20。

表 6.2-20　YYLT 水库居民点规模

序号	工程名称	居民点	规划安置户数/户	规划安置人数/人	居民点规模
1	YYLT 水库	YYLT-01	116	625	大型

(3)小结

本书选取 100 余个农村居民点样本进行研究,山地型农村居民点规模主要以中、小型为主;平原型农村居民点规模分布较为平均,居民点规模占比差异相差不大(图 6.2-2)。

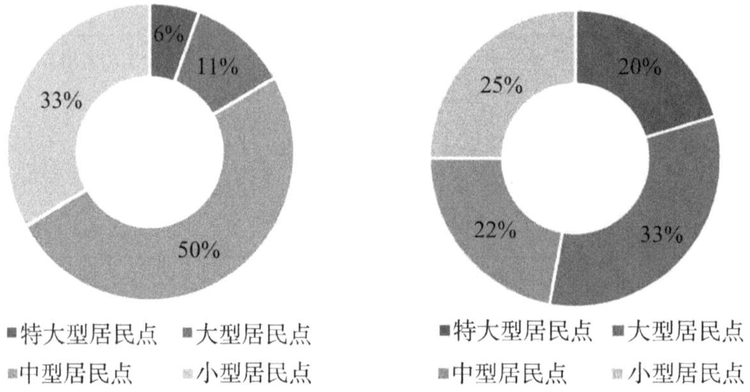

(a)山地型　(b)平原型

图 6.2-2　农村居民点规模比例

影响农村居民点规模空间分布的因素众多,如由于地形地貌限制可以建设居民点的面积,中西部地区多高原山地等地形,限制了居民点的规模扩张;东部地区多为平原、丘陵等地形,地形起伏不大,便于居民点扩张;此外,交通区位影响更多居民的安置意愿,水利工程的规模也直接反映需要安置的居民数量,民俗风情的不同决定是否可以多民族混居,生态环境限制可以安置的居民最大容量等。

如河南省的农村居民点因安置区地势平坦、环境容量较大,为便于移民村组整建制搬迁,居民点规模多为大型及特大型。湖北省农村居民点大部分位于丘陵地区,由于环境容量有限,因此因地制宜灵活布置,同时,为有利于移民更好融入当地生活,这些地区的居民点规模多为中小型,而大型、特大型农村居民点主要分布于便于集中调整土地、地势平坦的农场等安置区。

6.2.2 用地规模

(1)总用地面积

本书选取的100余个农村居民点样本中,总用地面积在0.48万~29.81万m^2,平均值为5.41万m^2,中位数为4.71万m^2。由于农村居民点规模受地形影响差异较大,中位数不受少数极端数值影响,故中位数更接近所选样本平均水平。本节分别根据不同流域范畴以及居民点规模大小来统计户均人数指标。

将所有农村居民点样本总用地面积分为20个区间,进行直方图分析(图6.2-3):从单个区间来看,样本数量最多的区间为0.48万~1.95万m^2,样本数量有37个,占总数的29.60%;从样本数量中位数来看,居民点总用地面积在3.42万~4.88万m^2区间;从居民点总用地面积总体分布来看,所有样本总用地面积主要集中在0.48万~9.28万m^2,样本数量有110个,占总数的88.00%。

基于地形地貌差异,分类统计分析农村居民点总用地面积占比(图6.2-4、图6.2-5)。山地型地区农村居民点总用地面积范围为0.48万~9.16万m^2,主要集中在0.48万~1.95万m^2以及1.95万~3.42万m^2两个区间,占山地型农村居民点样本总量的58.82%,农村居民点平均总用地面积3.57万m^2。平原型农村居民点总用地面积范围为0.63万~29.8万m^2,主要集中在0.48万~1.95万m^2以及4.88万~6.35万m^2两个区间,占平原型农村居民点样本总量的48.15%,农村居民点平均总用地面积5.72万m^2。

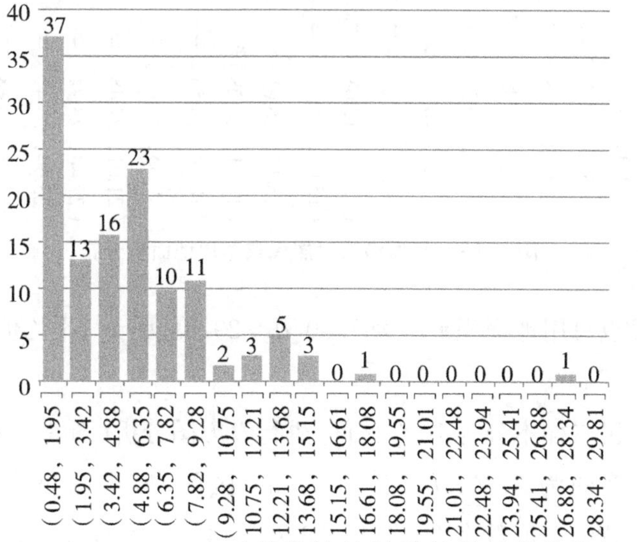

图6.2-3 所有样本居民点总用地面积分布

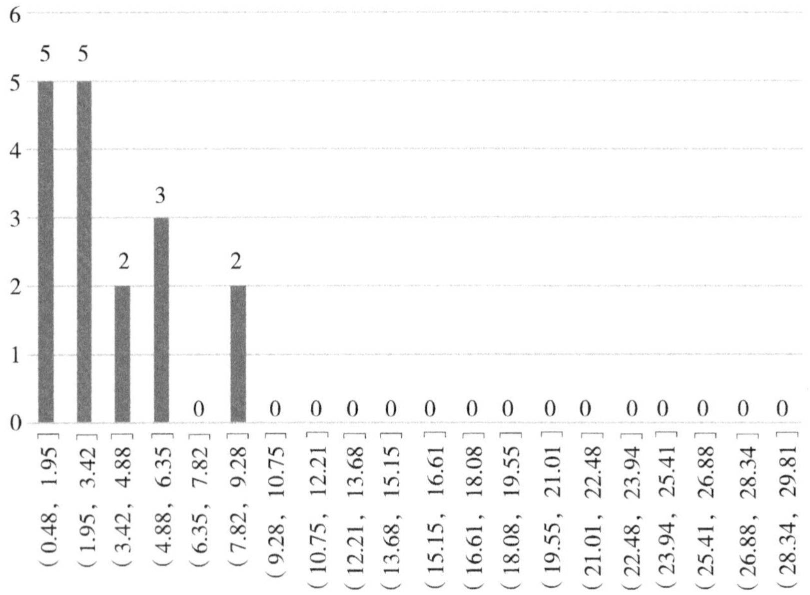

图 6.2-4　山地型农村居民点总用地面积分布

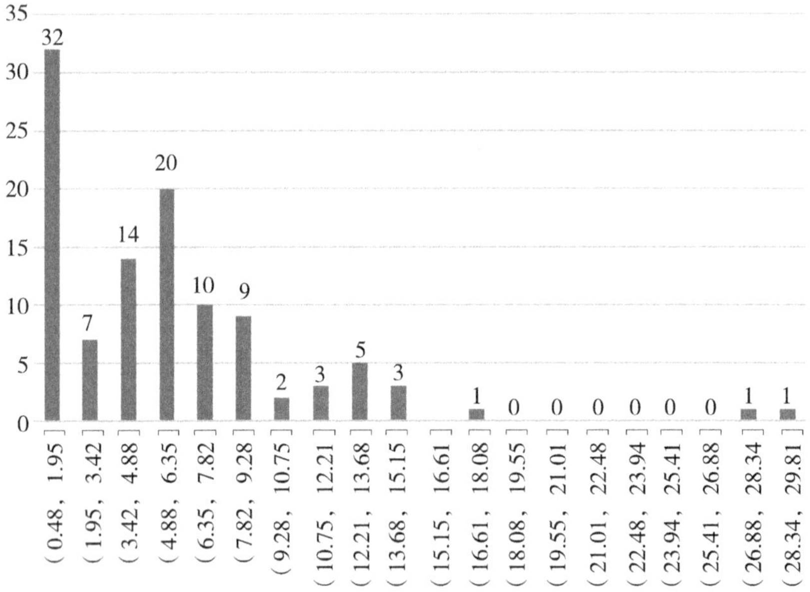

图 6.2-5　平原型农村居民点总用地面积分布

特大型居民点总用地面积范围为 7.50 万～29.81 万 m^2，平均值为 12.88 万 m^2，中位数为 12.03 万 m^2。

将特大型居民点样本分为 10 个区间，进行直方图分析(图 6.2-6)：从单个区间来看，样本数量最多的为 7.50 万～9.73 万 m^2 区间，样本数量有 8 个，占总数的 34.78%；从样本数量中位数来看，在 11.96 万～14.19 万 m^2 区间；从居民点总用地面积总体分布来看，特大型居民点总用地面积主要集中在 7.50 万～14.19 万 m^2，样本数量有 18 个，占总数的 78.26%。

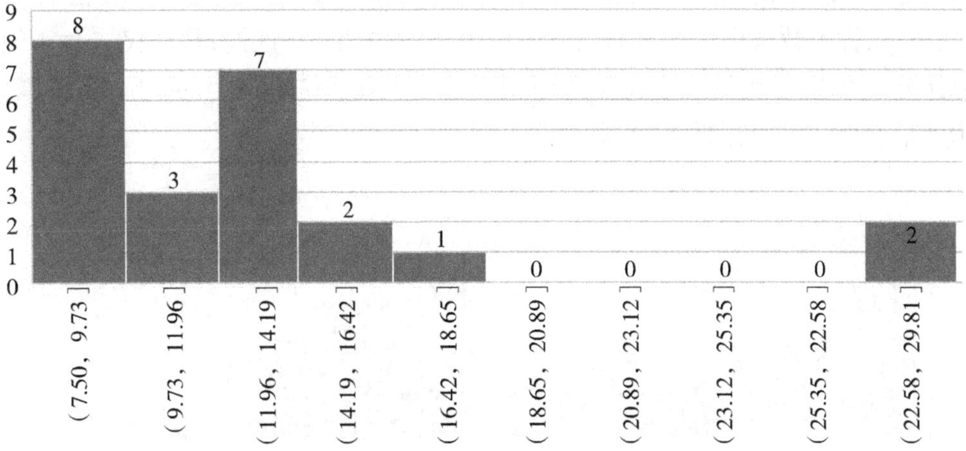

图 6.2-6 特大型居民点总用地面积分布

大型居民点总用地面积范围为 4.68 万～8.40 万 m^2，平均值为 6.35 万 m^2，中位数为 6.23 万 m^2。

将大型居民点样本分为 10 个区间，进行直方图分析（图 6.2-7）：从单个区间来看，样本数量最多的为 6.17 万～6.54 万 m^2 区间，样本数量有 8 个，占总数的 21.62%；从样本数量中位数来看，也在 6.17 万～6.54 万 m^2 区间；从居民点总用地面积总体分布来看，大型居民点总用地面积主要集中在 5.05 万～6.54 万 m^2 范围内，样本数量有 23 个，占总数的 62.16%。

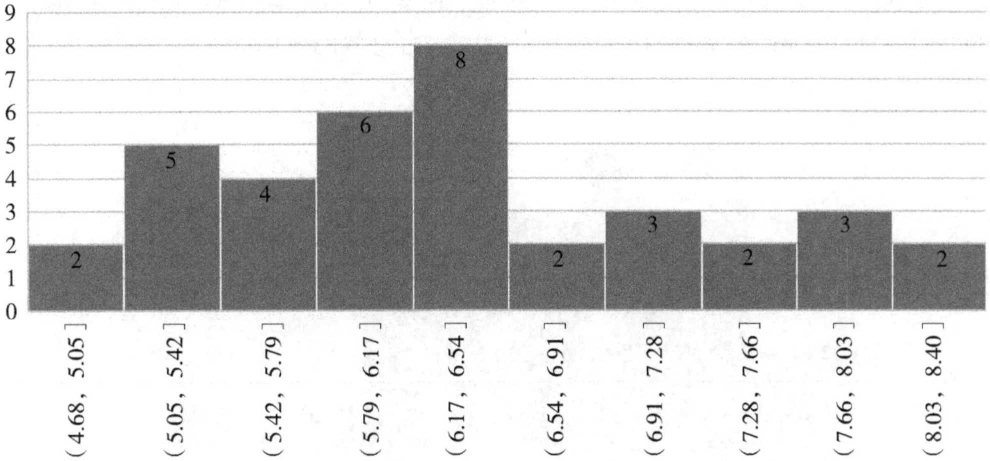

图 6.2-7 大型居民点总用地面积分布

中型居民点总用地面积范围为 1.71 万～5.93 万 m^2，平均值为 3.38 万 m^2，中位数为 3.39 万 m^2。

将中型居民点样本分为 10 个区间，进行直方图分析（图 6.2-8）：从单个区间来看，样本数量最多的为 1.71 万～2.13 万 m^2 区间，样本数量有 6 个，占总数的 18.18%；从样本数量中位数来看，在 2.97 万～3.40 万 m^2 区间；从居民点总用地面积总体分布来看，中型居民点总用地面积主要集中在 1.71 万～4.66 万 m^2 范围内，样本数量有 28 个，占总数的 84.85%。

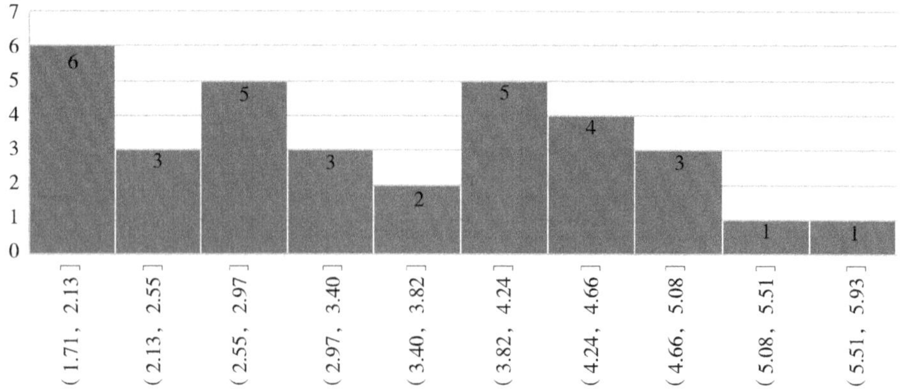

图 6.2-8　中型居民点总用地面积分布

小型居民点总用地面积范围为 0.48 万～2.19 万 m^2，平均值为 1.17 万 m^2，中位数为 1.16 万 m^2。

将小型居民点样本分为 10 个区间，进行直方图分析（图 6.2-9）：从单个区间来看，样本数量最多的为 0.66 万～0.83 万 m^2 以及 1.00 万～1.17 万 m^2 两个区间，样本数量均为 6 个，占总数的 18.18%；从样本数量中位数来看，在 1.00 万～1.17 万 m^2 区间；从居民点总用地面积总体分布来看，小型居民点总用地面积主要集中在 0.66 万～1.68 万 m^2 范围内，样本数量有 29 个，占总数的 87.88%。

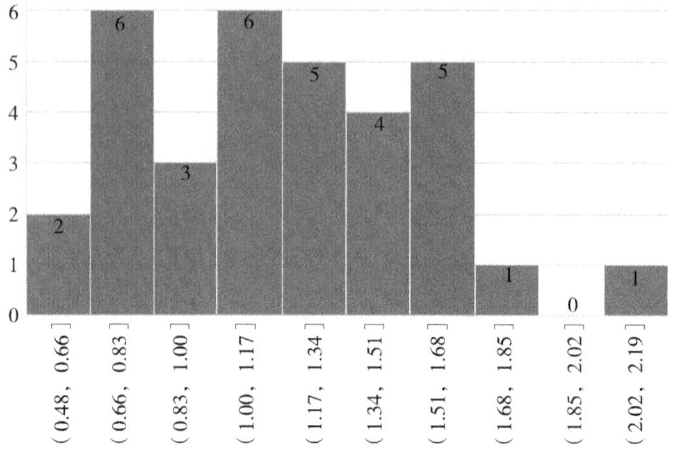

图 6.2-9　小型居民点总用地面积分布

(2)户均人数指标

户均人数是综合反映某一时期内的人口总量一般水平的综合指标。选取的100余个农村居民点样本中,户均人数指标范围为2.37～6.60人/户,平均值为3.95人/户。本节分别根据不同流域范畴以及水库类别来统计户均人数指标。

基于研究范围地形差异较大,按山地型与平原型分类统计农村居民点户均人数指标。山地型农村居民点户均人数指标范围为2.37～6.60人/户,平均值为3.88人/户,平原型农村居民点户均人数指标范围为3.21～4.72人/户,平均值为3.96人/户。户均人数差异不大。

CXH水库居民点户均人数指标范围为2.37～2.43人/户,平均值为2.40人/户(表6.2-21)。

表6.2-21　CXH水库户均人数指标

序号	工程名称	居民点	规划安置户数/户	规划安置人数/人	户均人数指标
1	CXH水库	CXH-01	153	362	2.37
2	CXH水库	CXH-02	189	460	2.43
总计			342	822	2.40

DJK水库居民点户均人数指标范围为3.21～4.72人/户,平均值为4.04人/户(表6.2-22)。

表6.2-22　DJK水库户均人数指标

序号	工程名称	居民点	规划安置户数/户	规划安置人数/人	户均人数指标
1	DJK水库	DJK-78	255	1029	4.04
2	DJK水库	DJK-76	250	1006	4.02
3	DJK水库	DJK-75	237	957	4.04
4	DJK水库	DJK-73	233	942	4.04
5	DJK水库	DJK-44	134	563	4.20
6	DJK水库	DJK-74	233	942	4.04
7	DJK水库	DJK-36	103	442	4.29
8	DJK水库	DJK-37	114	456	4.00
9	DJK水库	DJK-86	350	1415	4.04
10	DJK水库	DJK-66	189	797	4.22
11	DJK水库	DJK-91	401	1619	4.04
12	DJK水库	DJK-12	39	142	3.64

续表

序号	工程名称	居民点	规划安置户数/户	规划安置人数/人	户均人数指标
13	DJK 水库	DJK-88	386	1533	3.97
14	DJK 水库	DJK-27	61	227	3.72
15	DJK 水库	DJK-55	208	715	3.44
16	DJK 水库	DJK-38	124	476	3.84
17	DJK 水库	DJK-85	340	1372	4.04
18	DJK 水库	DJK-72	223	876	3.93
19	DJK 水库	DJK-45	153	567	3.71
20	DJK 水库	DJK-81	269	1094	4.07
21	DJK 水库	DJK-94	783	3500	4.47
22	DJK 水库	DJK-93	783	3500	4.47
23	DJK 水库	DJK-95	847	3507	4.14
24	DJK 水库	DJK-53	176	699	3.97
25	DJK 水库	DJK-57	174	725	4.17
26	DJK 水库	DJK-46	150	605	4.03
27	DJK 水库	DJK-71	202	860	4.26
28	DJK 水库	DJK-13	32	151	4.72
29	DJK 水库	DJK-14	32	151	4.72
30	DJK 水库	DJK-07	27	103	3.81
31	DJK 水库	DJK-17	36	159	4.42
32	DJK 水库	DJK-11	34	136	4.00
33	DJK 水库	DJK-28	58	236	4.07
34	DJK 水库	DJK-29	68	278	4.09
35	DJK 水库	DJK-10	30	131	4.37
36	DJK 水库	DJK-01	22	74	3.36
37	DJK 水库	DJK-23	50	201	4.02
38	DJK 水库	DJK-06	26	100	3.85
39	DJK 水库	DJK-32	88	316	3.59
40	DJK 水库	DJK-25	53	207	3.91
41	DJK 水库	DJK-21	61	196	3.21
42	DJK 水库	DJK-24	52	204	3.92
43	DJK 水库	DJK-22	54	199	3.69
44	DJK 水库	DJK-26	63	219	3.48
45	DJK 水库	DJK-04	25	97	3.88

续表

序号	工程名称	居民点	规划安置户数/户	规划安置人数/人	户均人数指标
46	DJK 水库	DJK-20	41	191	4.66
47	DJK 水库	DJK-05	25	97	3.88
48	DJK 水库	DJK-42	132	534	4.05
49	DJK 水库	DJK-80	262	1056	4.03
50	DJK 水库	DJK-47	152	611	4.02
51	DJK 水库	DJK-33	98	394	4.02
52	DJK 水库	DJK-90	388	1568	4.04
53	DJK 水库	DJK-48	156	628	4.03
54	DJK 水库	DJK-68	206	829	4.02
55	DJK 水库	DJK-62	186	746	4.01
56	DJK 水库	DJK-63	186	746	4.01
57	DJK 水库	DJK-84	339	1369	4.04
58	DJK 水库	DJK-87	363	1466	4.04
59	DJK 水库	DJK-41	132	532	4.03
60	DJK 水库	DJK-83	331	1338	4.04
61	DJK 水库	DJK-56	182	717	3.94
62	DJK 水库	DJK-77	249	1008	4.05
63	DJK 水库	DJK-67	201	813	4.04
64	DJK 水库	DJK-69	206	834	4.05
65	DJK 水库	DJK-50	159	639	4.02
66	DJK 水库	DJK-82	289	1167	4.04
67	DJK 水库	DJK-64	202	756	3.74
68	DJK 水库	DJK-52	187	699	3.74
69	DJK 水库	DJK-70	208	842	4.05
70	DJK 水库	DJK-79	273	1031	3.78
71	DJK 水库	DJK-59	182	734	4.03
72	DJK 水库	DJK-65	188	759	4.04
73	DJK 水库	DJK-58	180	728	4.04
74	DJK 水库	DJK-40	127	515	4.06
75	DJK 水库	DJK-51	176	642	3.65
76	DJK 水库	DJK-49	158	632	4.00
77	DJK 水库	DJK-08	35	121	3.46
78	DJK 水库	DJK-43	136	550	4.04

续表

序号	工程名称	居民点	规划安置户数/户	规划安置人数/人	户均人数指标
79	DJK 水库	DJK-31	76	305	4.01
80	DJK 水库	DJK-03	22	90	4.09
81	DJK 水库	DJK-18	40	163	4.08
82	DJK 水库	DJK-92	430	1736	4.04
83	DJK 水库	DJK-54	175	705	4.03
84	DJK 水库	DJK-34	107	433	4.05
85	DJK 水库	DJK-39	126	512	4.06
86	DJK 水库	DJK-30	73	294	4.03
87	DJK 水库	DJK-60	182	734	4.03
88	DJK 水库	DJK-61	182	734	4.03
89	DJK 水库	DJK-02	21	83	3.95
90	DJK 水库	DJK-19	47	185	3.94
91	DJK 水库	DJK-09	32	128	4.00
92	DJK 水库	DJK-16	39	159	4.08
93	DJK 水库	DJK-15	44	157	3.57
94	DJK 水库	DJK-89	386	1533	3.97
95	DJK 水库	DJK-35	126	439	3.48
总计			16671	67406	4.04

HS 水库居民点户均人数指标范围为 3.89～4.27 人/户，平均值为 4.01 人/户(表 6.2-23)。

表 6.2-23　HS 水库户均人数指标

序号	工程名称	居民点	规划安置户数/户	规划安置人数/人	户均人数指标
1	HS 水库	HS-02	36	140	3.89
2	HS 水库	HS-01	19	95	5.00
总计			55	235	4.27

HYH 水库居民点户均人数指标范围为 3.34～4.24 人/户，平均值为 3.92 人/户(表 6.2-24)。

表 6.2-24　HYH 户均人数指标

序号	工程名称	居民点	规划安置户数/户	规划安置人数/人	户均人数指标
1	HYH 水库	HYH-01	41	137	3.34

续表

序号	工程名称	居民点	规划安置户数/户	规划安置人数/人	户均人数指标
2	HYH 水库	HYH-02	44	150	3.41
3	HYH 水库	HYH-04	170	615	3.62
4	HYH 水库	HYH-07	510	1953	3.83
5	HYH 水库	HYH-05	177	703	3.97
6	HYH 水库	HYH-03	82	342	4.17
7	HYH 水库	HYH-06	369	1565	4.24
总计			1393	5465	3.92

NJ 水电站居民点户均人数指标范围为 3.00～3.79 人/户，平均值为 3.60 人/户(表 6.2-25)。

表 6.2-25　　NJ 户均人数指标

序号	工程名称	居民点	规划安置户数/户	规划安置人数/人	户均人数指标
1	NJ 水电站	NJ-01	42	126	3.00
2	NJ 水电站	NJ-02	132	500	3.79
总计			174	626	3.60

QYK 水库居民点户均人数指标范围为 2.75～3.75 人/户，平均值为 3.37 人/户(表 6.2-26)。

表 6.2-26　　QYK 水库户均人数指标

序号	工程名称	居民点	规划安置户数/户	规划安置人数/人	户均人数指标
1	QYK 水库	QYK-01	56	154	2.75
2	QYK 水库	QYK-04	124	403	3.25
3	QYK 水库	QYK-03	79	279	3.53
4	QYK 水库	QYK-02	59	221	3.75
总计			318	1057	3.37

TZK 水库样本共 1 个，居民点户均人数指标为 4.12 人/户(表 6.2-27)。

表 6.2-27　　TZK 水库户均人数指标

序号	工程名称	居民点	规划安置户数/户	规划安置人数/人	户均人数指标
1	TZK 水库	TZK-01	17	70	4.12
总计			17	70	4.12

WDD 水电站居民点户均人数指标范围为 3.79～4.42 人/户，平均值为 4.04 人/户(表 6.2-28)。

表 6.2-28　WDD 水电站户均人数指标

序号	工程名称	居民点	规划安置户数/户	规划安置人数/人	户均人数指标
1	WDD 水电站	WDD-02	91	345	3.79
2	WDD 水电站	WDD-04	247	1030	4.17
3	WDD 水电站	WDD-01	597	2272	3.81
4	WDD 水电站	WDD-03	135	597	4.42
5	WDD 水电站	WDD-05	32	119	3.72
6	WDD 水电站	WDD-06	65	272	4.18
7	WDD 水电站	WDD-07	100	399	3.99
总计			1267	5034	4.01

XXS 水库居民点户均人数指标范围为 3.21～3.90 人/户，平均值为 3.79 人/户(表 6.2-29)。

表 6.2-29　XXS 水库户均人数指标

序号	工程名称	居民点	规划安置户数/户	规划安置人数/人	户均人数指标
1	XXS 水库	XXS-01	24	77	3.21
2	XXS 水库	XXS-02	30	97	3.23
3	XXS 水库	XXS-03	39	141	3.62
4	XXS 水库	XXS-05	168	631	3.76
5	XXS 水库	XXS-06	249	969	3.89
6	XXS 水库	XXS-04	160	624	3.90
总计			670	2539	3.79

XL 水电站样本共 1 个，居民点户均人数指标为 6.60 人/户(表 6.2-30)。

表 6.2-30　XL 水电站户均人数指标

序号	工程名称	居民点	规划安置户数/户	规划安置人数/人	户均人数指标
1	XL 水电站	XL-01	131	864	6.60
总计			131	864	6.60

YYLT 水库样本共 1 个，居民点户均人数指标为 5.39 人/户(表 6.2-31)。

表 6.2-31　　YYLT 水库户均人数指标

序号	工程名称	居民点	规划安置户数/户	规划安置人数/人	户均人数指标
1	YYLT 水库	YYLT-01	116	625	5.39
总计			116	625	5.39

根据第七次全国人口普查主要数据，中国平均每户人口为 2.62 人。根据国家统计局中国统计年鉴公布的数据，2020 年中国乡村平均每户人口为 2.70 人。所有样本中户均人数指标超过全国户均人数和全国乡村户均人数的样本均为 124 个，占总数的 98.41%（图 6.2-10）。

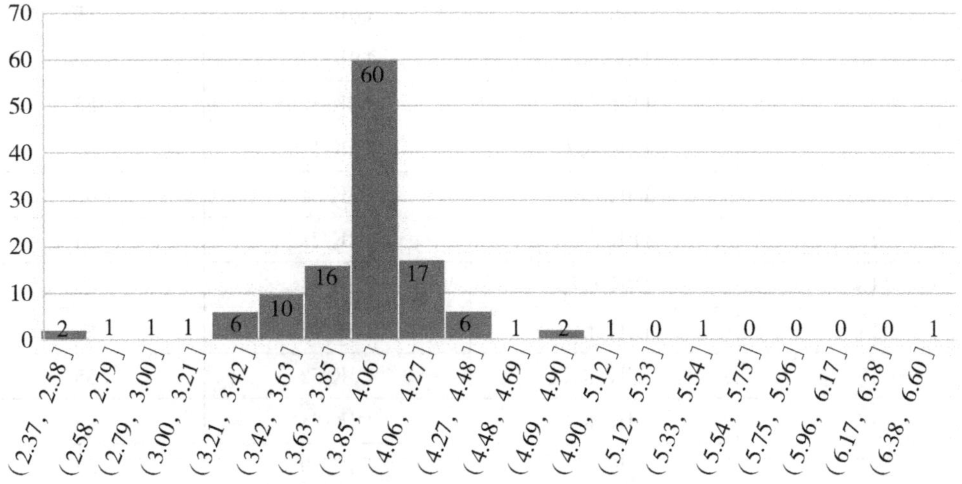

图 6.2-10　所有样本户均人数指标

（3）人均建设用地指标

选取的 100 余个农村居民点样本中，人均建设用地指标范围为 69～127m²，平均值为 86m²。本节分别根据不同流域以及水库类别来统计人均建设用地指标。

基于地形差异，按山地型与平原型两类统计农村居民点户均人数指标可知，山地型农村居民点人均建设用地指标范围为 69～127m²，平均值为 94m²；平原型农村居民点人均建设用地指标范围为 74～99m²，平均值为 84m²。

CXH 水库居民点人均建设用地指标范围为 84～86m²（表 6.2-32）。

表 6.2-32　　CXH 水库居民点人均建设用地指标

序号	工程名称	居民点	人均建设用地/m²
1	CXH 水库	CXH-02	84
2	CXH 水库	CXH-01	86

DJK 水库居民点人均建设用地指标范围为 80～85m^2（表 6.2-33）。

表 6.2-33　　DJK 水库居民点人均建设用地指标

序号	工程名称	居民点	人均建设用地/m^2
1	DJK 水库	DJK-93	80
2	DJK 水库	DJK-94	80
3	DJK 水库	DJK-21	85
4	DJK 水库	DJK-55	85
5	DJK 水库	DJK-08	85
6	DJK 水库	DJK-26	85
7	DJK 水库	DJK-35	85
8	DJK 水库	DJK-15	85
9	DJK 水库	DJK-32	85
10	DJK 水库	DJK-12	85
11	DJK 水库	DJK-51	85
12	DJK 水库	DJK-22	85
13	DJK 水库	DJK-45	85
14	DJK 水库	DJK-27	85
15	DJK 水库	DJK-52	85
16	DJK 水库	DJK-64	85
17	DJK 水库	DJK-79	85
18	DJK 水库	DJK-07	85
19	DJK 水库	DJK-38	85
20	DJK 水库	DJK-04	85
21	DJK 水库	DJK-05	85
22	DJK 水库	DJK-25	85
23	DJK 水库	DJK-24	85
24	DJK 水库	DJK-72	85
25	DJK 水库	DJK-19	85
26	DJK 水库	DJK-56	85
27	DJK 水库	DJK-02	85
28	DJK 水库	DJK-88	85
29	DJK 水库	DJK-89	85
30	DJK 水库	DJK-53	85
31	DJK 水库	DJK-09	85
32	DJK 水库	DJK-37	85

续表

序号	工程名称	居民点	人均建设用地/m^2
33	DJK 水库	DJK-49	85
34	DJK 水库	DJK-62	85
35	DJK 水库	DJK-63	85
36	DJK 水库	DJK-31	85
37	DJK 水库	DJK-50	85
38	DJK 水库	DJK-47	85
39	DJK 水库	DJK-23	85
40	DJK 水库	DJK-33	85
41	DJK 水库	DJK-76	85
42	DJK 水库	DJK-68	85
43	DJK 水库	DJK-48	85
44	DJK 水库	DJK-30	85
45	DJK 水库	DJK-54	85
46	DJK 水库	DJK-41	85
47	DJK 水库	DJK-80	85
48	DJK 水库	DJK-59	85
49	DJK 水库	DJK-60	85
50	DJK 水库	DJK-61	85
51	DJK 水库	DJK-46	85
52	DJK 水库	DJK-78	85
53	DJK 水库	DJK-85	85
54	DJK 水库	DJK-92	85
55	DJK 水库	DJK-65	85
56	DJK 水库	DJK-91	85
57	DJK 水库	DJK-75	85
58	DJK 水库	DJK-82	85
59	DJK 水库	DJK-84	85
60	DJK 水库	DJK-87	85
61	DJK 水库	DJK-90	85
62	DJK 水库	DJK-83	85
63	DJK 水库	DJK-86	85
64	DJK 水库	DJK-73	85
65	DJK 水库	DJK-74	85

续表

序号	工程名称	居民点	人均建设用地/m^2
66	DJK 水库	DJK-43	85
67	DJK 水库	DJK-58	85
68	DJK 水库	DJK-67	85
69	DJK 水库	DJK-42	85
70	DJK 水库	DJK-34	85
71	DJK 水库	DJK-70	85
72	DJK 水库	DJK-77	85
73	DJK 水库	DJK-69	85
74	DJK 水库	DJK-40	85
75	DJK 水库	DJK-39	85
76	DJK 水库	DJK-28	85
77	DJK 水库	DJK-18	85
78	DJK 水库	DJK-16	85
79	DJK 水库	DJK-29	85
80	DJK 水库	DJK-03	85
81	DJK 水库	DJK-95	85
82	DJK 水库	DJK-57	85
83	DJK 水库	DJK-44	85
84	DJK 水库	DJK-66	85
85	DJK 水库	DJK-71	85
86	DJK 水库	DJK-36	85
87	DJK 水库	DJK-10	85
88	DJK 水库	DJK-17	85
89	DJK 水库	DJK-20	85
90	DJK 水库	DJK-13	85
91	DJK 水库	DJK-14	85
92	DJK 水库	DJK-11	85
93	DJK 水库	DJK-81	85
94	DJK 水库	DJK-01	85
95	DJK 水库	DJK-06	85

HS 水库居民点人均建设用地指标范围为 80～87m^2(表 6.2-34)。

表 6.2-34　HS 水库居民点人均建设用地指标

序号	流域	居民点	人均建设用地/m^2
1	HS 水库	HS-02	80
2	HS 水库	HS-01	87

HYH 水库居民点人均建设用地指标范围为 82～99m^2(表 6.2-35)。

表 6.2-35　HYH 水库居民点人均建设用地指标

序号	流域	居民点	人均建设用地/m^2
1	HYH 水库	HYH-05	82
2	HYH 水库	HYH-04	83
3	HYH 水库	HYH-07	86
4	HYH 水库	HYH-06	91
5	HYH 水库	HYH-01	97
6	HYH 水库	HYH-02	97
7	HYH 水库	HYH-03	97

NJ 水电站居民点人均建设用地指标范围为 119～127m^2(表 6.2-36)。

表 6.2-36　NJ 水电站居民点人均建设用地指标

序号	流域	居民点	人均建设用地/m^2
1	NJ 水电站	NJ-02	119
2	NJ 水电站	NJ-01	127

QYK 水库居民点人均建设用地指标范围为 97～100 m^2(表 6.2-37)。

表 6.2-37　QYK 水库居民点人均建设用地指标

序号	流域	居民点	人均建设用地/m^2
1	QYK 水库	QYK-03	97
2	QYK 水库	QYK-04	99
3	QYK 水库	QYK-02	99
4	QYK 水库	QYK-01	100

TZK 水库居民点样本共 1 个，居民点人均建设用地指标为 69m^2（表 6.2-38）。

表 6.2-38　　TZK 水库居民点人均建设用地指标

序号	流域	居民点	人均建设用地/m^2
1	TZK 水库	TZK-01	69

WDD 水电站居民点人均建设用地指标范围为 79～117m^2（表 6.2-39）。

表 6.2-39　　WDD 水电站居民点人均建设用地指标

序号	流域	居民点	人均建设用地/m^2
1	WDD 水电站	WDD-02	79
2	WDD 水电站	WDD-04	89
3	WDD 水电站	WDD-03	90
4	WDD 水电站	WDD-01	114
5	WDD 水电站	WDD-05	83
6	WDD 水电站	WDD-06	117
7	WDD 水电站	WDD-07	97

XXS 水库居民点人均建设用地指标范围为 74～86m^2（表 6.2-40）。

表 6.2-40　　XXS 水库居民点人均建设用地指标

序号	流域	居民点	人均建设用地/m^2
1	XXS 水库	XXS-05	74
2	XXS 水库	XXS-04	76
3	XXS 水库	XXS-06	77
4	XXS 水库	XXS-03	81
5	XXS 水库	XXS-02	83
6	XXS 水库	XXS-01	86

XL 水电站居民点样本共 1 个，居民点人均建设用地指标为 97m^2（表 6.2-41）。

表 6.2-41　　XL 水电站居民点人均建设用地指标

序号	流域	居民点	人均建设用地/m^2
1	XL 水电站	XL-01	97

YYLT 水库居民点样本共 1 个，居民点人均建设用地指标为 90m²（表 6.2-42）。

表 6.2-42 YYLT 水库居民点人均建设用地指标

序号	流域	居民点	人均建设用地/m²
1	YYLT 水库	YYLT-01	90

QY 抽水蓄能电站居民点样本共 1 个，居民点人均建设用地指标为 167m²（表 6.2-43）。

表 6.2-43 QY 抽水蓄能电站居民点人均建设用地指标

序号	流域	居民点	人均建设用地/m²
1	QY 抽水蓄能电站	QY-01	167

BLJ 工程居民点样本共 1 个，居民点人均建设用地指标为 118m²/人（表 6.2-44）。

表 6.2-44 BLJ 工程居民点人均建设用地指标

序号	流域	居民点	人均建设用地/m²
1	BLJ 工程	BLJ-01	118

LLSL 工程居民点样本共 2 个，居民点人均建设用地指标为 120m²（表 6.2-45）。

表 6.2-45 LLSL 工程居民点人均建设用地指标

序号	流域	居民点	人均建设用地/m²
1	LLSL 工程	LLSL-01	120
2	LLSL 工程	LLSL-02	120

WDG 工程居民点样本共 2 个，居民点人均建设用地指标为 285m²（表 6.2-46）。

表 6.2-46 WDG 工程居民点人均建设用地指标

序号	流域	居民点	人均建设用地/m²
1	WDG 工程	WDG-01	285
2	WDG 工程	WDG-02	285

将所有居民点样本分为 20 个区间，进行直方图分析（图 6.2-15），所有样本居民点人均建设用地指标主要集中在 84～86m² 范围内，样本数量有 96 个，占总数的 76.19%。

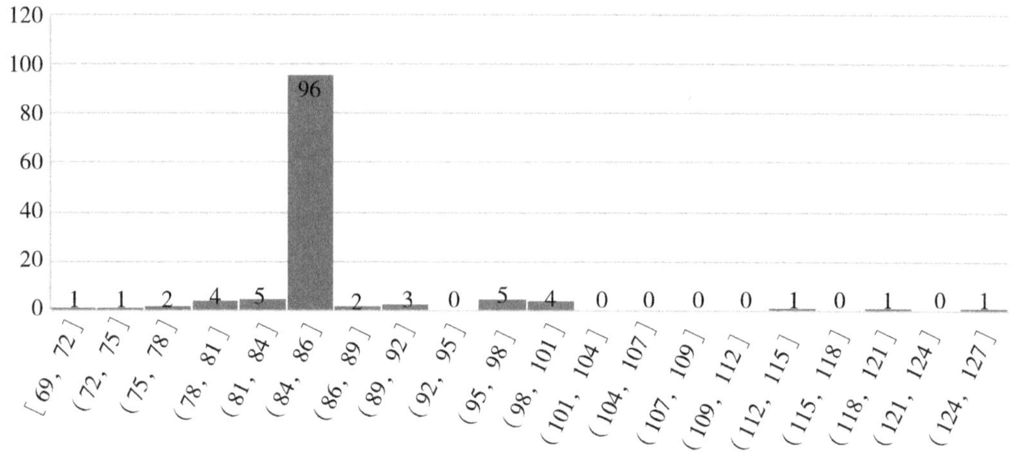

图 6.2-11　所有样本人均建设用地指标

对比《镇规划标准》(GB 50188—2007)中关于人均建设指标的要求(表 6.2-47):新建镇区的规划人均建设用地指标应按表 6.2-47 中第二级要求。

表 6.2-47　《镇规划标准》(GB 50188—2007)人均建设用地指标分级

级别	一	二	三	四
人均建设用地指标/m^2	(60,80]	(80,100]	(100,120]	(120,140]

所有农村居民点样本中,人均建设用地面积在 80～100m^2 范围内的有 118 个,占总数的 93.65%,符合《镇规划标准》(GB 50188—2007)要求。

对比《关于强化管控落实最严格耕地保护制度的通知》第一条:严格控制城市建设用地规模,人均城市建设用地目标严格控制在 100m^2 以内。符合该要求的样本数量共 123 个,占总数的 97.62%。符合相关标准要求规定。

(4)小结

在本书选取的 100 余个农村居民点样本中,总用地面积范围为 0.48 万～29.81 万 m^2,平均农村居民点总用地面积为 5.41 万 m^2,大多数农村居民点的总用地面积为 0.48 万～9.28 万 m^2;山地型农村居民点总用地面积多集中于 0.48 万～3.42 万 m^2,平原型农村居民点总用地面积多集中于 0.48 万～1.95 万 m^2 以及 4.88 万～6.35 万 m^2,不同地域有较为明显的差异(表 6.2-48)。

表 6.2-48　农村居民点总用地面积类型差异　(单位:万 m^2)

类型	范围	平均
山地型	0.48～3.42	3.57

续表

类型	范围	平均
平原型	0.48～1.95 4.88～6.35	5.72
总体	0.48～29.81	5.41

从农村居民点规模上来说，特大型农村居民点总用地面积平均为 12 万 m^2，大型农村居民点总用地面积平均为 6 万 m^2，中型农村居民点总用地面积平均为 3 万 m^2，小型农村居民点总用地面积平均为 1 万 m^2（表 6.2-49）。

表 6.2-49　　农村居民点总用地面积规模差异　　（单位：万 m^2）

居民点规模	范围	平均
特大型	7.5～29.81	12
大型	4.68～8.40	6
中型	1.71～5.93	3
小型	0.48～2.19	1

选取农村居民点样本中，总体上户均人数指标范围为 2.37～6.60 人，平均值为 3.95 人，山地型农村居民点户均人数指标范围为 2.37 人～6.60 人，平均值为 3.88 人；平原型农村居民点户均人数指标范围为 3.21 人～4.72 人，平均值为 3.96 人，山地型与平原型农村居民点户均人数指标差异不大（表 6.2-50）。

表 6.2-50　　农村居民点户均人数类型差异　　（单位：人）

类型	范围	平均
山地型	2.37～6.60	3.88
平原型	3.21～4.72	3.96
总体	2.37～6.60	3.95

从水库类型范畴上，由于各水库工程规模、用途等差异，户均人数指标范围为 2.4～6.6 人，总体上差异不大，根据第七次全国人口普查数据以及 2020 年中国乡村平均每户人口数据可知，农村居民点的户均人数指标略大（表 6.2-51）。

表 6.2-51　　农村居民点户均人数水库差异　　（单位：人）

水库	范围	平均
CXH 水库	2.37～2.43	2.40
DJK 水库	3.21～4.72	4.04

续表

水库	范围	平均
HS 水库	3.89～4.27	4.01
HYH 水库	3.34～4.24	3.92
NJ 水电站	3～3.79	3.6
QYK 水库	2.75～3.75	3.37
TZK 水库	4.12	4.12
WDD 水电站	3.79～4.42	4.04
XXS 水库	3.21～3.9	3.79
XL 水电站	6.6	6.6
YYLT 水库	5.39	5.39
QY 抽水蓄能电站	3.24	3.24
BLJ 工程	4.35	4.35
LLSL 工程	6.31～6.46	6.39
WDG 工程	3.06～3.17	3.11

选取农村居民点样本中，人均建设用地指标范围为 69～127m^2，平均值为 86m^2。由表 6.2-52 可知，山地型农村居民点人均建设用地指标略大于平原型地区。

表 6.2-52　　农村居民点人均建设用地类型差异　　（单位：m^2）

类型	范围	平均
山地型	69～127	94
平原型	74～99	84
总体	69～127	86

从水库类型范畴上（表 6.2-53），大多数水库人均建设用地处于《镇规划标准》（GB 50188—2007）中第二级（80，100]范畴中，符合相关要求规定。

表 6.2-53　　水库农村居民点人均建设用地差异　　（单位：m^2）

水库	范围	平均
CXH 水库	84～86	85
DJK 水库	80～85	84
HS 水库	80～87	84
HYH 水库	82～99	91
NJ 水电站	119～127	123
QYK 水库	97～100	99

续表

水库	范围	平均
TZK 水库	69	69
WDD 水电站	79～117	96
XXS 水库	74～86	79
XL 水电站	97	97
YYLT 水库	90	90
QY 抽水蓄能电站	167	167
BLJ 工程	118	118
LLSL 工程	120	120
WDG 工程	285	285

6.3 本章小结

本章分别从总用地面积、户均人数指标、人均建设用地指标等方面对 100 余个农村居民点样本进行分析梳理，研究指标的差异性和共性，为后续章节提出农村居民点规划设计控制指标提供依据。

根据分析研究，农村居民点总用地面积与人均建设用地指标呈正相关，一般来说，居民点规划安置人数越多，规划总用地面积越大。山地型农村居民点由于地形等原因限制了规模扩展，总体上总用地面积及人均建设用地指标小于平原型地区。大多数农村居民点人均建设用地指标均符合《镇规划标准》(GB 50188—2007)和《关于强化管控落实最严格耕地保护制度的通知》(国土资发〔2014〕18 号)的要求，人均建设用地面积基本集中在 80～100m^2。

农村居民点户均人数指标为 3.95 人，超过第七次全国人口普查中国户均人数指标和 2020 年中国乡村户均人数指标，反映出农村居民点多为两代或三代同堂。

第7章 农村居民点规划设计体系研究

7.1 规划设计选址

7.1.1 选址流程

根据《水利水电工程建设征地移民安置规划设计规范》(SL 290—2009)、《水利水电工程建设农村移民安置规划设计规范》(SL 440—2009)的要求,农村居民点选址工作一般为自下而上不断确认的过程。

居民点新址的选择首先要满足移民生产的半径需求,并满足环境容量的要求。而后在用地适宜性评价和地质灾害危险性初步评价基础上,拟定农村居民点选址,不应布设在滑坡、浸没、坍岸、泥石流等不良地质地段和洪水影响区。在水库周边就近安置的居民点高程不得低于移民迁移线;有防洪任务的水库,居民点宜布置在水库防洪高水位以上,同时居民点应布置在大气污染源的常年最小风向频率的下风侧以及水污染源的上游,居民点位于丘陵和山区时,应优先选用向阳坡和通风良好的地段。待提出多处选址后,地方人民政府广泛听取移民意见,由下到上提出居民点选址方案,组织设计单位论证分析,提交建议选址,由县级地方人民政府确认,作为下一步工作依据。

受到国土空间规划体系改革的影响,农村居民点的选址过程发生改变。新址的选择首先应符合市、县级国土空间规划中市域、县域城镇发展格局、职能结构、国土空间控制线、村庄规划等国家法定规划要求,如确实无法避开生态保护红线、永久基本农田控制线和城镇开发边界,须按法律规定先行调整国土空间规划。基本确定居民点选址后,除县级地方人民政府确认,还需将确认的选址报地方自然资源主管部门审核备案。

在原有选址过程基础上,国土空间规划的出现,进一步加强了对土地功能和集体建设用地范围边界的把控,以保障村庄的有序分布和发展、建设用地的集约利用,以及对良田、自然环境的保护。

7.1.2 用地安全特征

用地安全是农村居民点选址中非常重要的考虑因素之一。主要涉及土地的质量和稳定性，以及是否存在自然灾害风险。应在用地适宜性评价和地质灾害危险性初步评价基础上，拟定农村居民点选址，不应布设在滑坡、浸没、坍岸、冲沟、地震、泥石流（图 7.1-1）等不良地质地段和洪水影响区。在水库周边就近安置的居民点高程不得低于移民迁移线；有防洪任务的水库，居民点宜布置在水库防洪高水位以上。

滑坡、崩塌不仅破坏滑坡体表面的建筑物，而且还会影响滑坡体邻近地区地基基础及建筑物的稳定和变形，直接威胁滑坡体前端的建筑物及人民的生命财产安全。在选址中遇到滑坡、崩塌地质灾害时，应对滑坡、崩塌进行全面的调查和研究，避开高位滑坡、崩塌影响区，保护附近已有滑坡体的稳定，合理利用滑坡区土地资源。

(a)崩塌　(b)冲沟

(c)泥石流　(d)地震

图 7.1-1　地质灾害

因此，农村居民点的选址应更趋向于地势平坦、无地质灾害的区域。如《榆林市实用性村庄规划编制导则》提出居民点选址应避开地质灾害隐患点、避让区，退让距离应符合铁路、高压走廊、国道、省道、县道、乡道、河流渠道水体等规定的标准；《合肥市村庄规划编制技术导则》强调村民的宅基地选址和农房建设应避开自然灾害易发地区；《甘肃省村庄规划编制导则》认为村民的宅基地选址和农房建设须避开自然灾害易发地区。

HYH 蓄滞洪区 HYH-06 居民点（图 7.1-2）的选址就位于南部平原滩地，拟建居民区地面高程为 11.6～12.3m。在其东北侧为现有居民区，地面高程为 12.3～12.7m，在西南侧红线外为保留耕地，地面高程为 10.8～11.6m。拟建场地现为耕地，地势开阔、地形平坦，地形坡度小于 10°，场地分布多条沟渠，排水条件良好。平整的场地利于规划和建设棋盘式路网，同时运用建筑的变化和多样的组团布局，丰富空间结构，使整个居民点形态显得既灵动又协调有序。同时在平面布局中，充分考虑安置区环境和周边环境的关联性，突出居民点建筑和布局特色。

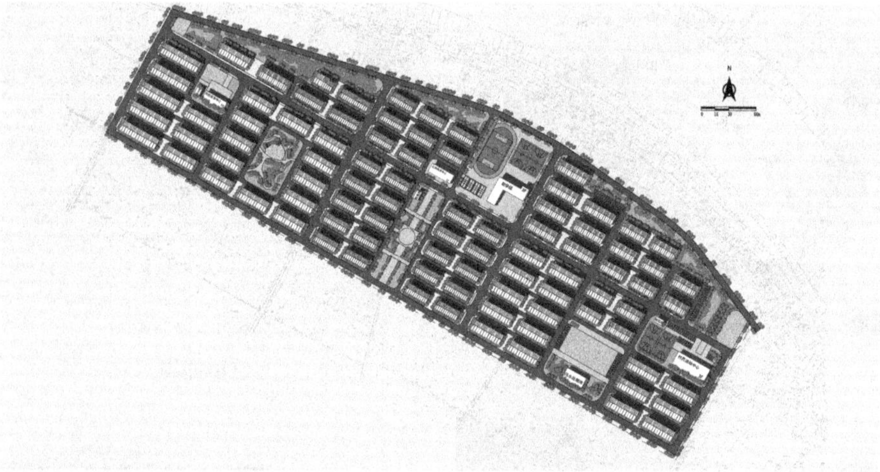

图 7.1-2　HYH-06 居民点平面布局

QYK 水库 QYK-03 居民点新址为低山丘陵区，地表主要为第四系崩坡积粉质黏土夹碎石、碎块石土覆盖，厚 3.0～19.5m，地表主要为农田、耕地，地形坡度普遍小于 15°。场地地质构造简单，无活动性断裂通过，属于相对稳定的弱震环境，区域构造稳定。拟建场地及周边未发现滑坡、泥石流、危岩及崩塌等不良地质现象分布。

DJK-53 居民点场地震动峰值加速度为 0.05g，地震基本烈度为Ⅵ度；场地及其周缘无不良地质现象，场地稳定，环境地质条件好，地基上部第四系全新统冲湖积层（Q4al+l）粉质土壤地基承载力建议值为 110kPa，可作为低层房屋的天然地基，多层建筑需作地基处理。

7.1.3 交通区位特征

交通因素对农村居民点位置的选择具有重大意义。一方面,交通为人类社会的政治、经济、文化交往提供了必要的条件。交通的生产活动可以实现人和物的位移及信息传输,交通可以缩小时空距离,不同形式和层次的交通运输网,使不同地域间相互交流、联系,实现互补。另一方面,交通建设要受控于地理环境,亦深刻地影响着地理环境。古代,人们为了生存取水,尽量沿河生活,水上交通就成为最早产生的运输方式;在陆上交通方面,驯马牛作为陆运工具出现得最早,此后出现马牛拉车而促进了道路的人工修筑,直至近代工业化的发展。交通方式的进步极大促进了人与物品、信息的交换,道路成为人口流动的介质,现代交通能力的提升强化了乡村聚落的交往,交通网络的发展对其具有引导与诱发作用,促进乡村聚落空间整合。

道路推动着乡村以及城市的形成和发展,因此交通便利的道路两侧容易聚集产业和人口。对于农村居民点,交通区位对其空间分布产生决定性影响。农村居民点距离道路越近,生活越便利,因此大多沿着省道、县道与乡村公路布置分布(图 7.1-3)。

如 HYH-03 居民点位于乡道 X102 与省道 S469 附近; HYH-06 居民点距乡道 X074 仅 1km,并与省道 S211 相连;DJK-94 居民点位于宜城市东 25km,有简易公路、省道与宜城市相通,交通较为便利;NJ-02 居民点经赤恒底桥与瓦贡公路相连,居民点与县城和乡集镇联系便捷,出行能力大幅提升。

图 7.1-3 沿路布置的农村居民点

7.1.4 自然环境特征

自然环境是农村居民点形成和发展的基础,而水源、地形地貌是自然环境因素中的主要因素。农村居民点自然环境的优劣影响其产业发展的可持续性，自然环境资源的质量和数量决定了居民点经济发展的方式和模式，从而进一步决定了农村居民点选址的可行性。

(1)水源

水源对农村居民点选址有重要影响，水是人类生存、生活不可或缺的重要物质，因此在进行农村居民点选址时必须解决水源问题。平原地区，由于地下潜水、地上径流等水资源较为丰富，加上区域的先期开发，水源问题并不突出。而丘陵山区，由于地形地貌、地质、径流方向等复杂多变，造成水资源分布不均，影响居民点的分布。

在水网密布区域，水系的分布影响着居民的生产、生活方式，同样也影响到农村居民点的形态及分布。为方便耕地灌溉、水上交通运输，居民点多位于河谷地带离河水较近的河流一、二级阶地上或处于支流与主河交汇的沟口地段，较为平坦，既不受水库水位涨落的影响，又易于取水。在水源供给充足，水网稠密的地区，农村居民点比较集中，规模较大；在水源供给匮乏，水网稀疏的地区，居民点比较分散且规模较小。

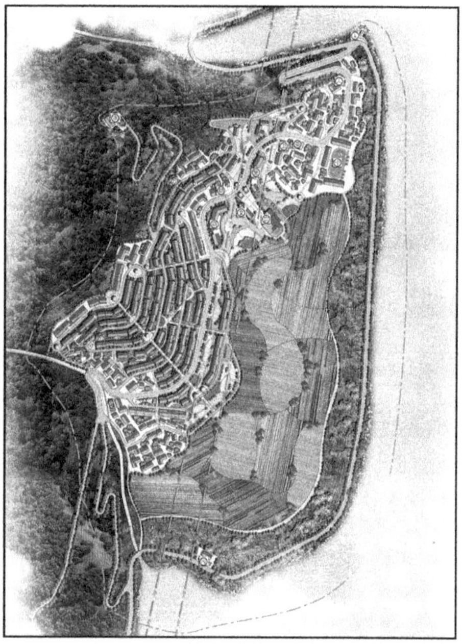
图 7.1-4　NJ-02 居民点总体平面布置

如 NJ 水电站 NJ-02 居民点(图 7.1-4)，布置较集中，水源为 NJ 水库。搬迁后的 NJ-02 居民点位于福贡县北部，鹿马登乡南部，NJ 西岸的二级台地之上，当木娃乙玛河南侧。当木娃乙玛河不仅作为居民点的饮用水水源，同时为该居民点的农业生产提供有利条件。

(2)地形地貌

地势高低决定了土地资源开发的难度，从而影响水热资源的组合与分配，间接影响到动植物的生长，使土地利用方式具有显著的垂直分布特性。因此地势平坦的地区居民点较为集中，规模较大，建筑排列有序；地势起伏较大的地区居民点一般规模较小，建筑排列较为自由。

中西部地区地域辽阔，资源丰富，地形高低悬殊，坡度较大，地质环境条件复杂，多以高原、山区、盆地等高地势地形为主，具有明显的高原山地峡谷河流特征。山地型农村居民点由于地形地貌多样性，建设难度较大，在一定程度上限制了其用地开发建设，因此农村居民点建设多避开地势较高地区，相对分散。

如 HS 水库 HS-01 居民点、QYK 水库 QYK-03 居民点(图 7.1-5、图 7.1-6)，所处周边山地环绕，整体高程较高，HS-01 居民点整体高程在 2000m 以上，居民点避开地势、坡度较高的地区，选择在坡度较低的位置建设(图 7.1-7、图 7.1-8)。

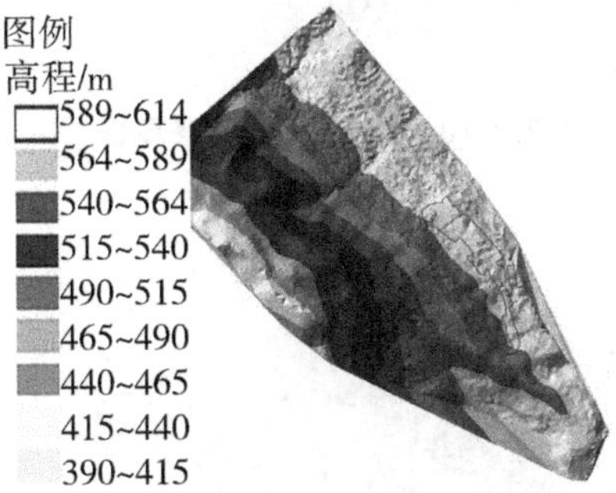

图 7.1-5 QYK-03 居民点高程

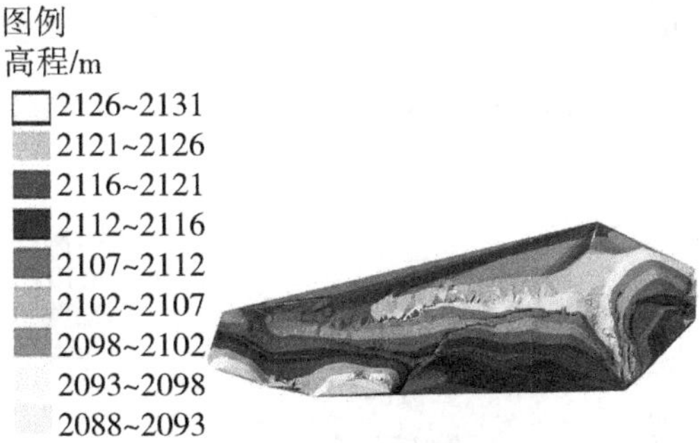

图 7.1-6 HS-01 居民点高程

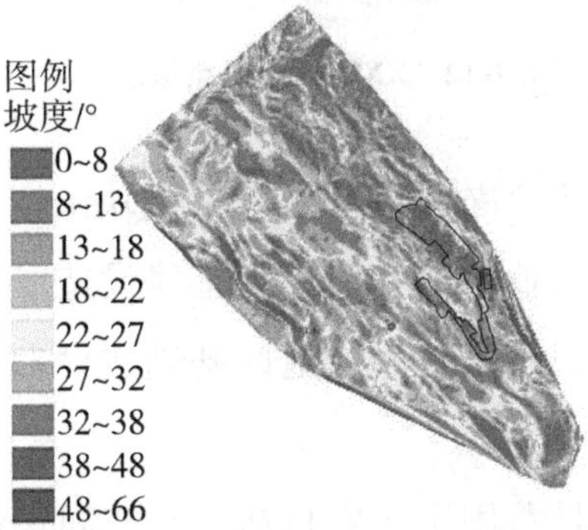

图 7.1-7 QYK-03 居民点坡度

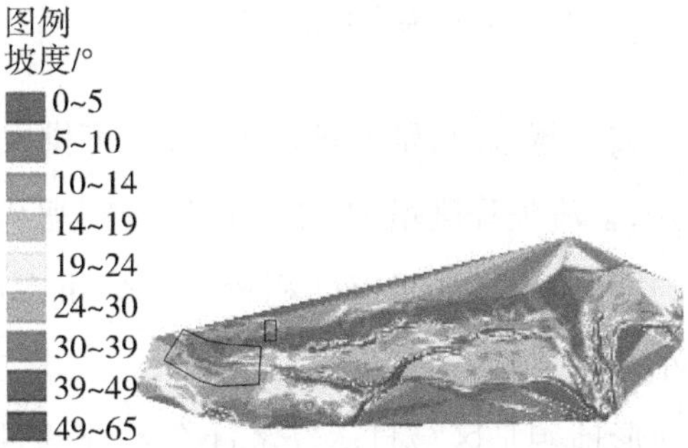

图 7.1-8 HS-01 居民点坡度

东部地区多以丘陵、平原等低地势地形为主，海拔相对较低，地形相对平缓。农村居民点多分布于地势平坦区域，如平坝或河谷地带，因受地形限制较小，居住及耕作空间较大，易于作为农村居民点用地进行开发建设，用地形态较为集聚、规整。

如 HYH 蓄滞洪区 HYH-06 居民点、XXS 水库 XXS-06 居民点(图 7.1-9、图 7.1-10、图 7.1-11、图 7.1-12)，周边整体高程较低，HYH-06 居民点高程最高不超过 20m，居民点发展受地形限制较小，场地坡度整体较为平缓。

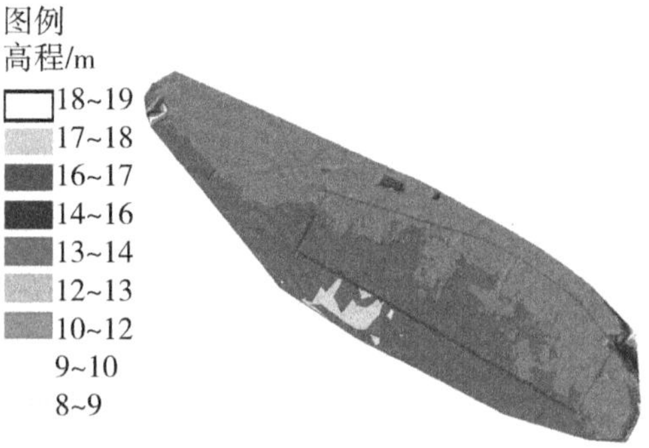

图 7.1-9　HYH-06 居民点高程

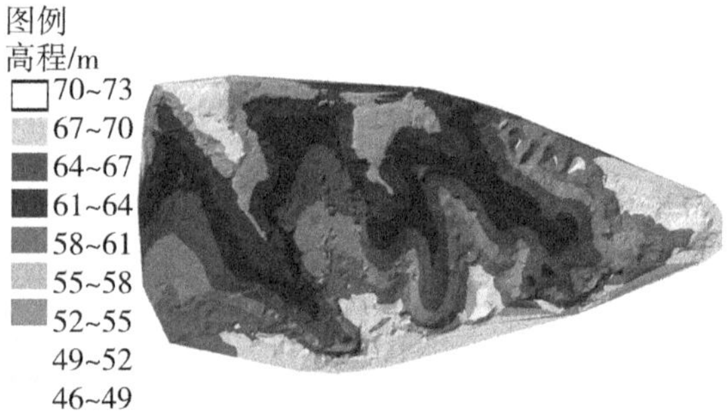

图 7.1-10　XXS-06 居民点高程

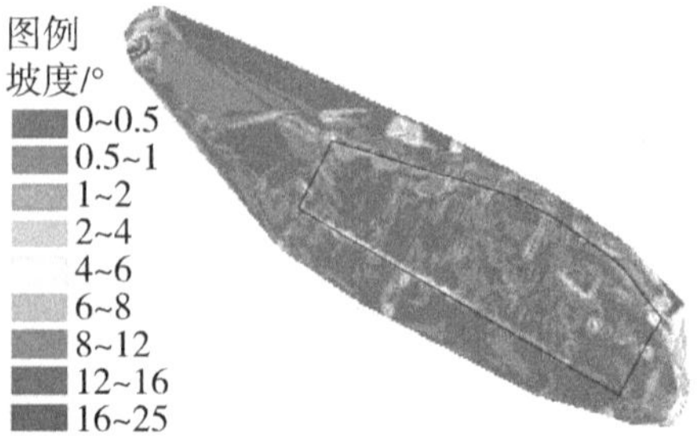

图 7.1-11　HYH-06 居民点坡度

图 7.1-12　XXS-06 居民点坡度

当坡度越大时，随着坡度的增加，可供农民居住和农业耕作的大片成块土地变得不足，水土流失程度增加，生存环境变得恶劣，对农业耕作和基础设施建设造成一定难度与限制，农村居民点面积较小。分布在地形起伏度较小的地区基础建设发展难度较小。

地形地貌是区域自然经济社会系统的骨架，是贫困山区农村居民点空间集聚优化的根本基础。作为农村居民点的建设条件之一，地形影响着农村居民的空间聚集，地貌也影响着耕地土壤的重新分配。

7.1.5　人文环境特征

人文环境是人们周围的社会环境，包括人的态度、观念、信仰、认知等隐藏于社会的无形环境，主要包含周边环境、就学条件、风俗习惯、娱乐设施等。良好的人文环境有利于社会精神文明的和谐、激发人的创造能力，对当地经济、文化事业发展具有积极的推动作用。

农村移民不仅仅有物质生活的需求，也有精神需求。本书选取的农村居民点均为就近集中安置，地域环境改变较小，移民仍处于自身熟悉的语言环境、风俗环境中，有利于移民安置点的稳定和发展。此外农村居民点的建筑风格、建筑朝向、建筑形式、建筑材料等都充分考虑居民自身生活习惯，极大地增强了移民对居民点的归属感和认同感。在规划过程中，应尊重和保护当地的宗教文化传统。这包括保留和恢复重要的宗教文化遗产，如古建筑、庙会、传统节日等。同时，也需要注意避免破坏或干扰当地文化习俗和宗教活动。

如NJ水电站NJ-02居居点规划理念“融入民俗文化背景”，移民和现有居民在生产生活、风俗习惯、民俗活动、宗教信仰中一脉相承，考虑到居民宗教信仰需求，规划设置了一处教堂，形成融洽的民俗文化系统。QYK水库QYK-04居民点规划充分尊重迁建移民和迁入地居民的风俗习惯，通过建筑风貌规划、规划功能分区、街巷空间组织为居民点在后移民时代的发展预留发展空间，形成社会经济文化发展载体，增强搬迁居民的归属感。

7.1.6 生态环境特征

生态环境是人类赖以生存和发展的基本条件，农村居民点生态环境是农村社会持续发展的基础。农业发展、农村繁荣、农民富裕都离不开良好生态环境的支撑。

环境容量是指在确保人类生存、发展不受危害、自然生态平衡不受破坏的前提下，某一环境所能容纳污染物的最大负荷值。移民安置环境容量是一定区域一定时期内，在保证自然生态向良性循环演变，并保持一定生活水平和环境质量的条件下按拟定的规划目标和安置标准，通过对该区域自然资源的综合开发利用后，所确定的该区域经济所能供养和吸收的移民人口数量。

在农村居民点建设过程中，需要充分考虑当地的环境容量和生态环境状况，采取有效的措施来保护当地生态环境，确保农村居民点的可持续发展。同时，应加强环境监测和管理，防止环境污染和破坏。移民安置环境容量应根据安置区资源状况、移民安置标准、规划生产安置人口和安置区居民人口数量进行分析，并以经济收入为基础，以人均占有基本生产资料为主进行分析。以农业安置为主的移民应保证占有一定数量和质量的土地，并为当地社会经济的可持续发展留有余地。

移民安置过程中，农村居民点的选址与布局应考虑周边生态环境的敏感性，避免破坏生态系统和生物多样性。选择合适的移民安置地，避免对当地生态环境造成过大的影响；在移民安置地进行环境评估，确定可行的移民安置方案；在移民安置地进行生态恢复和保护工作，保护当地生态环境的完整性和稳定性。因此农村居民点的选址应更趋向于生态系统自我调节能力较好的区域。

7.1.7 小结

本节通过用地安全、交通区位、自然环境、人文环境和生态环境等方面对农村居民点的规划建设特征进行研究和分析。

用地安全方面，农村居民点不应布设在滑坡、浸没、坍岸、泥石流等不良地质地段和洪水影响区。就交通区位而言，农村居民点大多分布在省道、县道和乡村公路沿线，交通便利。在自然环境方面，水源供给充足、水网稠密的地区居民点集中且规模较大；而在水源供给匮乏、水网稀疏的地区，居民点则较为分散且规模较小。山地型农村居民点一般规模较小，住宅排列较为自由；而平原型农村居民点相对集中，规模较大，住宅排列较为有序。在人文环境方面，农村居民点采取就近安置的原则，地域环境变化较小，尊重迁建移民和迁入地居民的风俗习惯，有利于稳定和发展。在生态环境方面，农村居民点的选址应避开自然保护区、生态敏感区等区域，选择生态质量较好、具有较强自我调节能力的区域。

7.2 用地结构指标

本节分别从居民点规模、地域差异两个方面对农村居民点用地结构、用地性质及规模等特征进行研究。根据农村居民点规模大小，分为特大型居民点、大型居民点、中型居民点、小型居民点四类；基于地形地貌差异，将农村居民点分为平原型和山地型两类。

其中，居住用地是农村居民点内承担居住功能和居住活动的场地，包括宅基地及周边附属用地；公共管理和服务用地是用于提供基本公共服务、生产经营的各类集体建设用地，包括社区服务中心及其配套公共广场用地、村庄商业服务业设施用地、商业金融用地；道路用地仅指农村居民点内部道路、交通设施所占用地，包含农村民居点内干路、支路、巷路、停车场地及其他交通设施用地；公用设施用地是用于农村居民点配套基础设施建设的用地，包括给水、排水、电力、电信、有线电视、能源、垃圾清运用地。

宅基地是农村村民用于建造住宅及其附属设施的集体建设用地，包括住房、附属用房和庭院等用地，在地类管理上属于(集体)建设用地。根据《中华人民共和国土地管理法》的规定，农村村民一户只能拥有一处宅基地，其宅基地的面积不得超过省、自治区、直辖市规定的标准(表 7.2-1)。

表 7.2-1　　全国 31 省市宅基地面积标准汇总

省份	标准
北京	每户不得超过 0.25 亩，人多地少的地区最高不得超过 167m²，其他地区最高不得超过 200m²
天津	每户用地面积不得超过 167m²
河北	每处宅基地不得超过 167m²
山西	每户住宅用地不得超过 133m²
内蒙古	城市郊区及乡(镇)所在地居民住宅面积每户 250m²，最高不得超过 300m²
辽宁	每户不准超过 200m²
吉林	农业户住宅用地 330m²；农村当地非农业户居民住宅用地 220m²；国有农、林、牧、渔、参、苇场（站）和水库等单位的职工住宅用地 270m²
黑龙江	农村居民新建住宅的宅基地，每户不得超过 350m²；城市近郊和乡（镇）人民政府所在地以及省属农、林、牧、渔场场部的宅基地，每户不得超过 250m²
上海	5 人户及 5 人以下户的宅基地面积不超过 140m²、建筑占地面积不超过 90m²；6 人户及 6 人以上户的宅基地面积不超过 160m²、建筑占地面积不超过 100m²
江苏	每户宅基地不得超过 135m²
浙江	最高不得超过 125m²，使用其他土地的，最高不得超过 140m²，山区有条件利用荒地、荒坡的，最高不得超过 160m²。
安徽	城郊、农村集镇和山区，每户不得超过 160m²；淮北平原地区，每户不得超过 220m²；山区和丘陵地区，每户不得超过 160m²；利用荒山、荒地建房的，每户不得超过 300m²
福建	村民建房每户宅基地面积限额为 80～120m²
江西	每户不得超过 180m²
山东	城市郊区及乡（镇）所在地，每户面积不得超过 166m²；平原地区的村庄，每户面积不得超过 200m²；山地丘陵区，村址在平原地上的，每户面积可以适当放宽但最多不得超过 264m²
河南	每户用地不得超过 134m²
湖北	每户用地面积不得超过 100m²
湖南	每一户用地面积使用耕地不超过 130m²
广东	平原地区和城市郊区 80m² 以下
广西	平原地区和城市郊区每户宅基地面积不得超过 100m²
海南	其宅基地面积不得超过 175m²

续表

省份	标准
重庆	市区范围内村民宅基地标准为每人 20～25m²，其他区县（自治县、市）范围内，村民宅基地标准为每人 20～30m²
四川	宅基地面积标准为每人 20～30m²
贵州	5 人以上户不得超过 130m²，4 人以下户不得超过 120m²
云南	城市近郊区，人均占地不得超过 20m²，每户最多不得超过 100m²；坝区人均占地不得超过 30m²，最多不得超过 150m²
西藏	人均耕地 1.5 亩以上 3 亩以下的，每户住宅用地不得超过 300m²，人均耕地 3 亩以上的，每户住宅用地不得超过 350m²
陕西	城市郊区每户不超过 133m²
甘肃	每户的面积不得超过 133m²，乡镇人民政府所在地的中心村和全市行政区域内的小浇地、菜地，原则上每户按 167m² 控制
青海	城市郊区及县辖镇郊区，每户不得超过 200m²
宁夏	使用水浇地的，每户不得超过 270m² 使用平川旱作耕地的，每户不得超过 400m²，使用山坡地的每户不得超过 540m²
新疆	人均耕地 0.04hm² 以下的每户住宅用地不得超过 200m²；人均耕地 0.04hm² 以上 0.07hm² 以下的，每户住宅用地不得超过 300m²；人均耕地 0.07hm² 以上 0.1hm² 以下的，每户住宅用地不得超过 400m²；人均耕地 0.1hm² 以上 0.14hm² 以下的，每户住宅用地不得超过 500m²；人均耕地 0.14hm² 以上 0.34hm² 以下的，每户住宅用地不得超过 600m²；人均耕地 0.34hm² 以上的，每户住宅用地不得超过 800m²

7.2.1 用地结构

农村居民点主要用地类型为居住用地、公共管理与公共服务用地、道路用地、公用设施用地、绿地等。

(1)居民点规模分类

由图 7.2-1 可知，特大型、大型农村居民点用地面积较大，一般为 5 万～9 万 m² 不等，用地结构呈现多元化发展趋势，居住用地占有较大比重，公共功能多靠近道路布置。

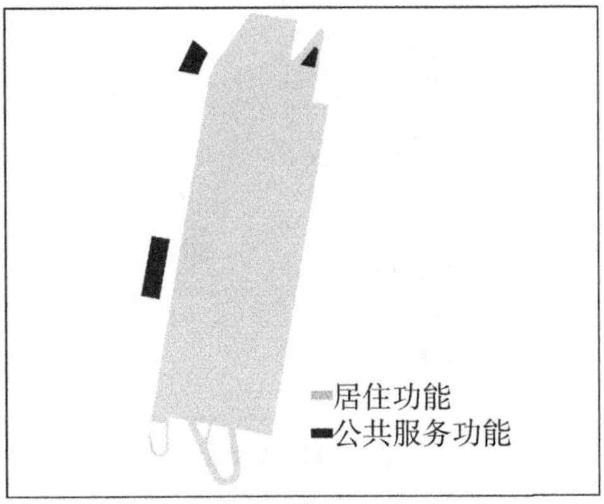

(a)XL-01 居民点

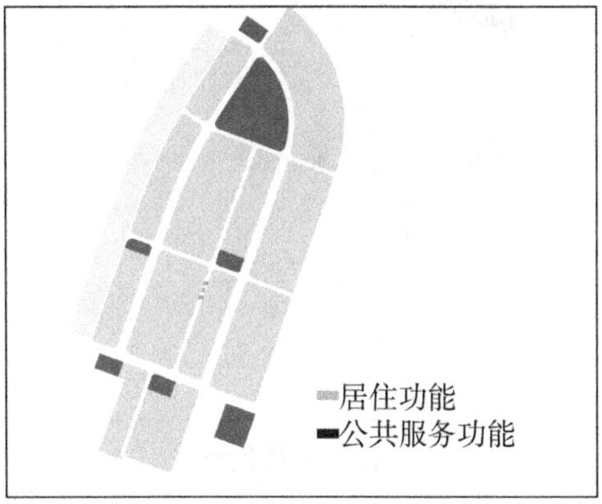

(b)YYLT-01 居民点

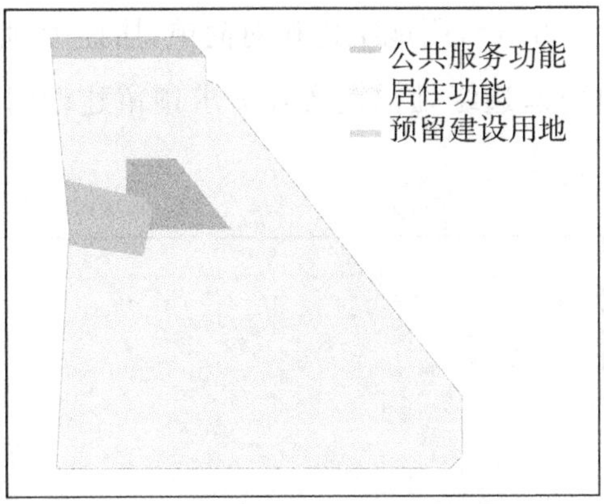

(c)DJK-57 居民点

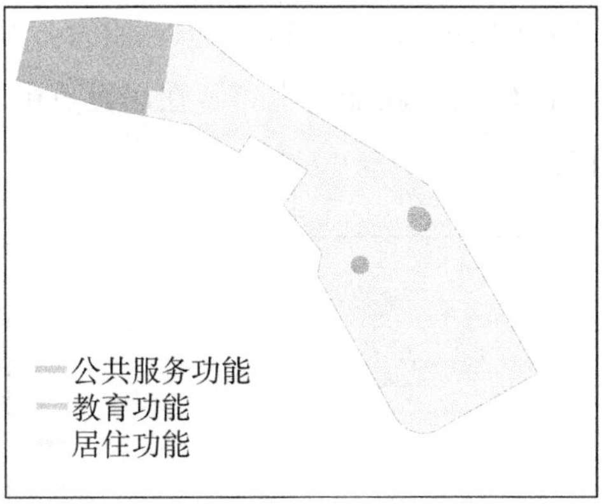

(d)DJK-71 居民点

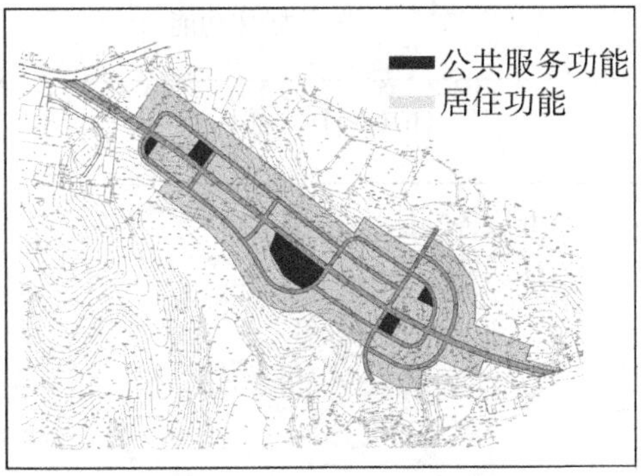

(e)XXS-04 居民点

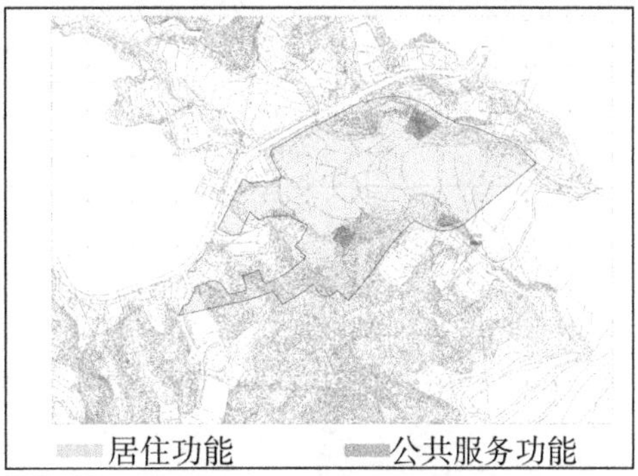

(f)XXS-05 居民点

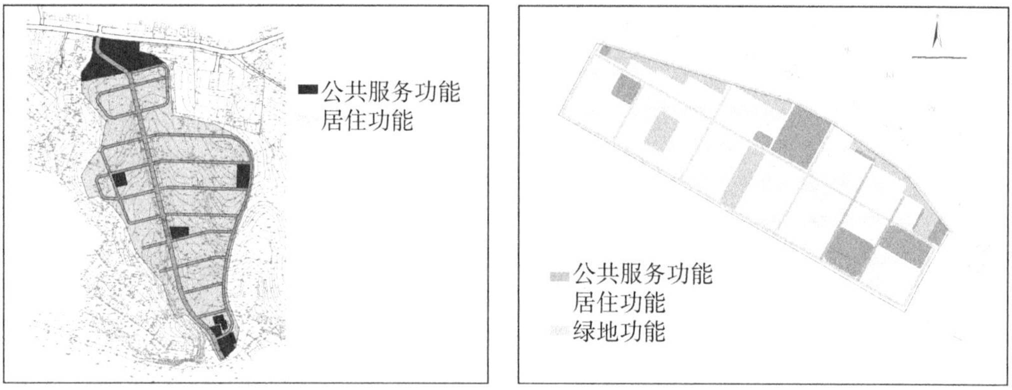

(g)XXS-06 居民点　　(h)HYH-06 居民点

图 7.2-1　典型大型农村居民点用地结构

中型农村居民点用地面积一般为 2 万～5 万 m²，用地结构相对简单，居住用地仍然为主体，公共功能集中布置在居民点中心区域，边缘处根据实际需求预留建设用地(图 7.2-2)。

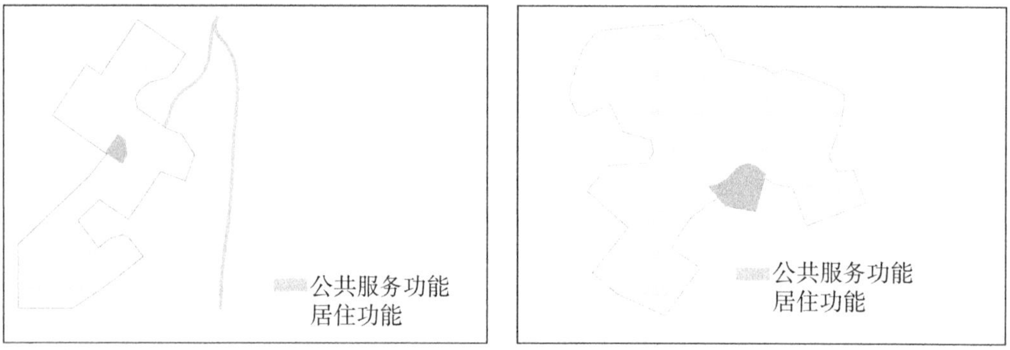

(a)CXH-01 居民点　　(b)CXH-02 居民点

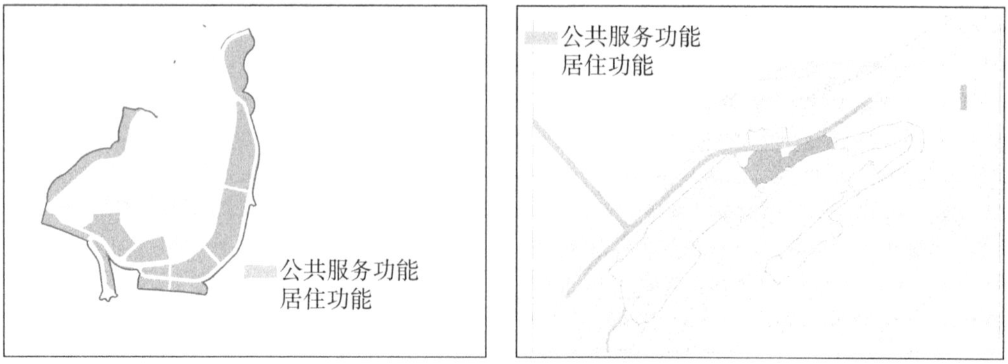

(c)NJ-02 居民点　　(d)QYK-03 居民点

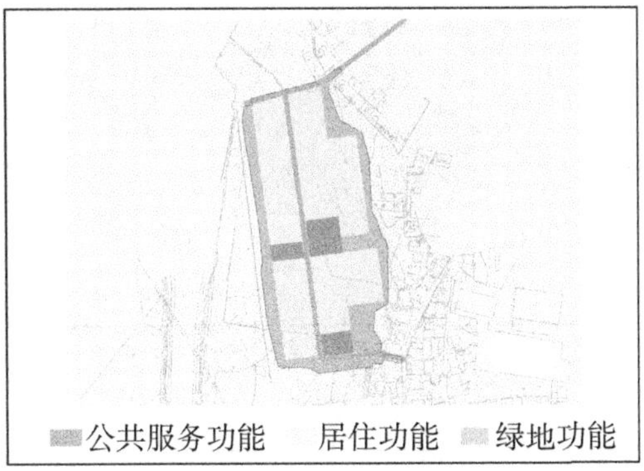

(e)HYH-03 居民点

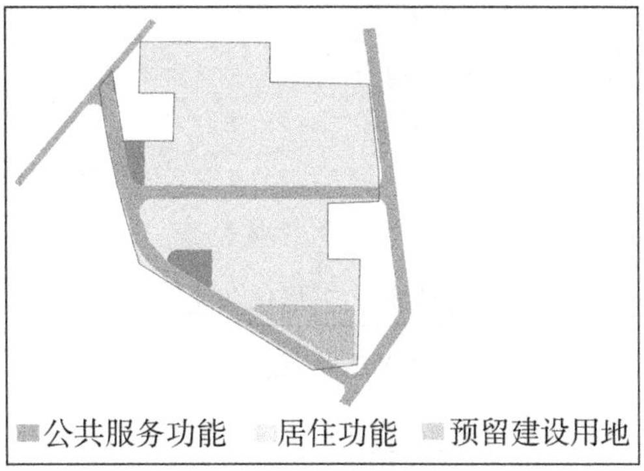

(f)DJK-24 居民点

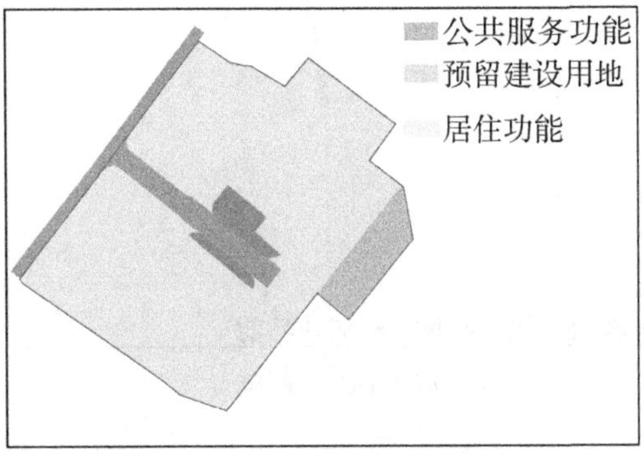

(g)DJK-26 居民点

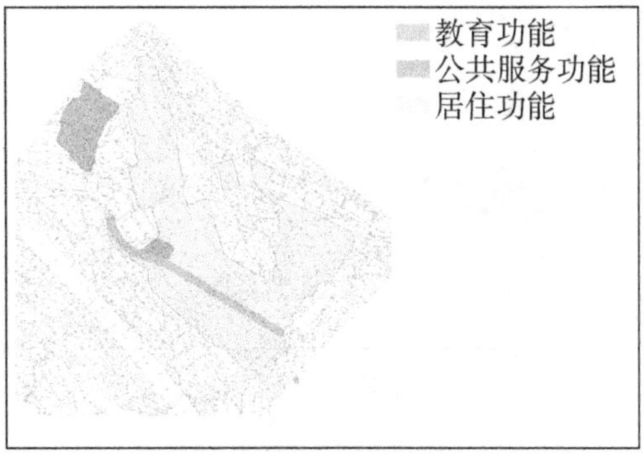

(h)QYK-04 居民点

图 7.2-2　典型中型农村居民点用地结构

小型农村居民点用地面积较小，一般在 0.5 万～2 万 m^2 之间，用地结构单一，居住用地仍然是主体，公共功能均集中布置在道路附近(图 7.2-3)。

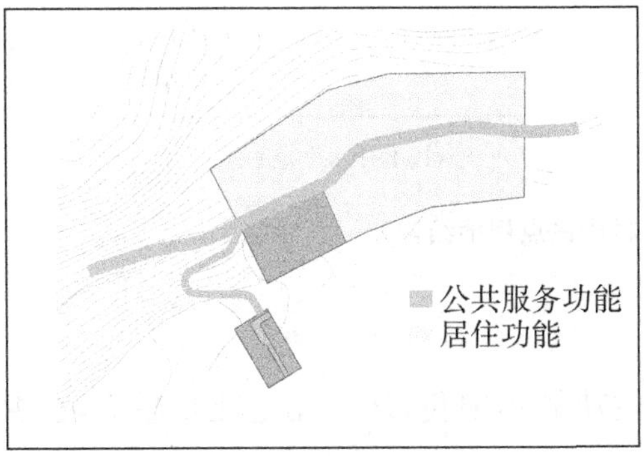

(a)HS-01 居民点

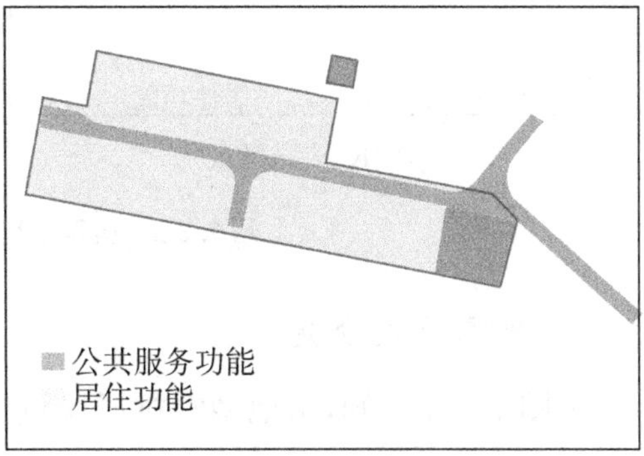

(b)TZK-01 居民点

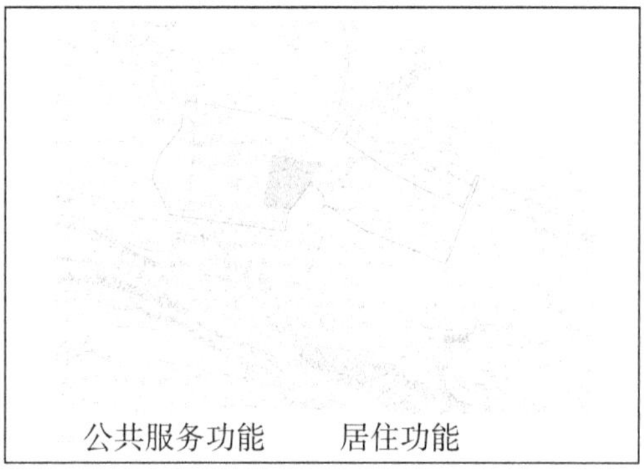

(c)QYK-01 居民点

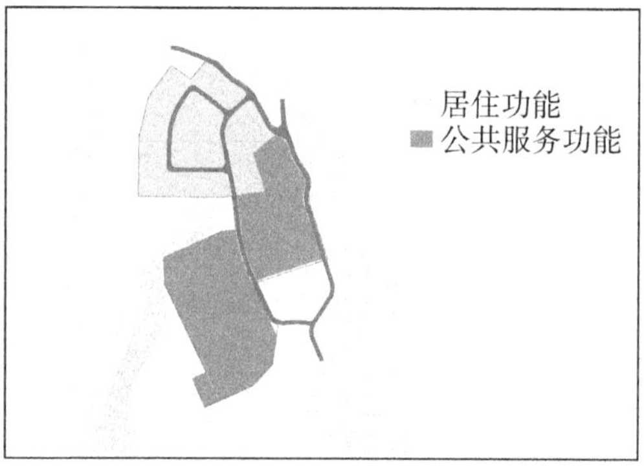

(d)HS-02 居民点

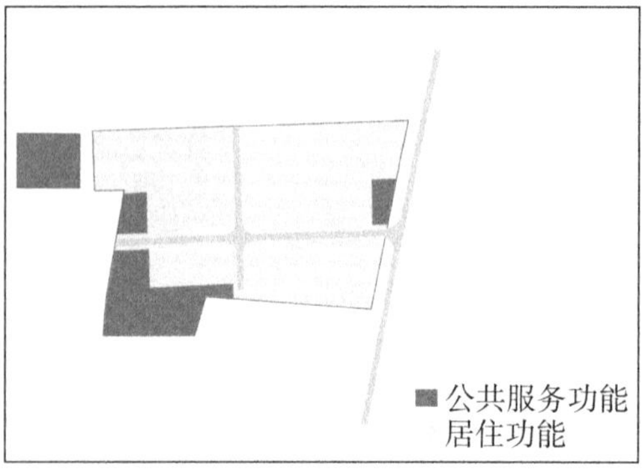

(e)DJK-14 居民点

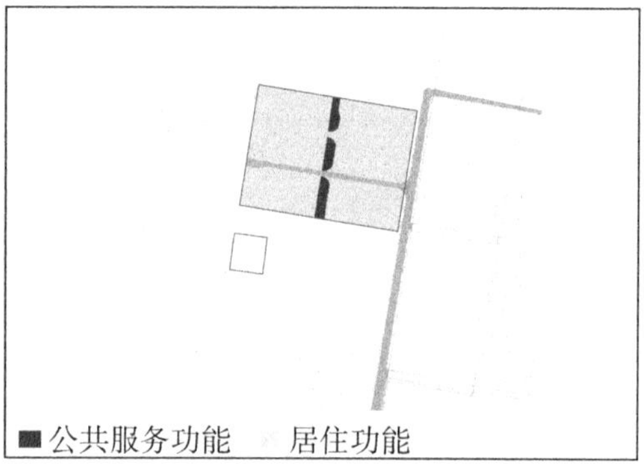

(f)DJK-07 居民点

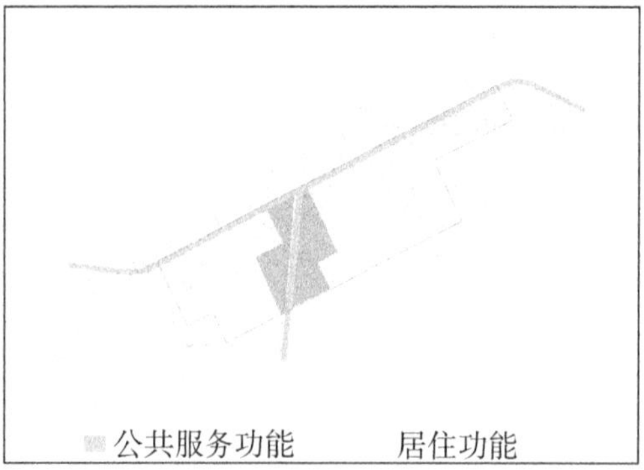

(g)DJK-23 居民点

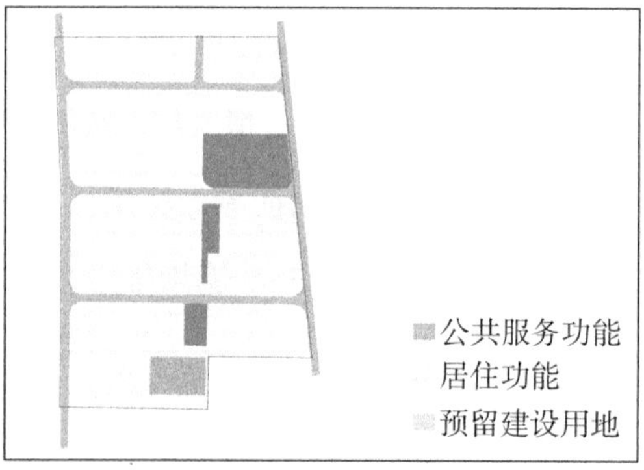

(h)DJK-21 居民点

图 7.2-3 典型小型农村居民点用地结构

(2)地形地貌分类

由图 7.2-4 可知,山地型农村居民点居住功能集中化,居住用地比重较大,公共功能多靠近道路布置,所占比重较少。

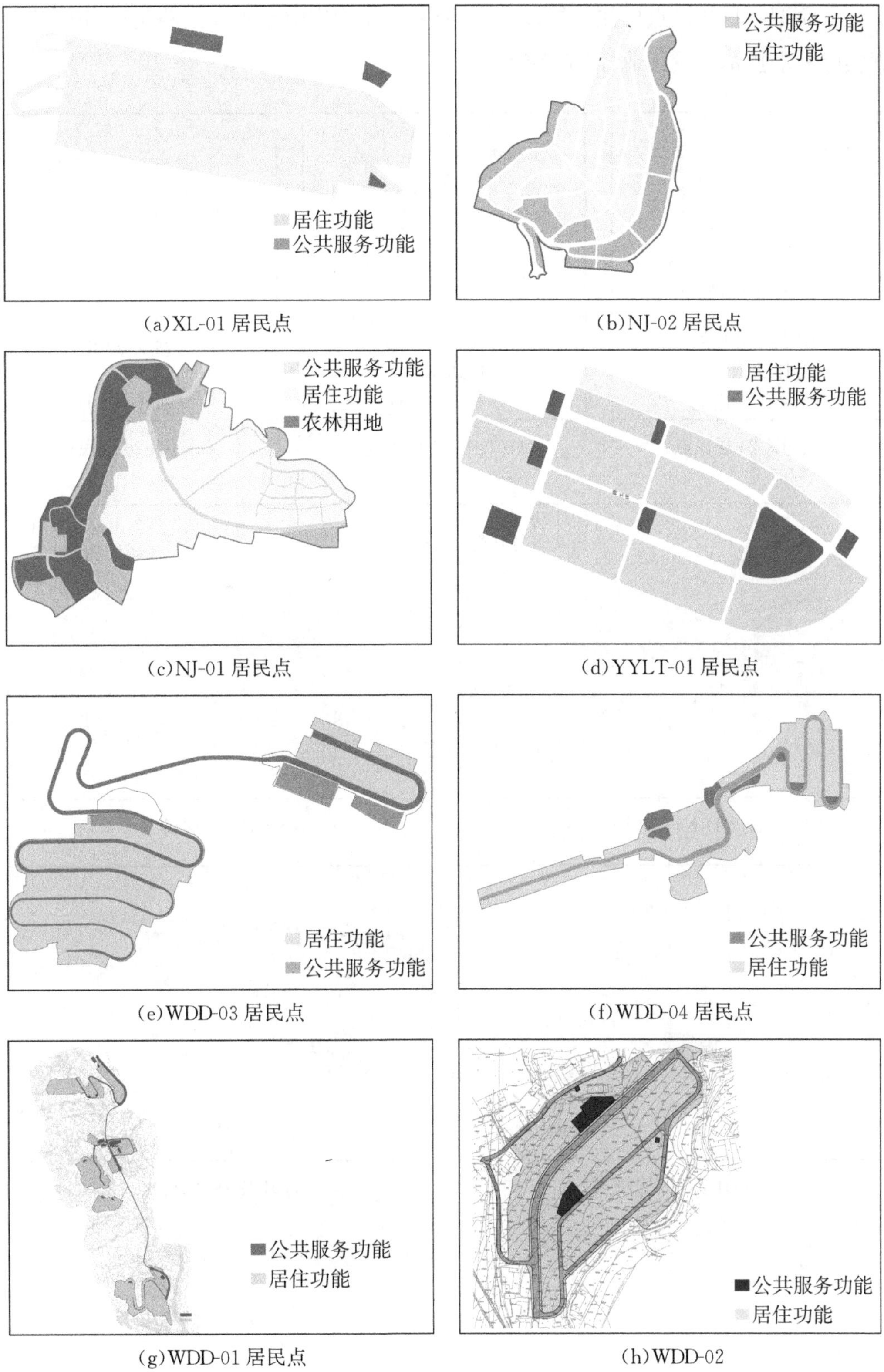

(a)XL-01 居民点 (b)NJ-02 居民点 (c)NJ-01 居民点 (d)YYLT-01 居民点 (e)WDD-03 居民点 (f)WDD-04 居民点 (g)WDD-01 居民点 (h)WDD-02

图 7. 2-4 山地型典型农村居民点用地结构

平原型农村居民点居住功能较多元，公共功能均集中布置在道路附近，边缘处根据实际需求预留建设用地(图 7.2-5)。

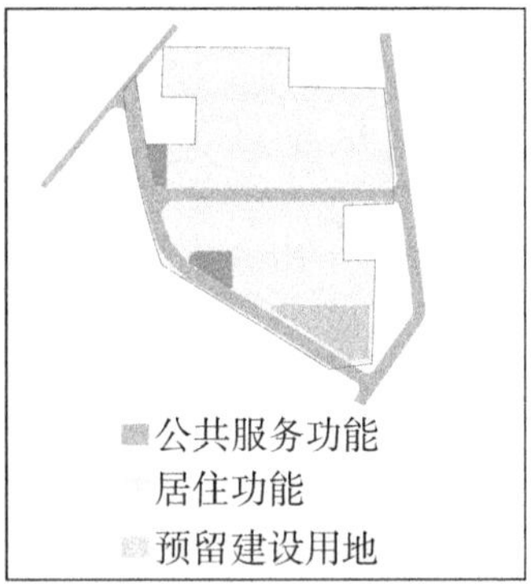

(a)DJK-24 居民点

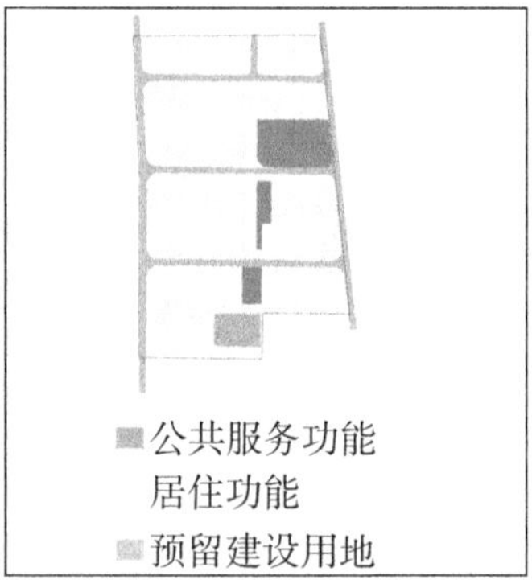

(b)DJK-21 居民点

(c)DJK-26 居民点

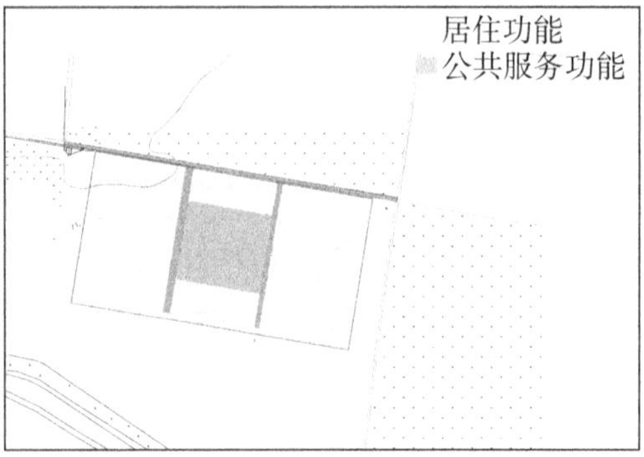

(d)DJK-30 居民点

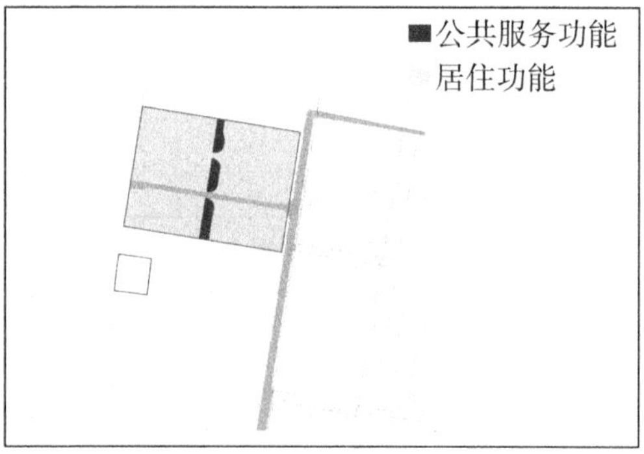

(e)DJK-07 居民点

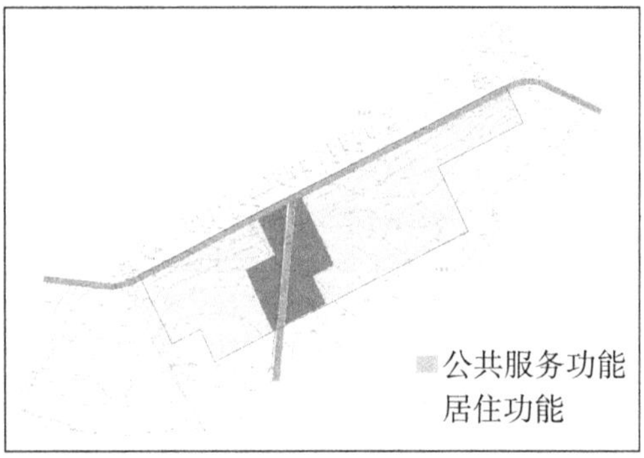

(f)DJK-23 居民点

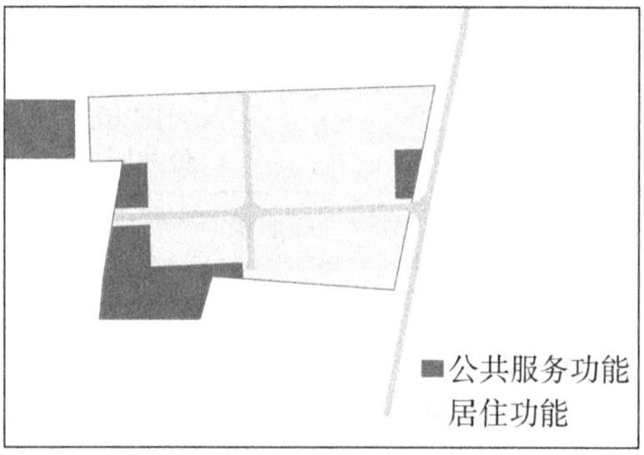

(g)DJK-14 居民点

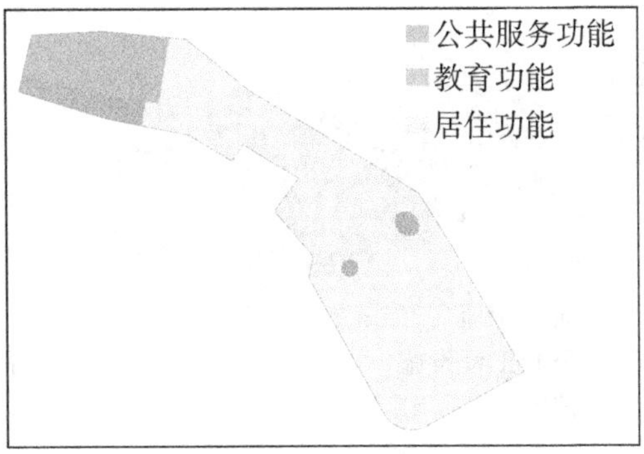

(h)DJK-71 居民点

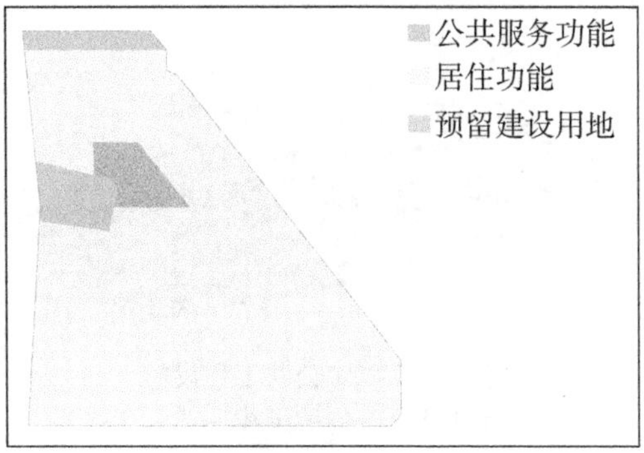

(i)DJK-57 居民点

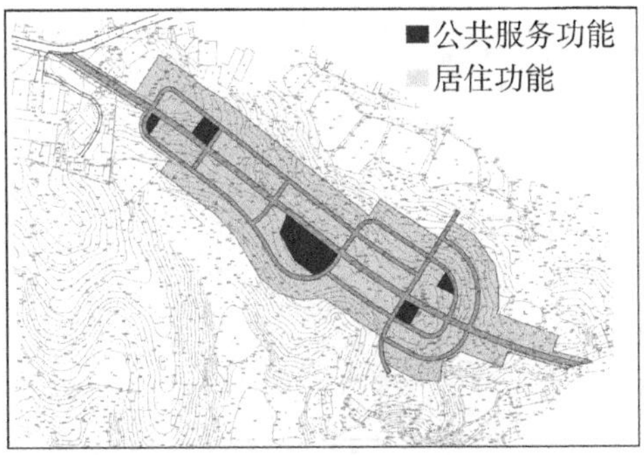

(j)XXS-04 居民点

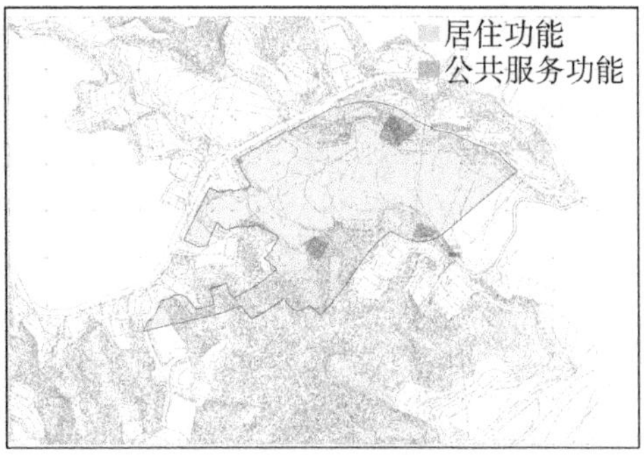

(k)XXS-05 居民点

图 7.2-5 平原型典型农村居民点用地结构

7.2.2 用地性质及规模

(1)农村居民点规模分类

大型农村居民点通常占地面积较大,用地性质特征主要表现为多功能性,包括居住用地、公共管理与公共服务用地、道路用地、公用设施用地、绿地等,主要以居住用地为主。此外,大型农村居民点还具有较高的建筑密度与建筑高度,建筑类型多样。

特大型农村居民点人口数量通常在 1000 人以上,用地面积在 $10hm^2$ 以上,居住用地规模控制在 50%～70%,道路用地规模控制在 20%～30%,公共管理与公共服务用地规模控制在 5%～10%。

大型农村居民点的人口数量通常在 600～1000 人,用地面积在 $5hm^2$ 以上,居住用地规模控制在 50%～80%,道路用地规模控制在 20%～30%,公共管理与公共服务用地规模控制在 1%～10%。通常有较为完善的基础设施和公共服务设施(图 7.2-6)。

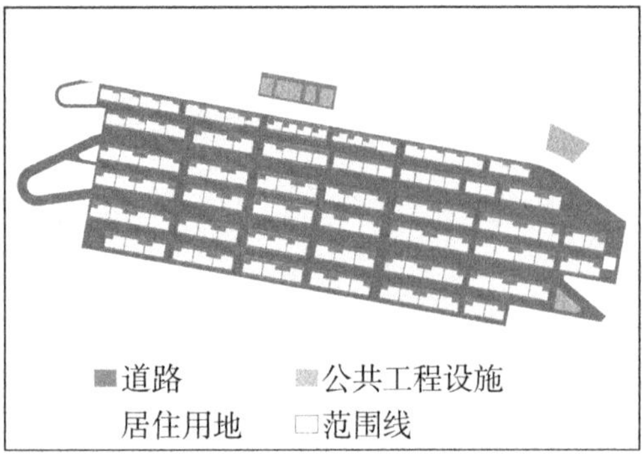

(a)XL-01 居民点

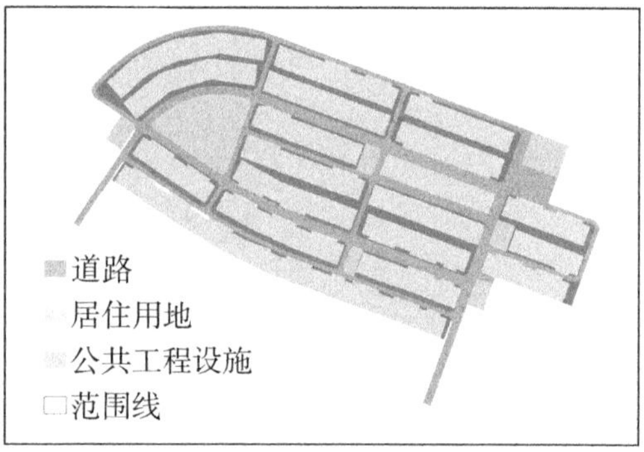

(b)YYLT-01 居民点

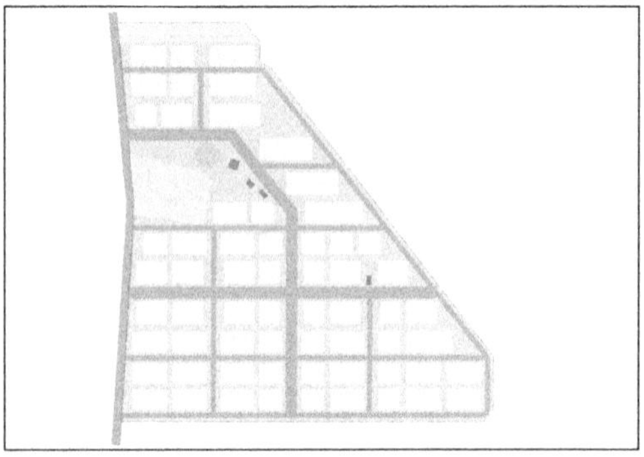

(c)DJK-57 居民点

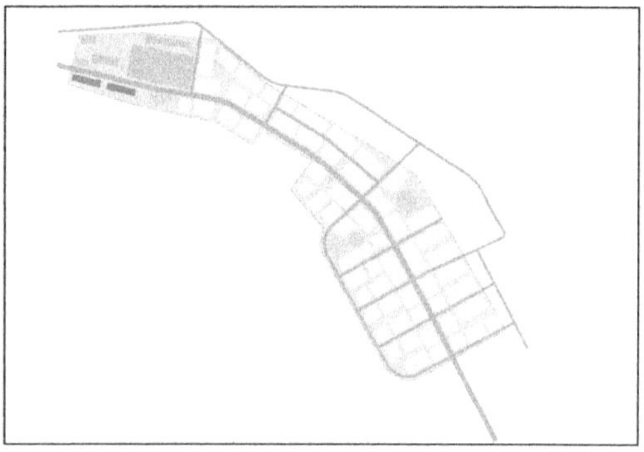

(d)DJK-71 居民点

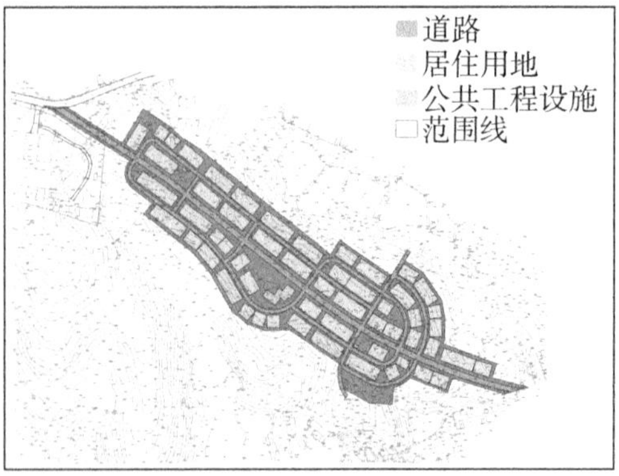

(e)XXS-04 居民点

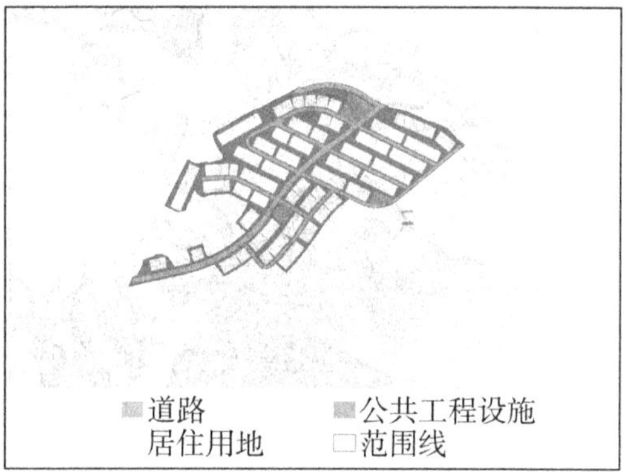

(f)XXS-05 居民点

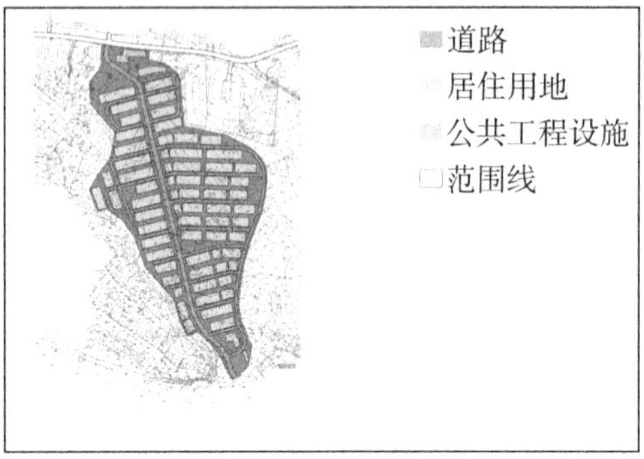

(g)XXS-06 居民点

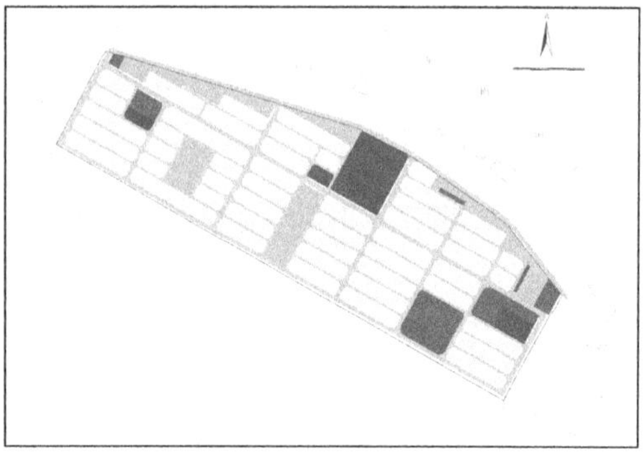

(h)HYH-06 居民点

图 7.2-6　典型大型农村居民点用地规模

中型农村居民点用地性质以居住用地为主，少量公共管理与公共服务用地、公用设施用地等。

用地规模方面，中型农村居民点的人口数量通常在 200～600 人，用地面积在 2～5hm^2，居住用地规模控制在 50%～80%，道路用地规模控制在 15%～30%，公共管理与公共服务用地规模控制在 1%～10%。基础设施和公共服务设施相对较少，但仍有一定的配套设施(图 7.2-7)。

小型农村居民点通常占地面积较小，其用地性质特征主要表现为居住用地，公共管理与公共服务用地、公用设施用地等较少。基础设施和公共服务设施相对简单，通常只有一些基本的生产生活设施。密度和建筑高度相对较低，建筑类型相对单一，建筑面积较小。

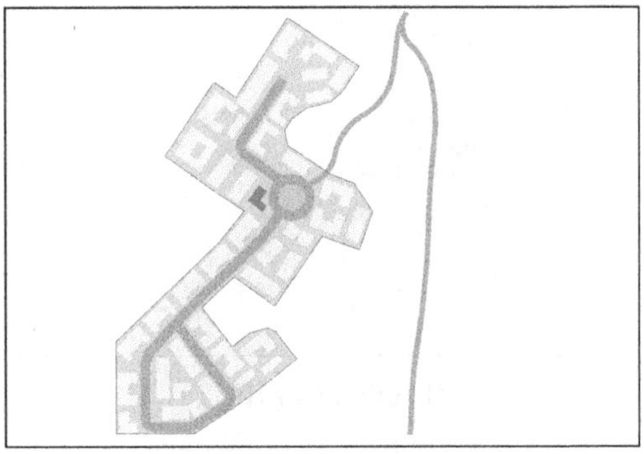

(a)CXH-01 居民点

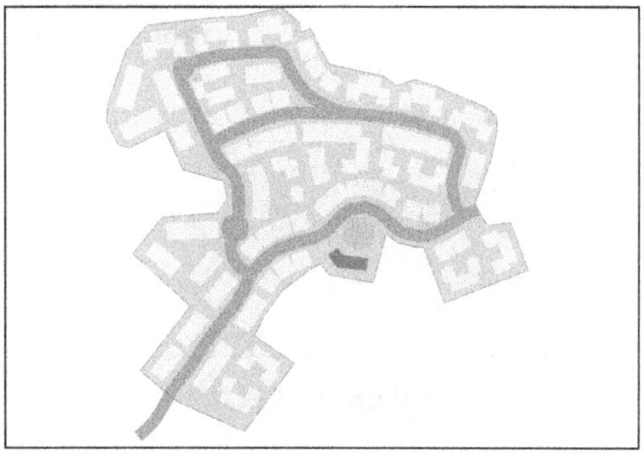

(b)CXH-02 居民点

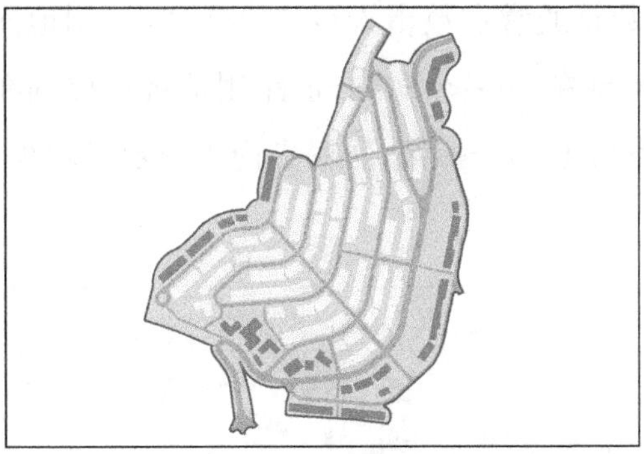

(c)NJ-02 居民点

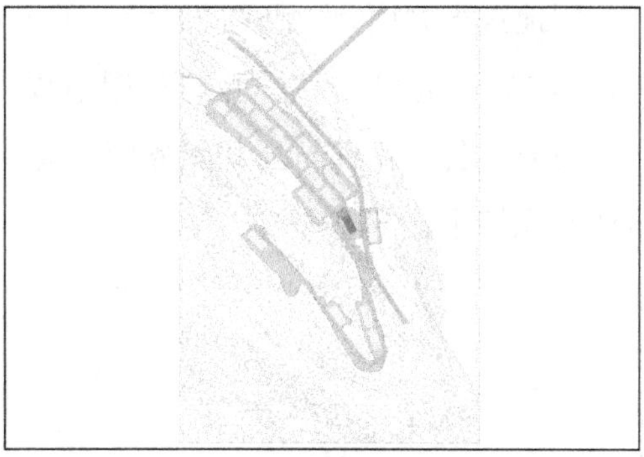

(d)QYK-03 居民点

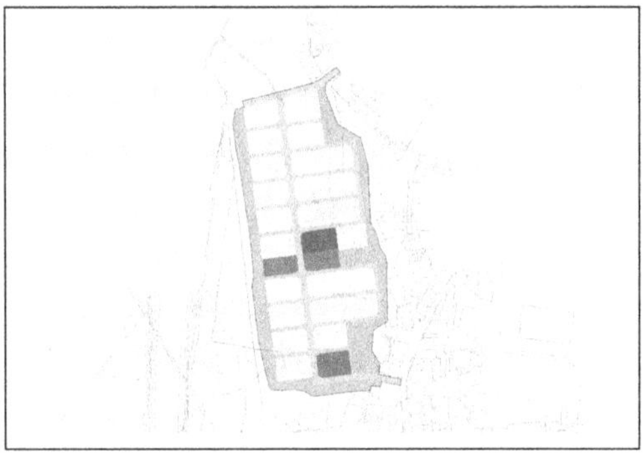

(e)HYH-03 居民点

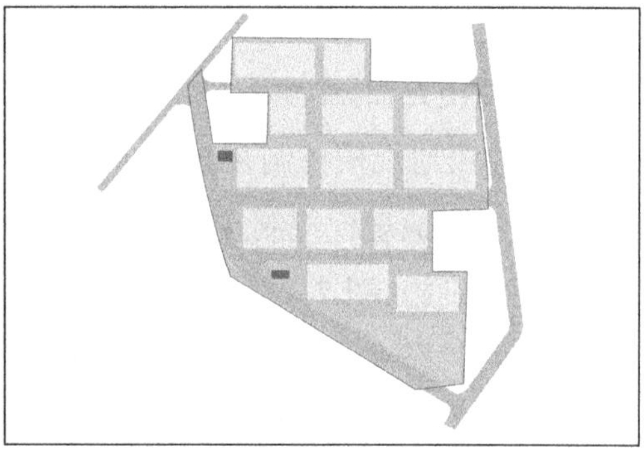

(f)DJK-24 居民点

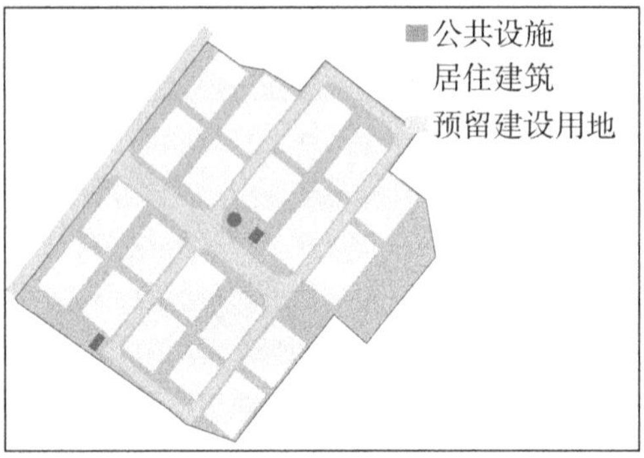

(g)DJK-26 居民点

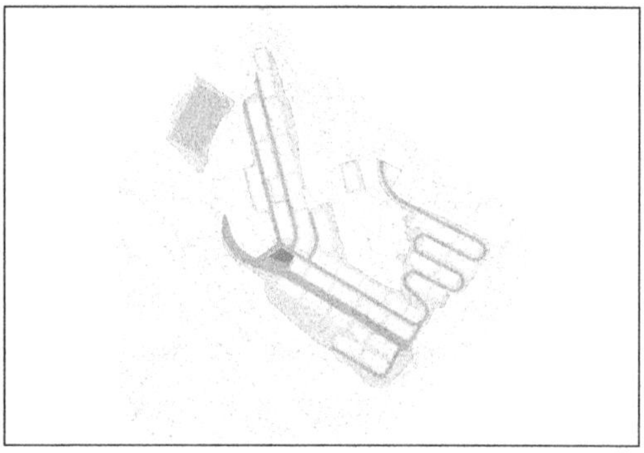

(h)QYK-04 居民点

图 7.2-7　典型中型农村居民点用地规模

用地规模方面，小型农村居民点的人口数量通常在数十人至二百人之间，用地面积在 5000m² 至 2hm² 之间，居住用地规模控制在 50%～80%，道路用地规模控制在 5%～30%，公共管理与公共服务用地规模控制在 1%～8%，居民点内人口数量较少、居住面积较小(图 7.2-8)。

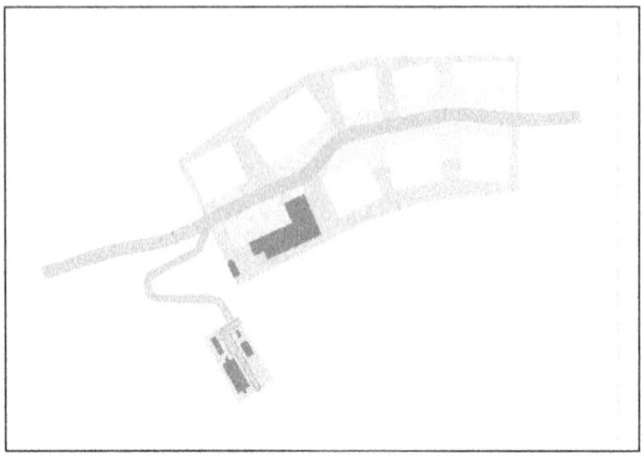

(a)HS-01 居民点

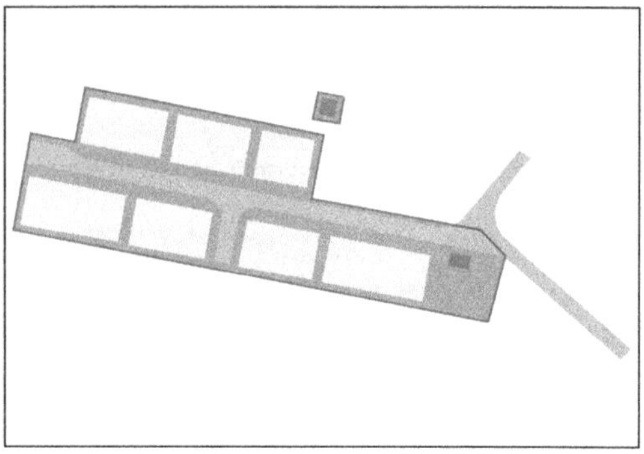

(b)TZK-01 居民点

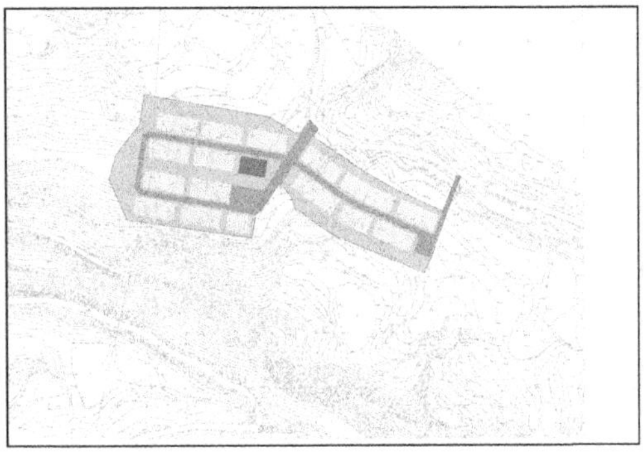
(c)QYK-01 居民点

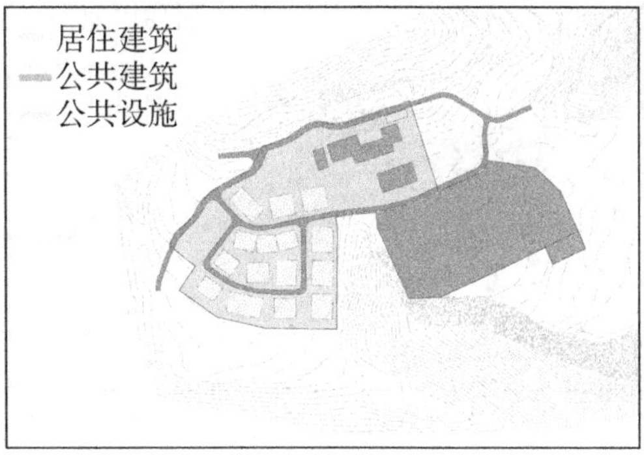

(d)HS-02 居民点

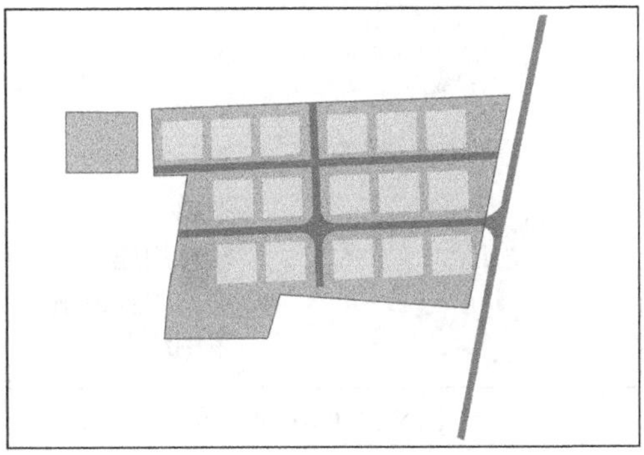
(e)DJK-14 居民点

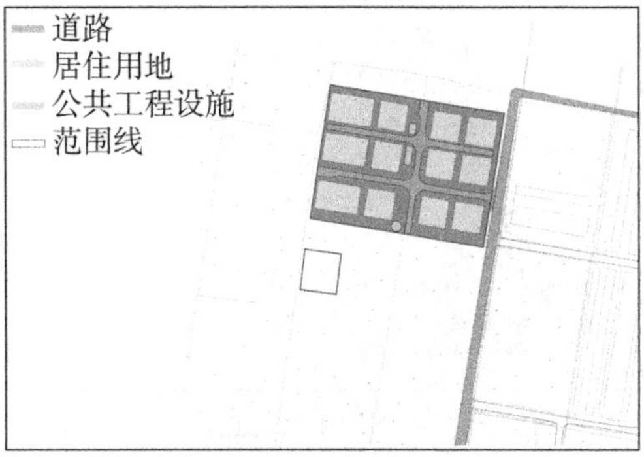

(f)DJK-07 居民点

(g)DJK-23 居民点

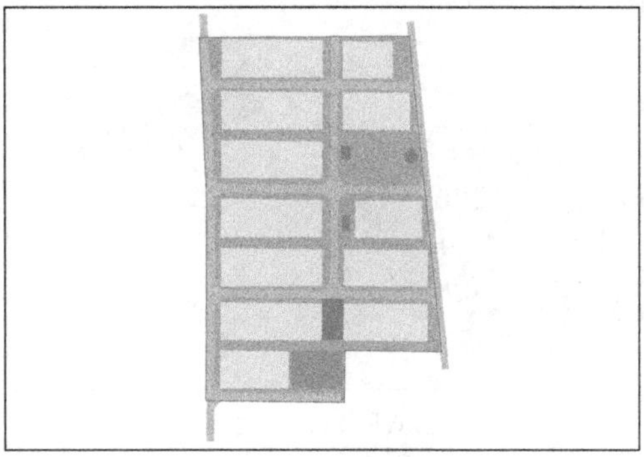
(h)DJK-21 居民点

图 7.2-8　典型小型居民点用地规模

(2)地形地貌分类

山地型农村居民点用地属性多以居住用地为主,居住用地规模控制在 50%～70%,道路用地规模控制在 15%～30%,公共管理与公共服务用地规模控制在 1%～10%(图 7.2-9)。

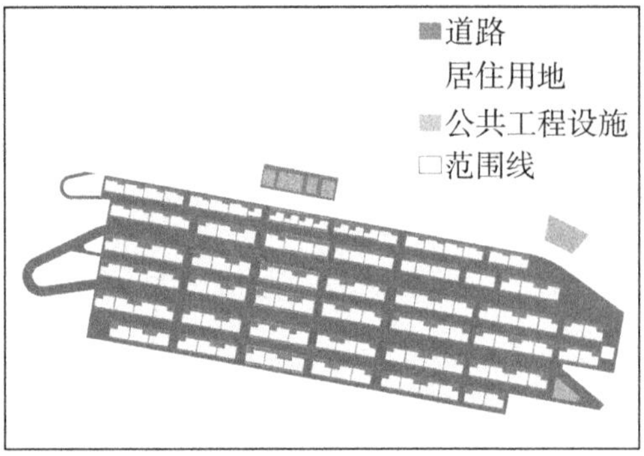

(a)XL-01 居民点

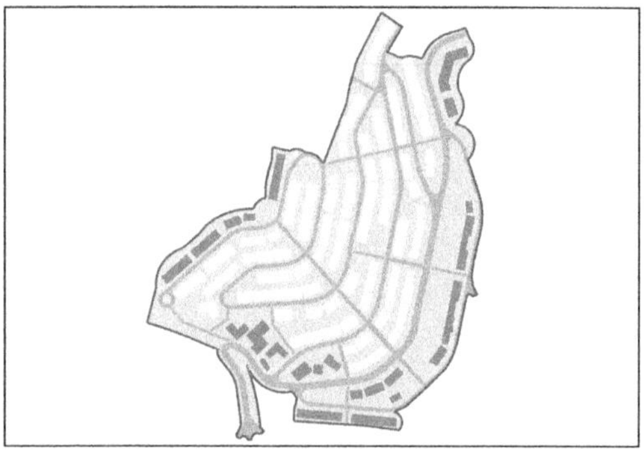

(b)NJ-02 居民点

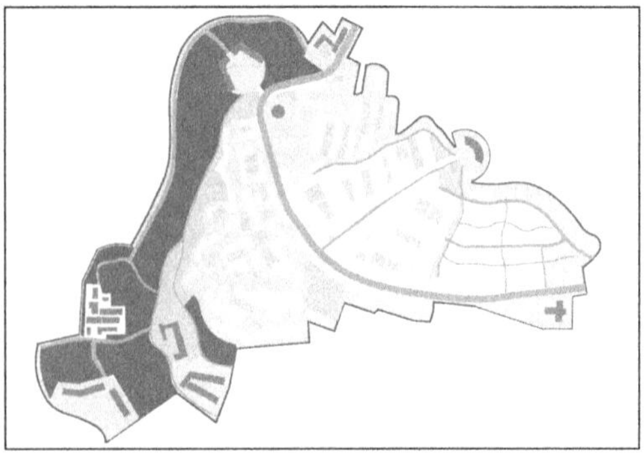

(c)NJ-01 居民点

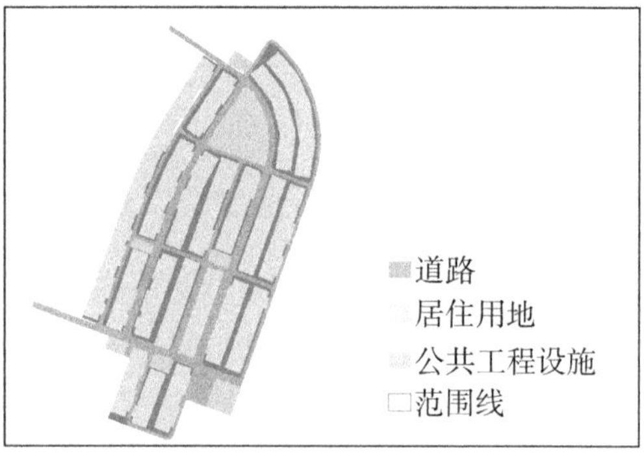

(d)YYLT-01 居民点

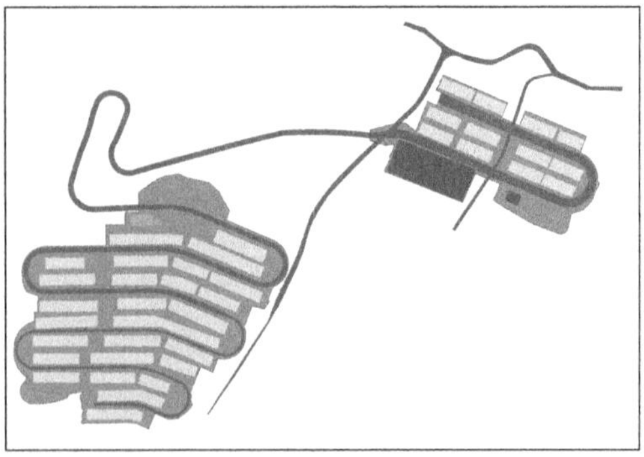

(e)WDD-03 居民点

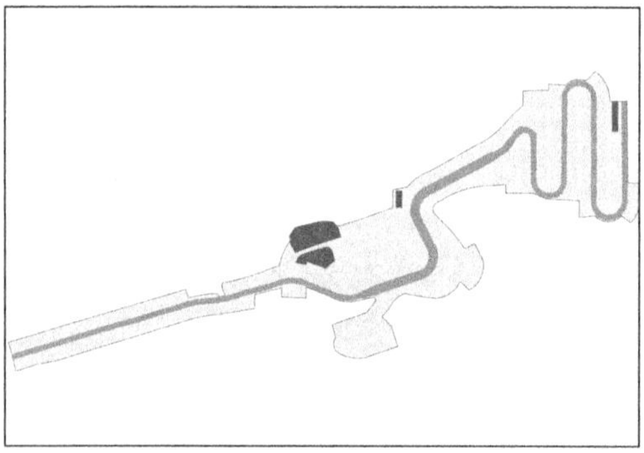

(f)WDD-04 居民点

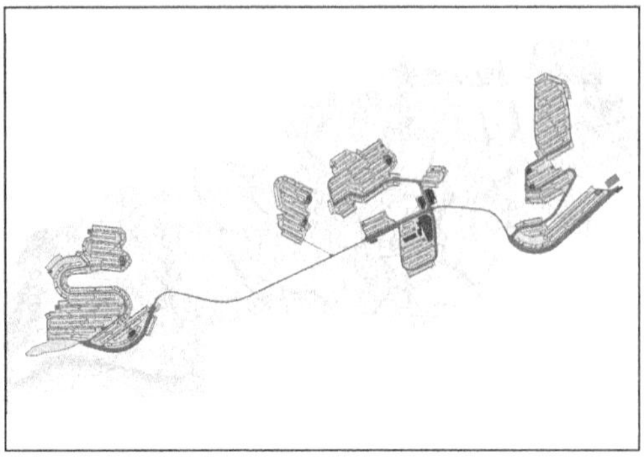

(g)WDD-01 居民点

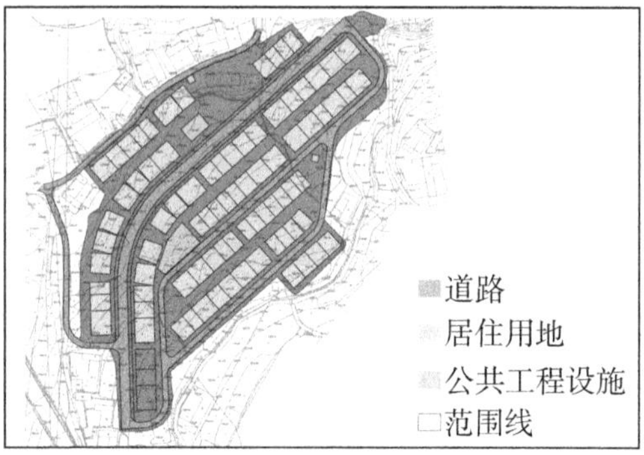

(h)WDD-02 居民点

图 7.2-9　山地型典型农村居民点用地规模

平原型农村居民点用地功能以居住用地、公共管理与公共服务用地为主，居住用地规模控制在50％～80％，道路用地规模控制在10％～30％，公共管理与公共服务用地规模控制在1％～15％，少量预留建设用地（图7.2-10）。

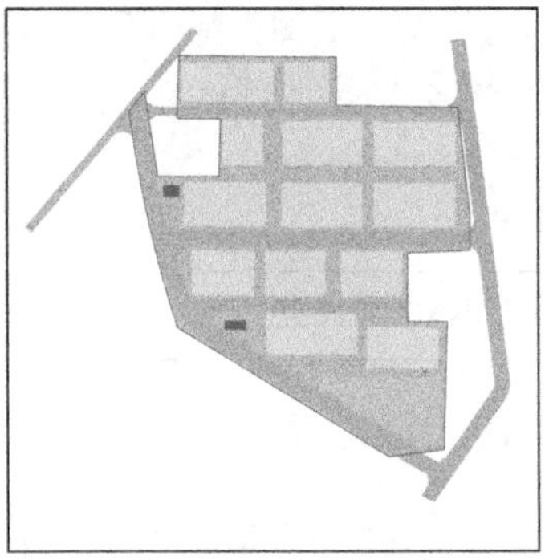

(a)DJK-24居民点

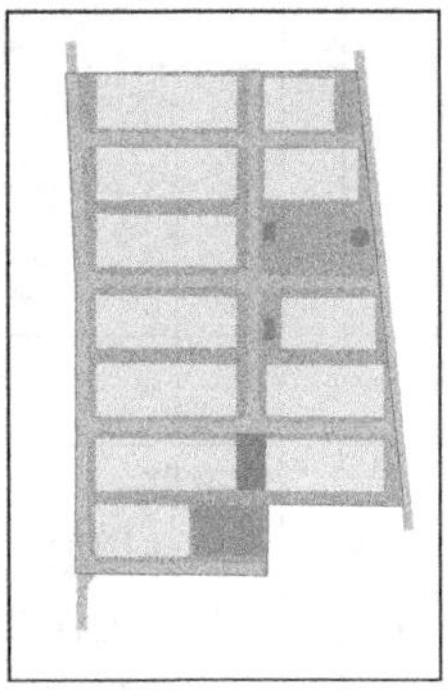

(b)DJK-21居民点

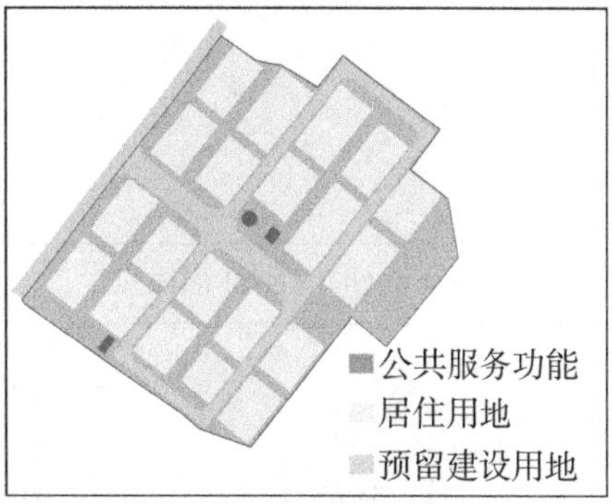

(c)DJK-26居民点

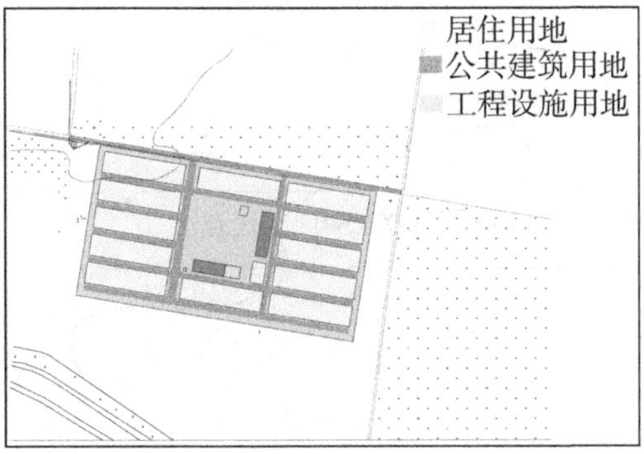

(d)DJK-30居民点

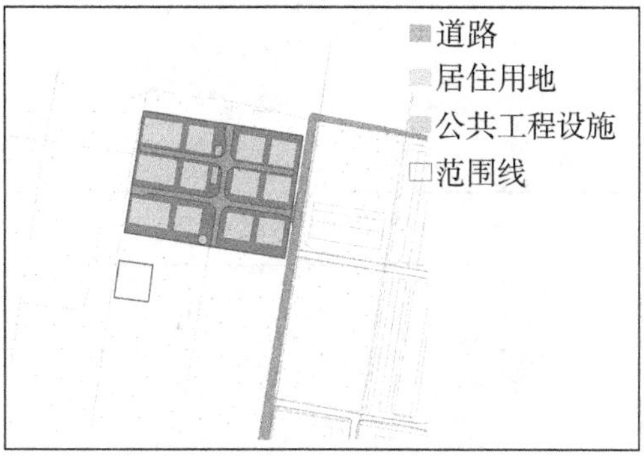

(e)DJK-07居民点

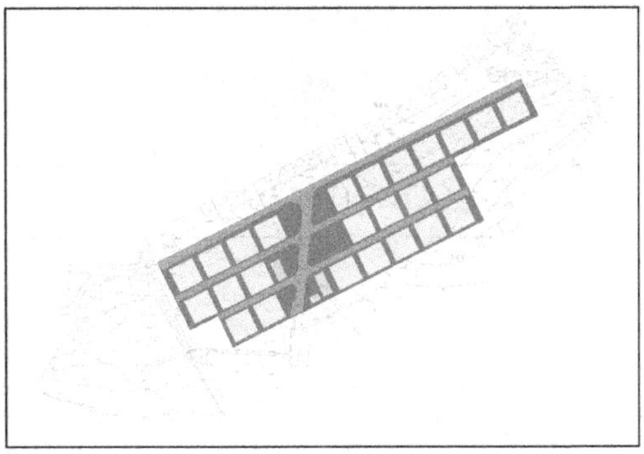

(f)DJK-23居民点

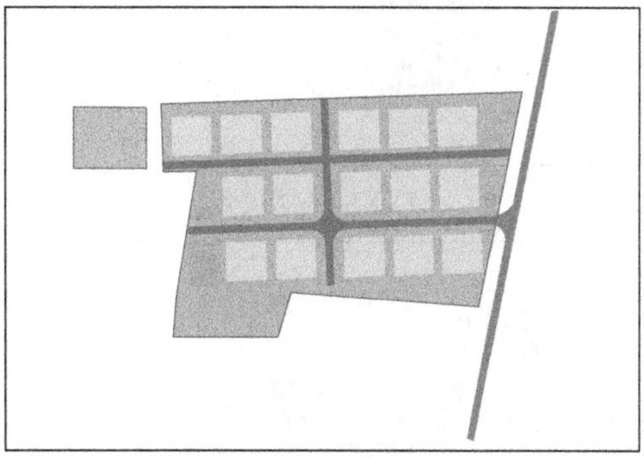

(g)DJK-14居民点

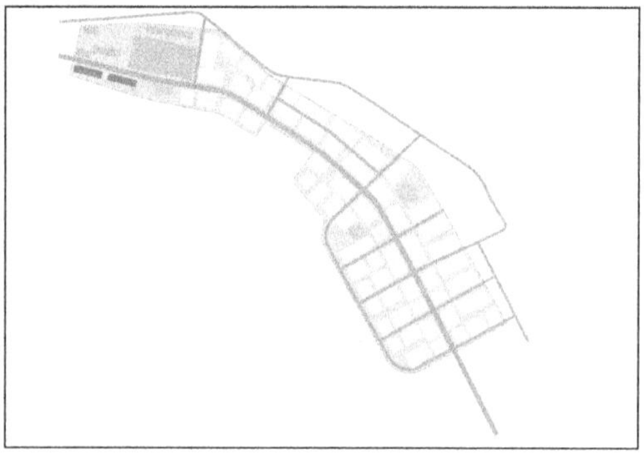

(h)DJK-71 居民点

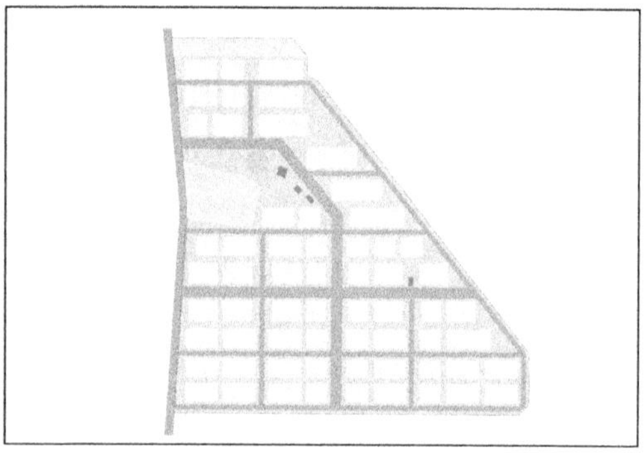

(i)DJK-57 居民点

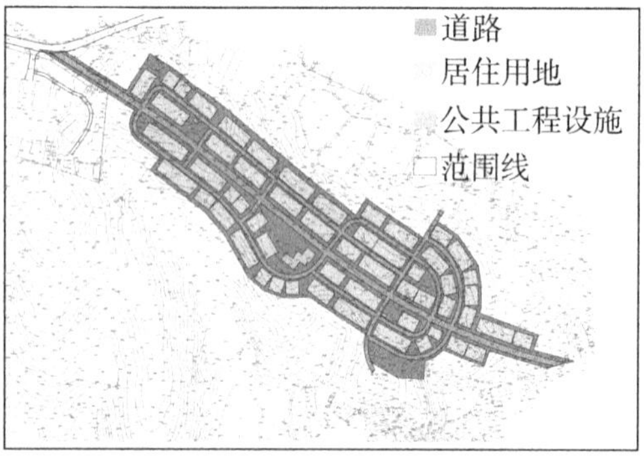

(j)XXS-04 居民点

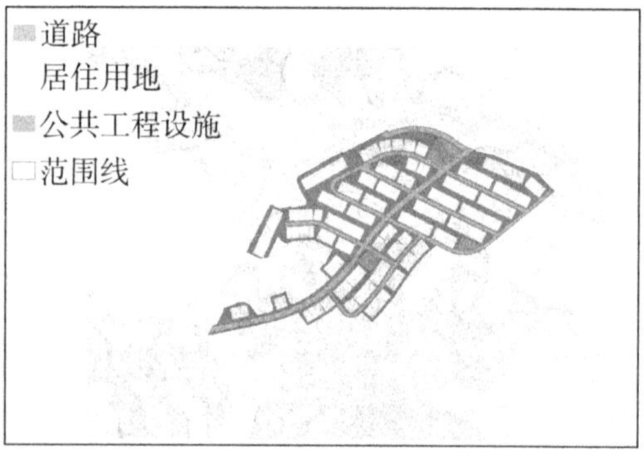

(k)XXS-05 居民点

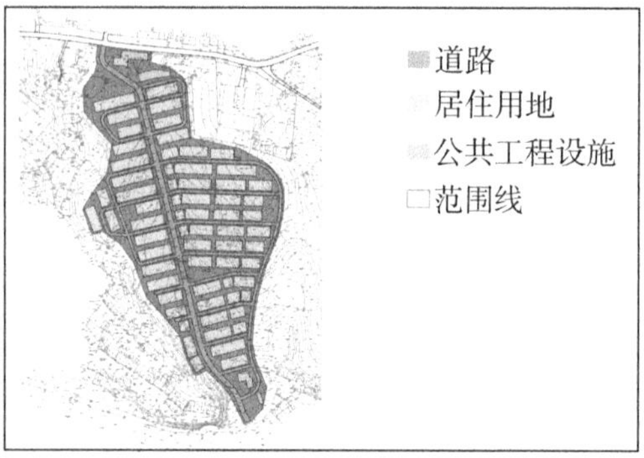

(l)XXS-06 居民点

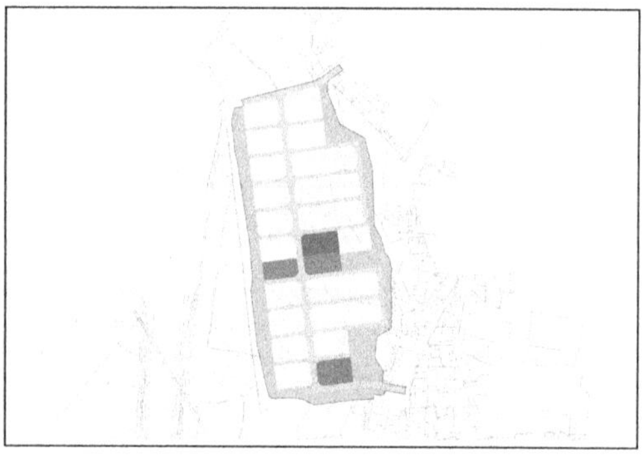

(m)HYH-03 居民点

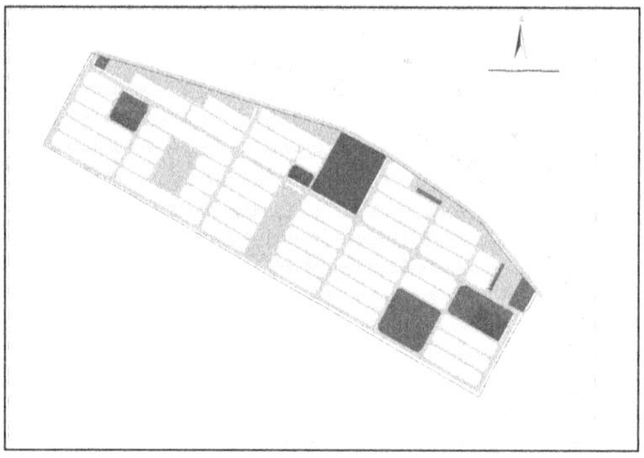

(n)HYH-06 居民点

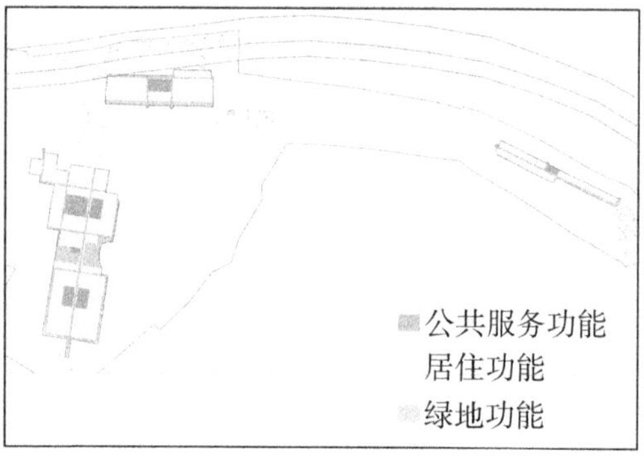

(o)HYH-07 居民点

图 7. 2-10　平原型典型农村居民点用地规模

7.2.3 小结

本节通过从用地结构、用地性质及规模两方面来解析农村居民点的用地结构特征。

农村居民点内部用地由居住用地、公共管理与服务用地、道路用地、公用设施用地、绿地等组成。基于功能的农村居民点用地分类将按照农村居民点内部用地承担功能进行划分,可分为:生产、生活、生态及潜在功能用地。农村居民点用地结构正朝着多元化、集约化的良性方向转型和发展。

农村居民点规模方面,根据农村居民点规模大小分为特大型农村居民点、大型农村居民点、中型农村居民点、小型农村居民点四类。

特大型、大型农村居民点用地结构多元化,居住功能集中化,居住用地比重较大,公共功能多靠近道路布置;用地功能多以居住用地为主。

中型农村居民点用地结构相对简单,公共功能集中布置在居民点中心区域;用地功能以居住用地为主。

小型农村居民点用地结构单一,公共功能均集中在道路附近布置;用地功能以居住用地为主。

用地规模方面,各类型农村居民点在用地方面差异不明显;居住用地规模多控制在50%~80%,道路用地规模控制在10%~30%,公共管理与公共服务用地规模控制在1%~10%,公用设施用地规模控制在1%~4%(表7.2-2)。

表7.2-2　农村居民点用地规模　(单位:%)

农村居民点规模	居住用地		道路用地		公共管理与公共服务用地		公用设施用地	
	范围	均值	范围	均值	范围	均值	范围	均值
特大型	48~66	58	21~27	24	4~14	9	1~3	1.68
大型	40~76	62	10~28	23	1~13	5	1~4	0.74
中型	40~87	65	14~38	22	1~30	5	1~7	1.76
小型	40~78	66	5~29	19	1~12	5	1~10	2.85

特大型、大型、中型、小型农村居民点的用地性质和规模存在较大差异,这与其人口数量、空间布局等因素密切相关。针对不同类型的农村居民点,需要采取不同的规划和管理措施,以实现其可持续发展的目标。

地形地貌方面,山地型农村居民点居住功能集中化,居住用地比重较大,公共功能多靠近道路布置;用地功能多以居住用地为主。

平原型农村居民点居住功能较为综合化，公共功能均集中在道路附近布置；用地功能以居住用地以及公共管理与公共服务用地为主。

用地规模方面，各地貌类型农村居民点在用地方面差异不明显；平原型农村居民点由于地势原因，居住用地规模较大。道路用地规模控制在10%～30%，公共管理与公共服务用地规模控制在1%～10%，公用设施用地规模控制在1%～5%(表7.2-3)。

表7.2-3　农村居民点用地规模地域差异　(单位：%)

农村居民点规模	居住用地		道路用地		公共管理与公共服务用地		公用设施用地	
	范围	均值	范围	均值	范围	均值	范围	均值
山地型	40～73	57	7～39	19	1～12	5	3～10	5.5
平原型	47～78	64	5～29	22	1～14	5	1～10	1.4

7.3 空间形态分类

7.3.1 用地形态特征

用地形态特征是指聚落在空间上的整体分布形态，是由自然环境、建筑组群等物质要素与文化等非物质要素在聚落空间上进行复合叠加后展现出连续性、整体性、拼贴性的意象形态。

农村居民点与传统乡村聚落的主要差异在于，农村居民点均为搬迁后，选址新用地再建，统一规划，统一建造，传统乡村聚落则由居民自建，时间上有先后，聚落具有自发性。农村居民点的建筑排布偏向规则性，传统乡村聚落的建筑排布偏向自由性。

传统乡村聚落用地形态可分为集聚型、分散型和组团型三类(图7.3-1)，农村居民点的用地形态特征可以参照传统乡村聚落分为集聚型、组团型两大类，而分散型是一种呈点状松散的布局方式，一般为独立住宅或两三户聚合的小聚落，与农村居民点区别较大，不予参考。

(a)集聚型　(b)分散型　(c)组团型

图7.3-1　乡村聚落空间组团布局形态分类

(1)集聚型

集聚型农村居民点在用地形态布局上表现出集中化倾向,空间形态规整。这类居民点多位于地势平坦的东部地区,如平坝或河谷地带,因受地形限制较小,聚落居住及耕作空间较大。

集聚型农村居民点往往依托主要交通(主干道或重要河流)发展,而后衍生出较为规则的街巷空间,以一定规模形成集聚的空间形态,根据居民点建筑与道路的关系聚集型集中安置居民点又可以分为街道式、团块式、棋盘式。

街道式集聚型农村居民点由一条或几条主干道连接着田间地头或周边区域,建筑建在主干道两边,一家一户地沿主干道依次排列。如 XL 水电站 XL-01 居民点(图 7.3-2),新址总体呈一倾向西的斜坡,规划地块北高南低,地形高差较大、坡度较大。规划结合对外道路布置居民点干路,住宅沿道路布置,整体呈行列式布局形式。建筑顺应等高线布置,尽量减少填挖方量,保证场地建设的经济性。公共设施主要位于居民点中心区域,以便服务更多的居民。

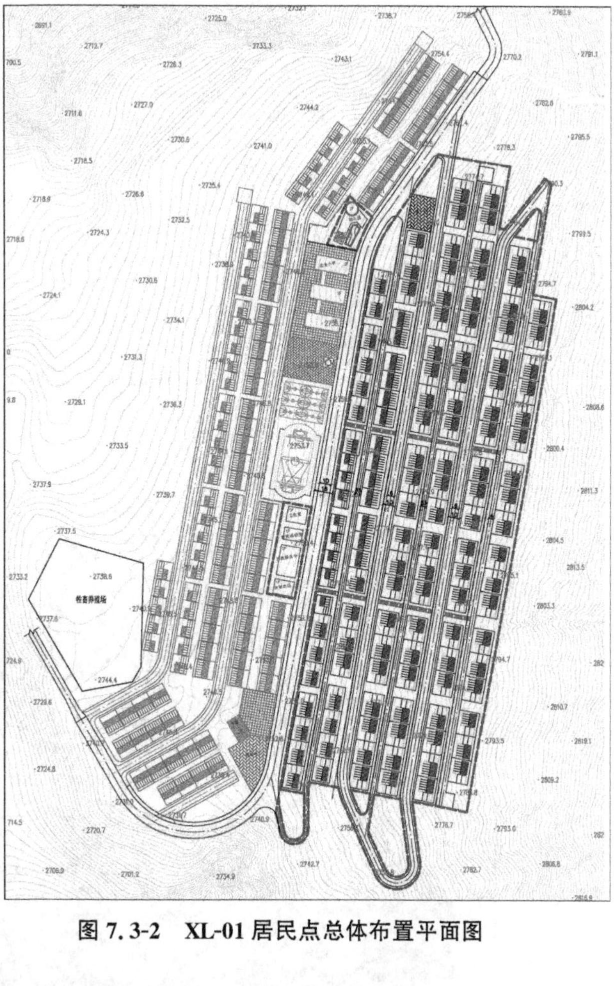

图 7.3-2　XL-01 居民点总体布置平面图

团块式集聚型农村居民点以主干道为基础延伸出次级干道,建筑排布呈团块状,用地布局向外部延展。如 CXH 水库 CXH-02 居民点(图 7.3-3),以乡道为主干道,布局公共广场和村委会,同时延伸一条次级干道,建筑以组团的方式布局,多个建筑围合形成合院。

棋盘式集聚型农村居民点建筑排列比较整齐,外形如同方阵,村内街道平直,成直角相交,形如棋盘。以 DJK-26 居民点为典型,道路十字交叉,分隔出规整的建筑组团空间。组团内建筑沿道路排列，呈组“一”字形排布。公共建筑布局于居民点中心。

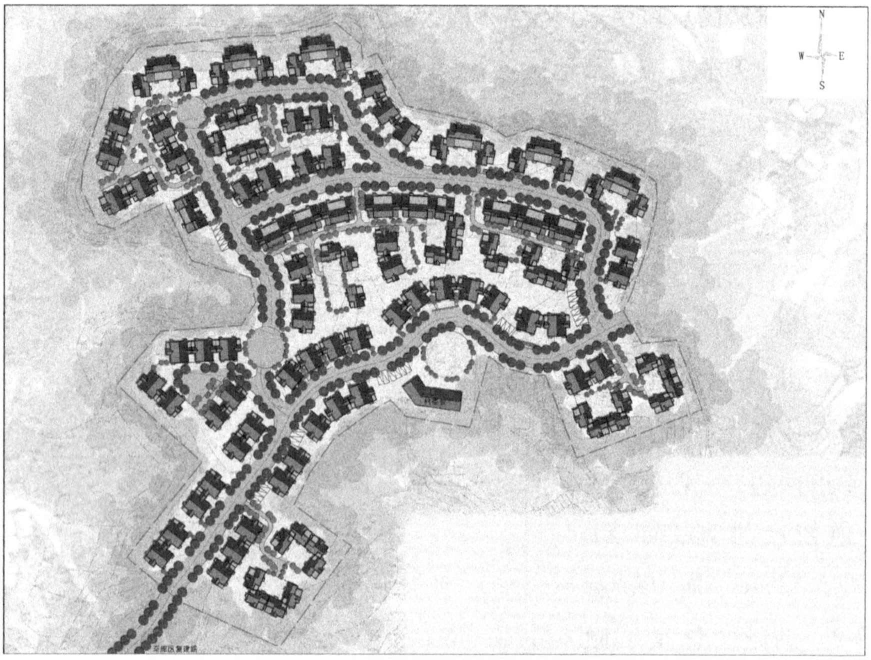

图 7. 3-3　CXH-02 居民点总体布置平面图

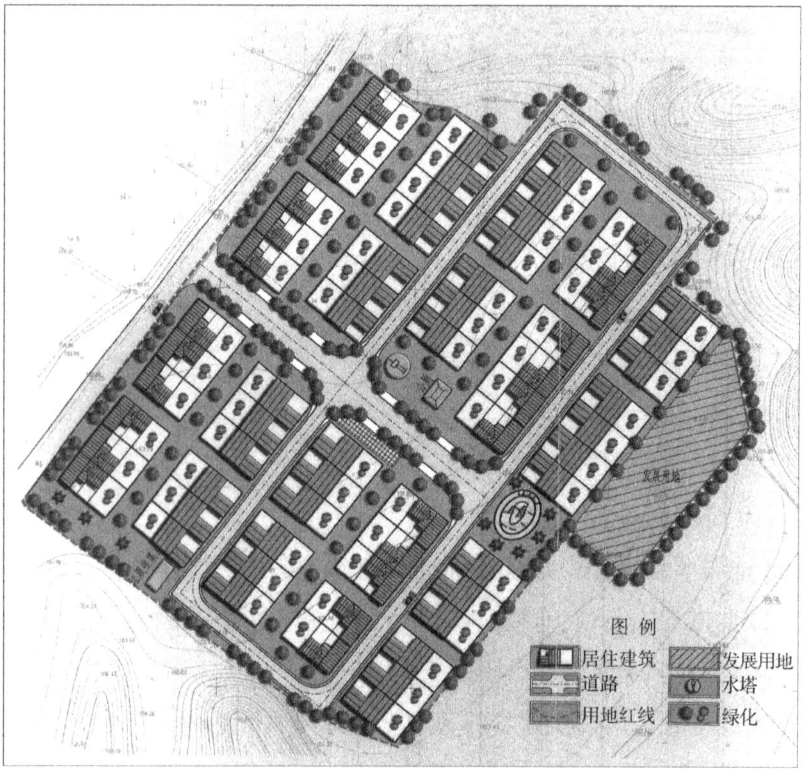

图 7. 3-4　DJK-26 居民点建设规划总体布置平面图

(2)组团型

组团型农村居民点通常由几个小规模团块组成,不同团块之间有明显的边界限定,通常多位于地形起伏较大的中西部地区。根据其形成原因分为两种:

一种主要是受地形条件影响,部分用地不适宜布局居民点。例如 WDD 水电站 WDD-01 居民点规划地块北高南低,地形高差最大约 58m,地形坡度较大。这类山地台地地形导致居民点扩张有限,只能将居民点分散,在不同高度的台地及缓坡等适宜建设区域分组团建设。WDD-01 居民点场地中间有一条南北向的村路,以这条村路为主要道路,串联 5 个组团。各个组团内住宅沿干道两侧布置,整体呈行列式布局形式,建筑顺应等高线布置。公共设施主要位于基地中部组团(图 7.3-5)。

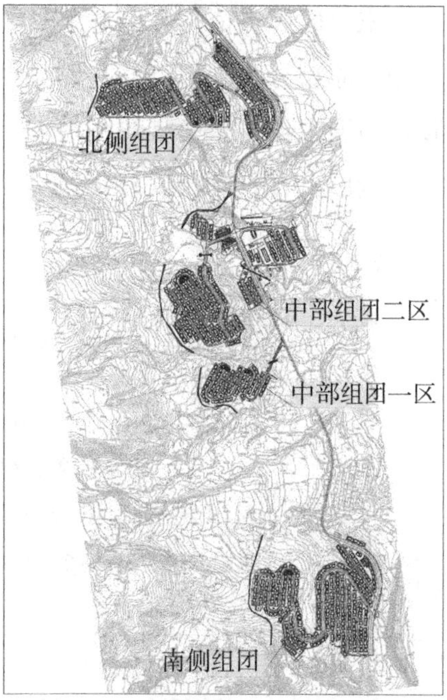

图 7.3-5 WDD-01 居民点总体布置平面图

另一种以生态环境为限制,农村居民点选址拥有良好的农业生产条件。例如 HYH 蓄滞洪区 HYH-07 居民点,原选址为 HYH-059 组,土地性质为基本农田。农业种植作为该区域未来发展的主导产业和基础产业,建设规划以环境容量为基础,采取就近集中建房为主,分散建房为辅的形式,调整 HYH-07 居民点新址,新址分为三个片区:第一块位于 HYH-07 和平组;第二块为 HYH-07 部东南面沿曾跃公路为主轴的片区;第三块位于振兴闸以西 HYH-0712 组。3 个组团周边围绕着耕作条件良好的基本农田(图 7.3-6)。

图 7.3-6 HYH-07 民点总体布置平面图

7.3.2 形态类型

(1)居民点类型

农村居民点依据空间位置、乡村肌理形态的不同,分为平原型、山地型两大类。其中平原型分为临田型与临路型两类;山地型分为山腰坡地型、山间谷地型两类,山腰坡地型主体位于山腰的缓坡或台地上,山间谷地型,主体位于山脚缓坡,并向周边台地延展,村内干道多与山谷走势一致,支道向两边山坡延伸(图 7.3-11)。

表 7.3-1　　　　农村居民点布局

居民点类型		居民点布局要求	典型模式
平原型	临田	建筑布局结合田园景观,建筑风貌应与周边自然和农耕环境协调,成组抱团,融合布局。选址应避开永久基本农田和生态红线保护区	 
	临路	建筑布局顺应道路发展方向和景观变化,集中有机布局。建筑选址应避让道路防护范围	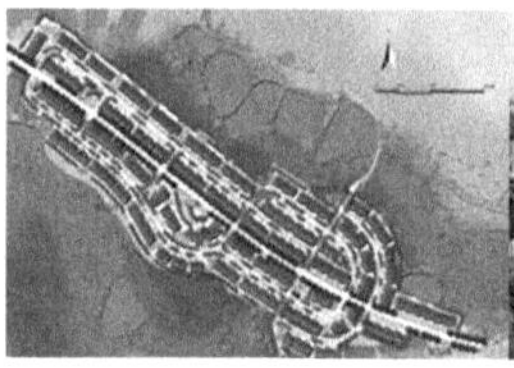 
山地型	山腰坡地型	注重人工天际线与自然天际线的协调,充分利用自然地形和建筑高度营造天际线	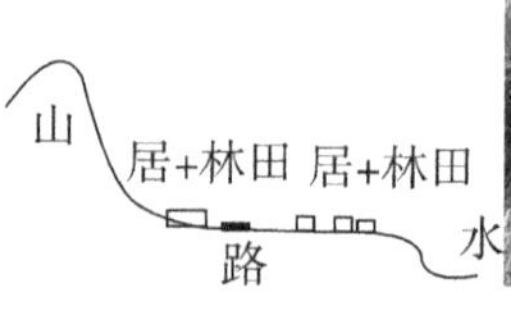 
	山间谷地型	通过屋顶形式的改变或在局部利用高大的树、塔等标志物形成制高点,丰富整体平缓的居民点天际线	  

(2)居民点肌理脉络

平原型农村居民点宜采用密度较高的建筑肌理，不应出现简单均质化，呈现格网型或行列式等建筑肌理。

山地型农村居民点的建筑群体组合应充分反映出地形地势的特点。地形起伏小的居民点可采用密度较高的建筑肌理；地形起伏大的居民点可采用建筑密度较低，为30%～60%的建筑肌理。主要分为向心型、线型两类(表 7.3-2)。

表 7.3-2 农村居民点肌理脉络

居民点类型	类型	肌理脉络梳理	典型模式
平原型	格网型	建筑应聚集在交通要道两侧，规模扩张后衍生出纵横交错的交通网络，交通便利，呈现格网型的空间形态	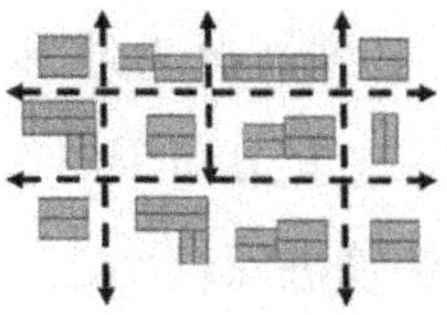
	行列型	建筑应沿着横向、纵向平行扩展，呈现规则整齐的行列式、联排式空间形态	
山地型	向心型	建筑应围绕公共建筑或耕地呈面向展开，建筑体量递增，形成向心、内聚的空间形态	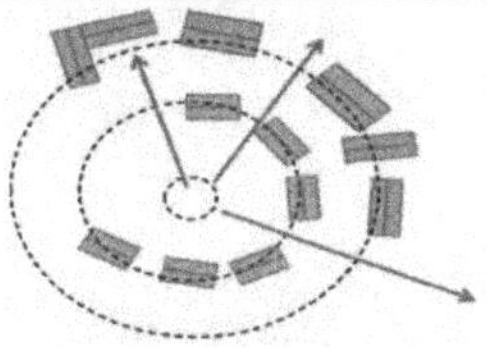
	线型(沿等高线)	建筑顺应地势，平行等高线布局，角度不一，呈现自由活泼的线型空间形态	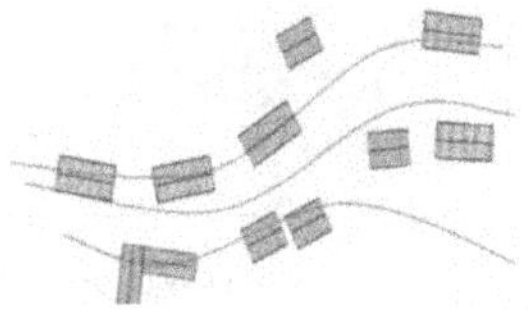

7.3.3 建筑肌理特征

(1)线性延展式

线性延展式农村居民点建筑肌理沿着等高线或交通要道(道路、水系等)呈线性布局(图 7.3-7)，通常以"一"字形、曲尺形建筑为主，以山墙面进行邻接，根据其布局的方式可分为两种：

1)线性排列式。

图 7.3-7　线性延展式建筑肌理

线性排列式农村居民点肌理主要出现在两种情况下(图 7.3-8),一种是地形较为崎岖,高差变化较大的居民点,主要分布于沿河岸线或山麓线,建筑平行于等高线的方向,朝向不一,采用交错串联或自由式进行排布,道路走向也与等高线保持一致,呈台地状,如 NJ 水电站 NJ-02 居民点,建筑依山而建,呈行列布局,建筑跨台地形成错落。

另一种情况为地形平坦、地势开阔的农村居民点,主要分布于河谷和平原,建筑多为“一”字形,建筑进深较小,山墙面相邻,建筑之间紧挨或留有空隙,沿街界面较为平顺,如三合居民点,一条乡道笔直穿越居民点,内部道路等距平行于乡道,居住建筑沿着道路,两户为一组,依次排列,建筑出入口朝向街巷。居民点中部布置公共建筑,满足居民生活需求,出入口位于侧面,建筑朝向平行于道路或垂直于道路。

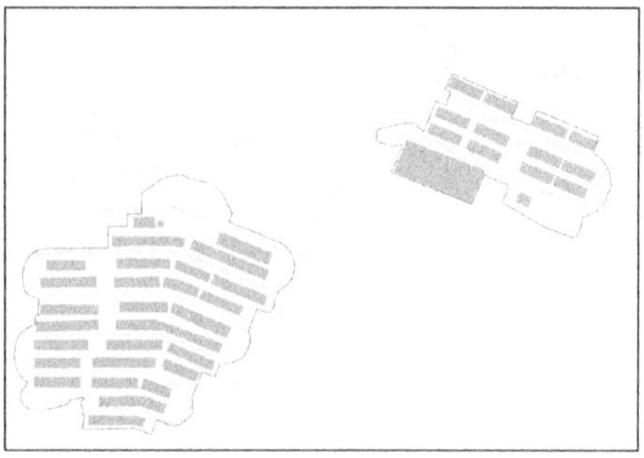

(a)WDD-03 居民点

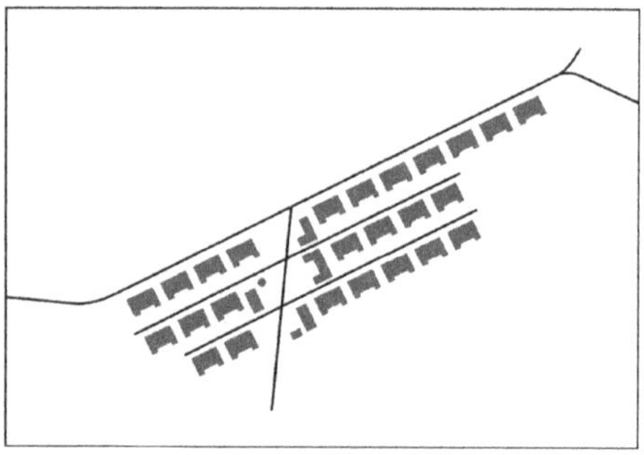

(b)DJK-23 居民点

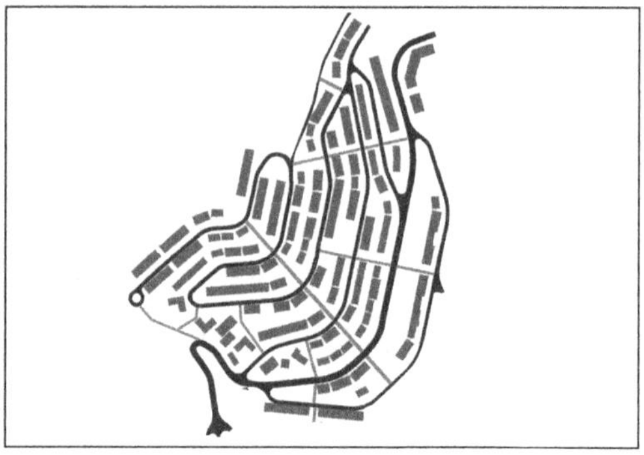

(b)NJ-02 居民点

图 7.3-8　线性排列式建筑肌理

2)线性围合式。

以"一"字形或"L"形建筑为基本单元，2～4个建筑围合，形成面向街道的半围合院落(图7.3-9)。这种组合空间多占地较广、进深较大，院落空间易形成开放空间。此类空间可作为临街商业满足生产生活需求，亦可作为公共空间提供居民休闲娱乐的场所。以组合空间为单位，沿主要街道排布，如CXH-01居民点此类建筑肌理开放空间数量较多，但单个开放空间面积不大，且比较分散、均质，空间聚集效果差，但私密性较高，适用于规模较小的农村居民点。

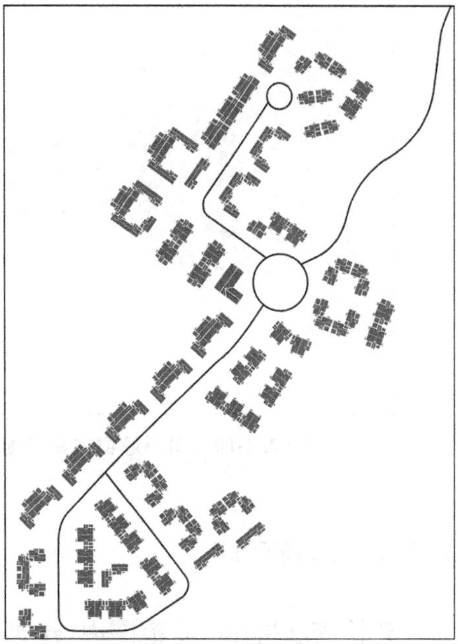
图7.3-9 线性围合式建筑肌理

(2)片状簇群式组合

在平坝、河谷等用地条件充裕的地带，地块进深较大，单体与合院、合院与合院之间通过串联、并联、自由组合的方式，农村居民点建筑呈现出簇群的形式。根据空间组构原则的不同，可分为向心簇群式、一般簇群式。

1)向心簇群式。

向心簇群式的农村居民点通常受到血缘、地缘的影响显著，由中心向外扩展，围绕公共建筑或自然要素呈面状展开。如NJ水电站NJ-01居民点(图7.3-10)，以最低处的观景平台为圆心，向外发散多条轴线形成骨架，建筑以形制单一、体量微小的长条状为主，多组合形成合院，院落空间朝向中心，少量单体建筑靠近圆心，其建筑间隔较大。

2)一般簇群式。

一般簇群式农村居民点虽没有明显的中心感，但也按照某种潜在规律进行组合(图7.3-11)。例如HS水库HS-02居民点，建筑以单体或交错串联的方式自由组合，朝向不一、体量不一，但团团围绕，集中布局。

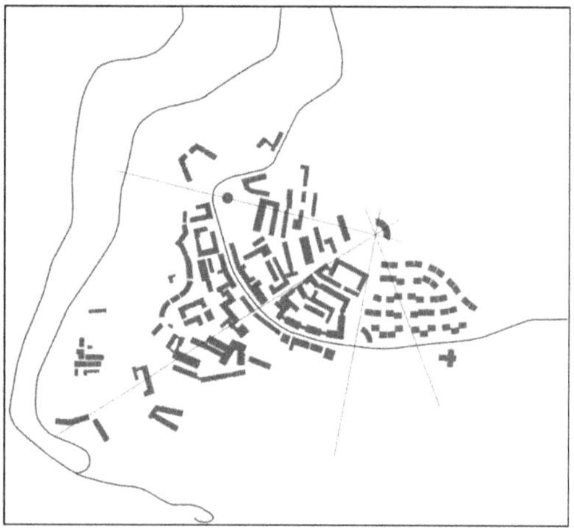

图 7.3-10 向心簇群式建筑肌理

图 7.3-11 一般簇群式建筑肌理

7.3.4 建筑密度

建筑密度指在一定范围内，建筑物的基底面积总和与占用地面积的比例。代表建筑物的覆盖率，可以反映出一定用地范围内的空地率和建筑密集程度。长江流域、松辽流域是我国最重要的农业生产和人口聚集地之一，也是农村移民安置居民点建设的重点地区。水利水电工程建设农村移民集中安置居民点建筑密度为 20%～70%。

(1)农村居民点规模分类

特大型、大型农村居民点一般规模较大，且人口数量也较多，由于周边的土地资源相对丰富，往往可以规划较多的公共绿地和公共设施，因此部分大型农村居民点建筑密度偏低，总体上建筑密度多在 30%～45%(图 7.3-12)。

(a)XL-01 居民点

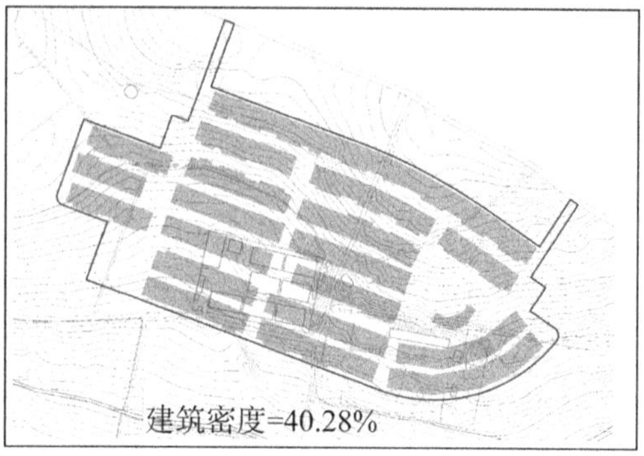

(b)YYLT-01 居民点

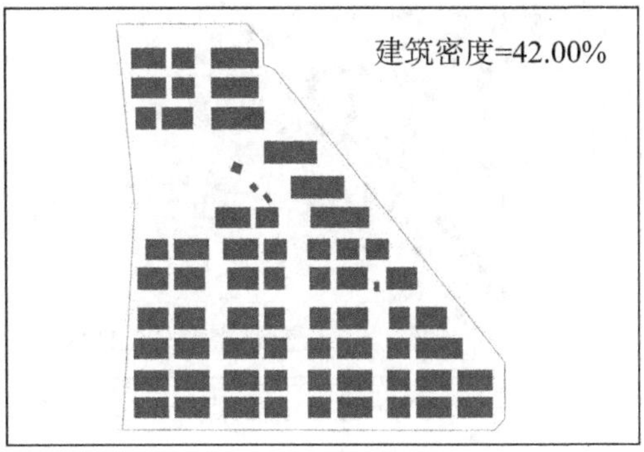

(c)DJK-57 居民点

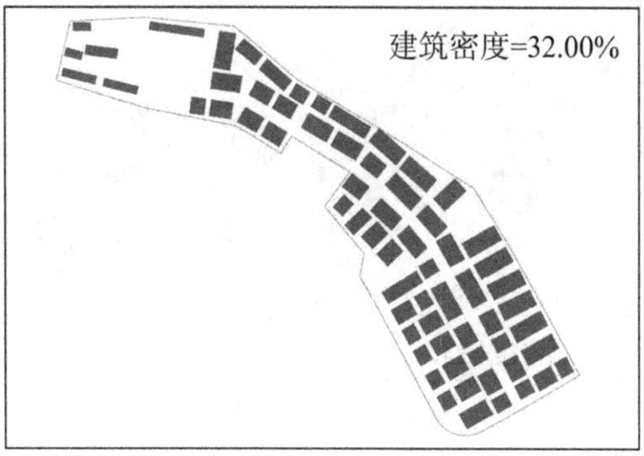

(d)DJK-71 居民点

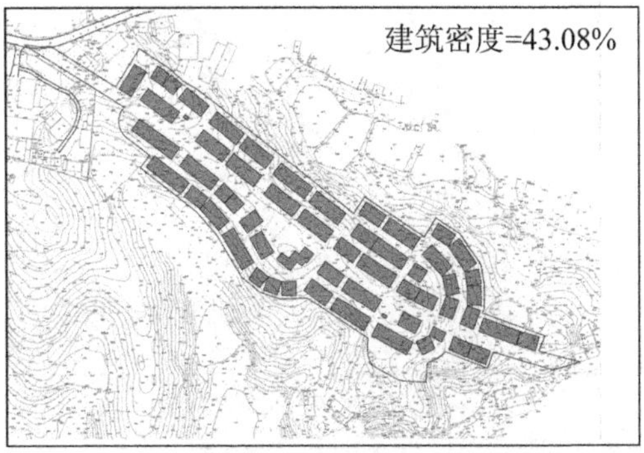

(e)XXS-04 居民点

(f)XXS-05 居民点

(g)XXS-06 居民点

图 7.3-12　典型大型农村居民点建筑密度

中型农村居民点一般面积较小，且人口数量也不算太多，因此部分中型农村居民点建筑密度相对较高。为了充分利用有限的空间，中型农村居民点一般会采用高层建筑和小区化建设方式，建筑密度多在 25%～50%(图 7.3-13)。

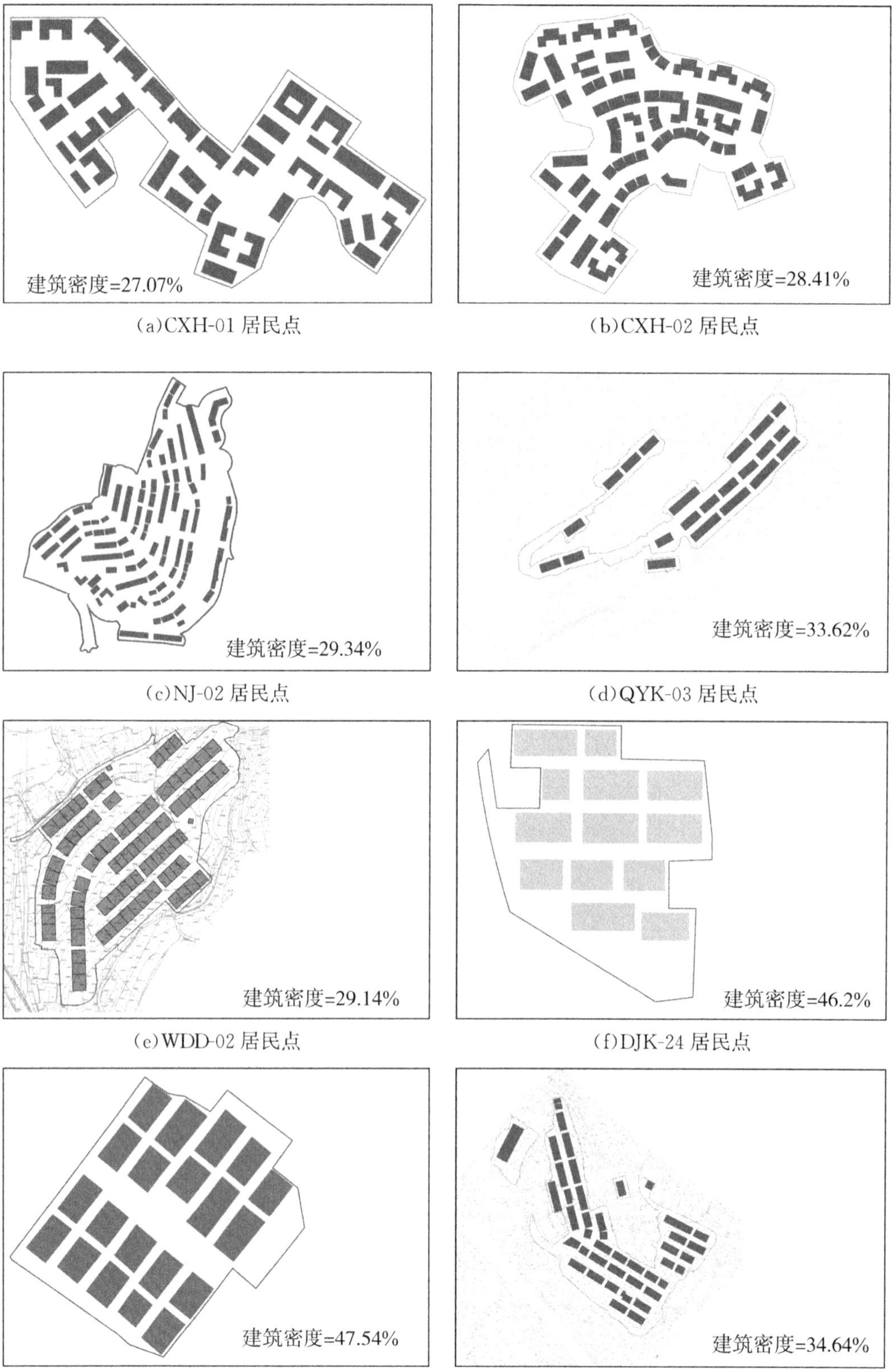

(a)CXH-01 居民点　(b)CXH-02 居民点

(c)NJ-02 居民点　(d)QYK-03 居民点

(e)WDD-02 居民点　(f)DJK-24 居民点

(g)DJK-26 居民点　(h)QYK-04 居民点

图 7.3-13　典型中型农村居民点建筑密度

小型农村居民点一般规模较小，且人口数量也较少。为了充分利用有限的空间，小型农村居民点一般会采用简易房屋、板房或活动房等建筑方式，这类建筑进深长、宽密大，但高度低（多为一层或二层），因此建筑密度也相应较大，建筑密度多在25%～60%（图 7.3-14）。

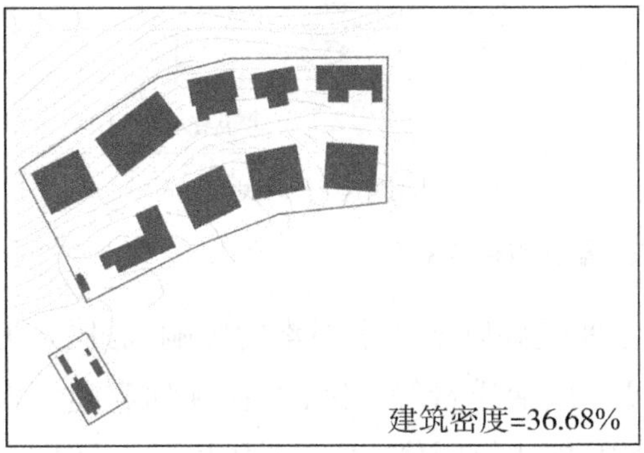

（a）HS-01 居民点

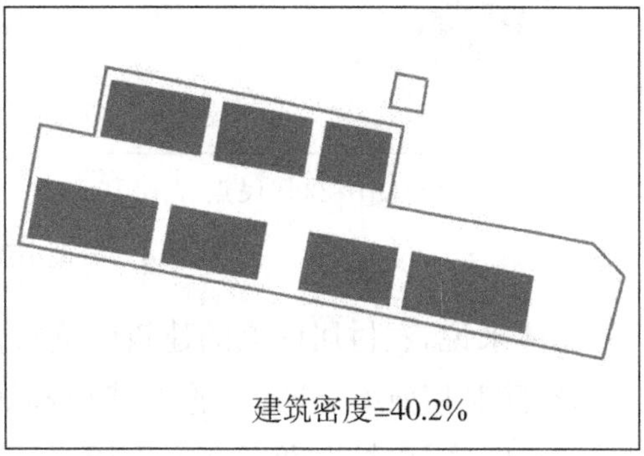

（b）TZK-01 居民点

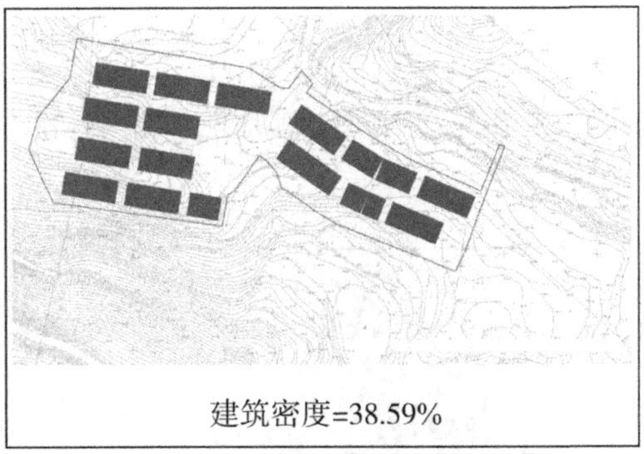

（c）QYK-01 居民点

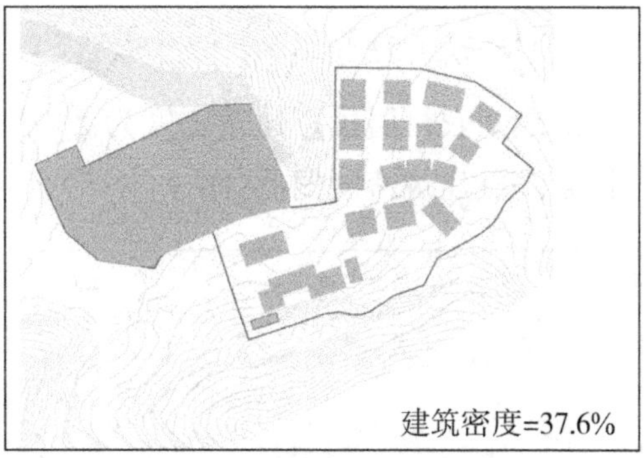

（d）HS-02 居民点

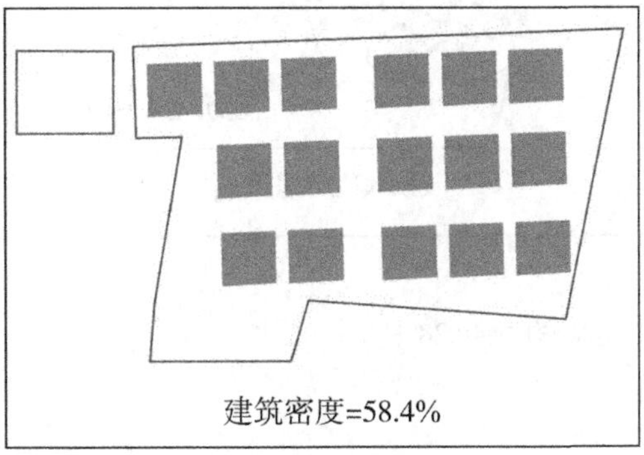

（e）DJK-14 居民点

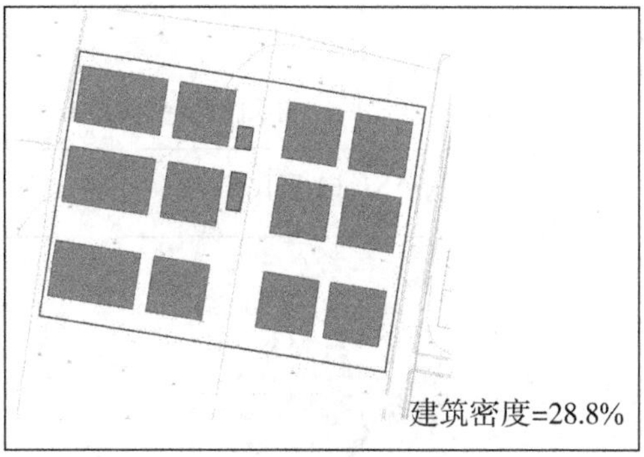

（f）DJK-07 居民点

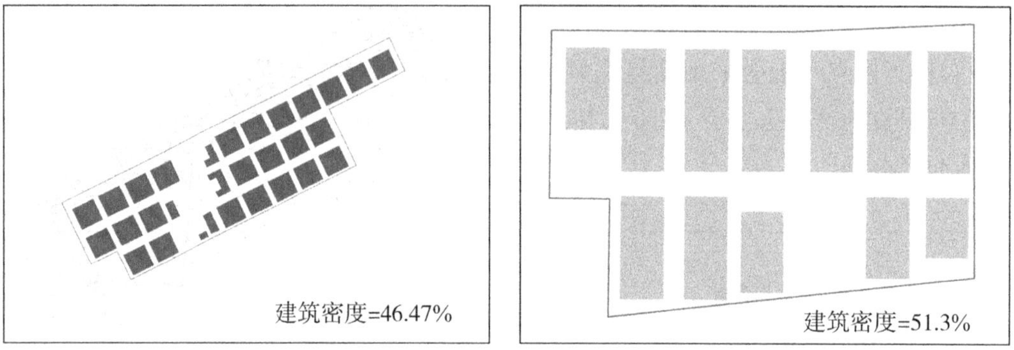

(g)DJK-23 居民点　　(h)DJK-21 居民点

图 7.3-14　典型小型农村居民点建筑密度

总体来说，农村居民点的建筑密度特征主要受到以下几个因素的影响：居民点的规模、空间利用效率、公共设施的建设和居民的生活质量等。因此，在规划和建设农村居民点时，需要综合考虑多方面因素，合理安排建筑密度，以保证居民的生活质量和居住环境的舒适度。

(2)地形地貌分类

山地型农村居民点建筑密度为 20%～60%，主要是受山地、高原地形影响，部分农村居民点建筑密度偏低(图 7.3-15)。

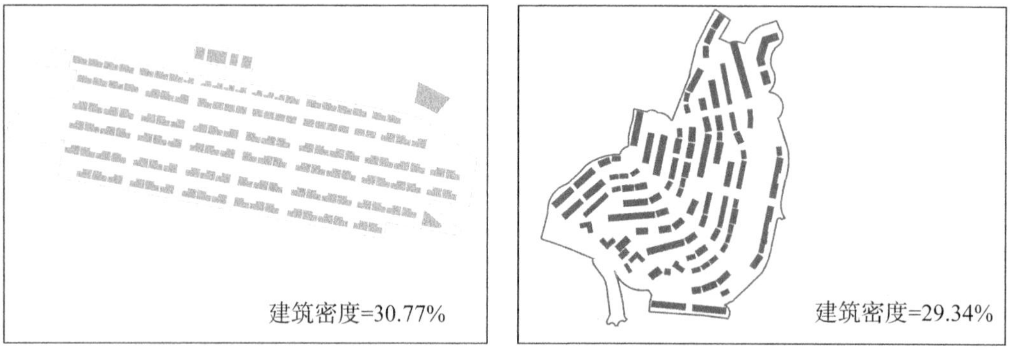

(a)XL-01 居民点　　(b)NJ-02 居民点

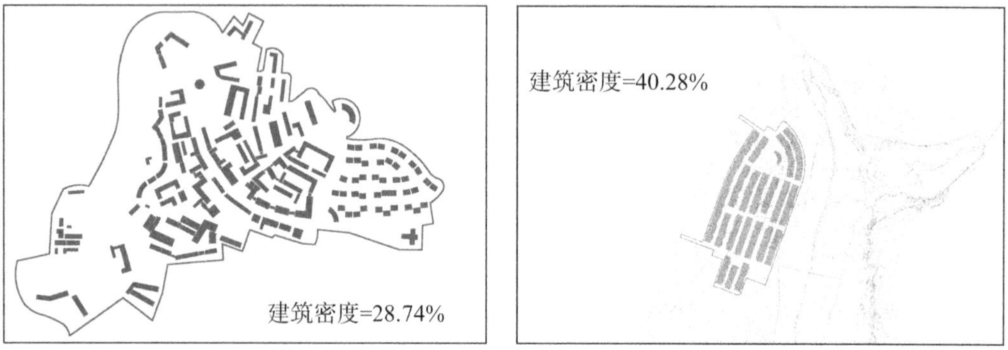

(c)NJ-01 居民点　　(d)YYLT-01 居民点

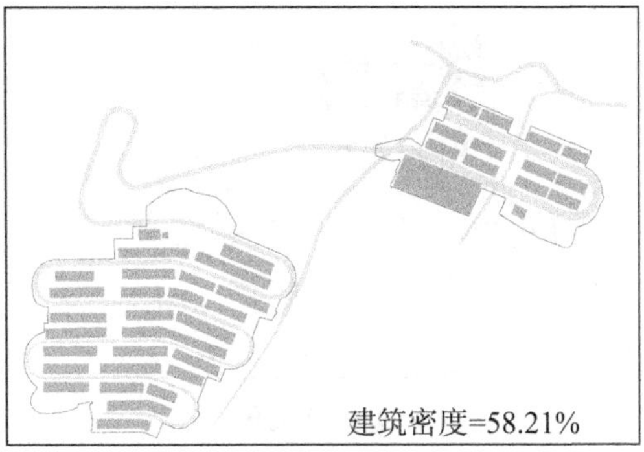

(e)WDD-03 居民点

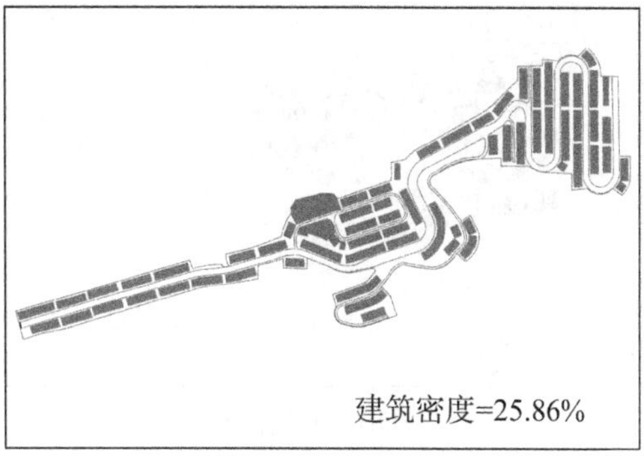

(f)WDD-04 居民点

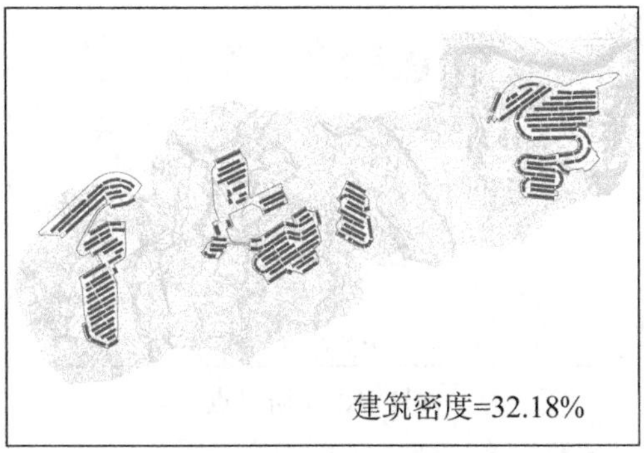

(g)WDD-01 居民点

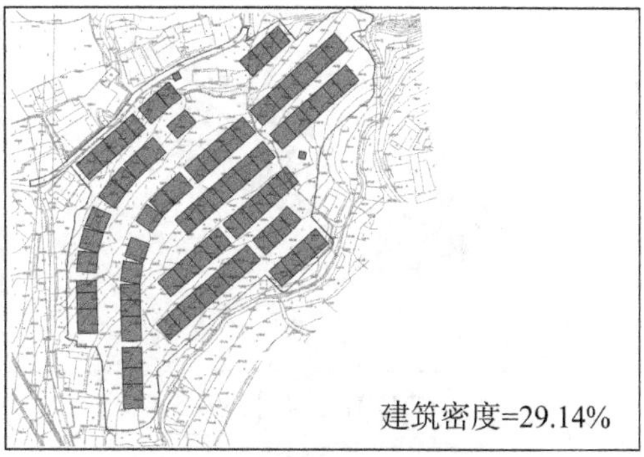

(h)WDD-02 居民点

图 7.3-15　山地型典型农村居民点建筑密度

平原型农村居民点建筑密度在 30％～65％，居民点多为集中规划，规模较大，建筑间距偏小，公共用地布局较为集约，建筑密度偏高（图 7.3-16）。

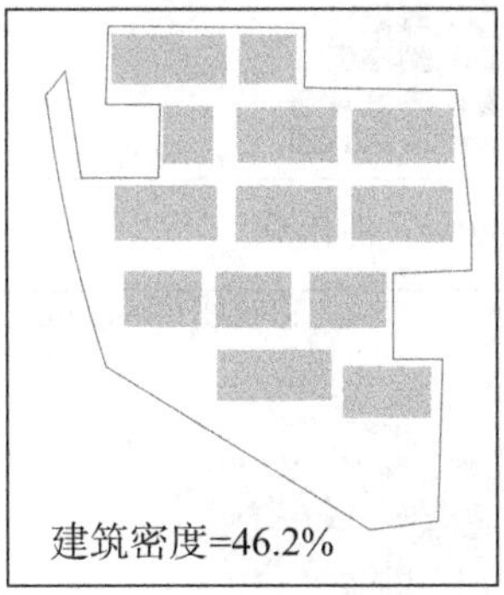

(a)DJK-24 居民点

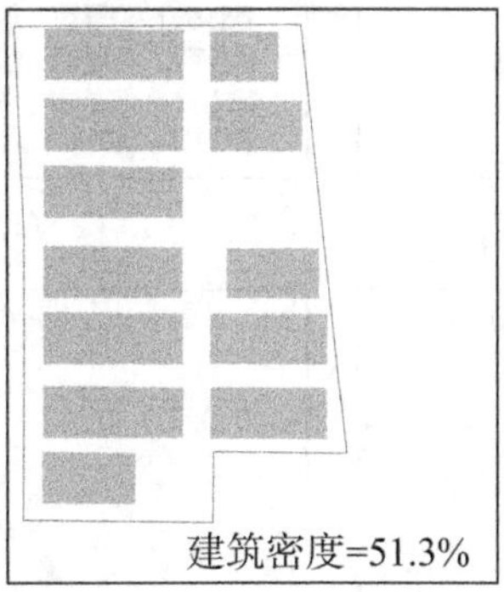

(b)DJK-21 居民点

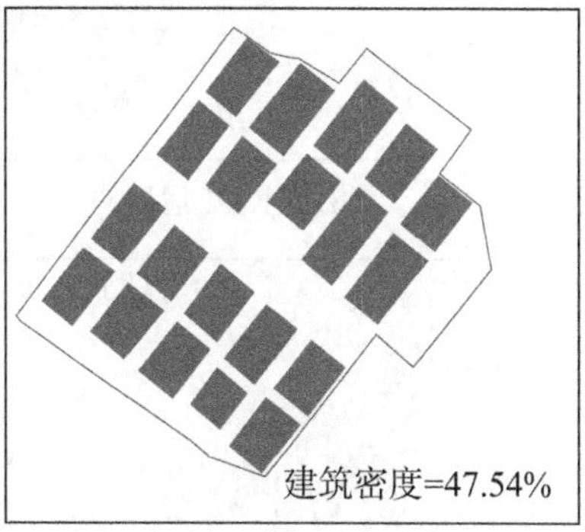

(c)DJK-26 居民点

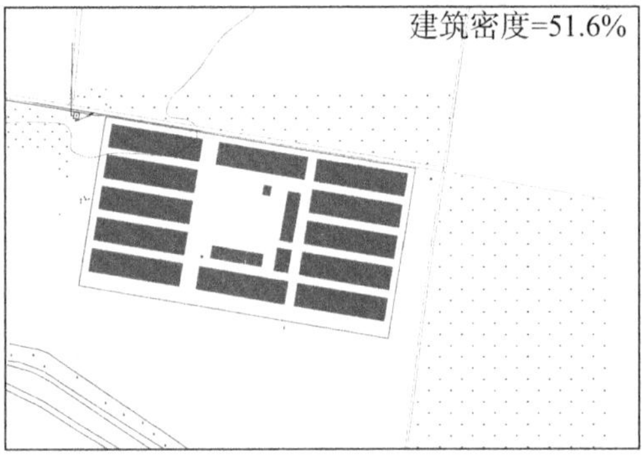

(d)DJK-30 居民点

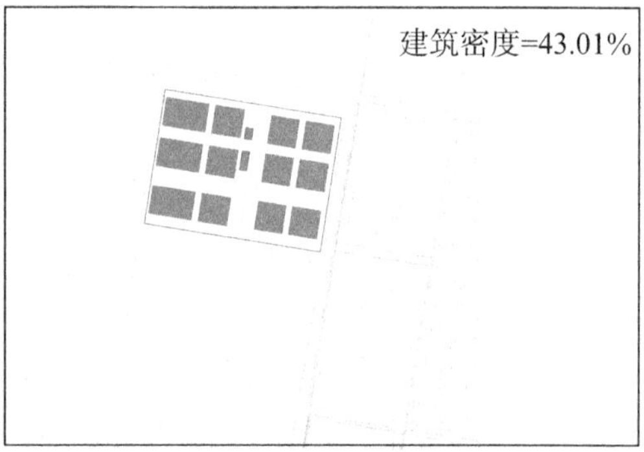

(e)DJK-07 居民点

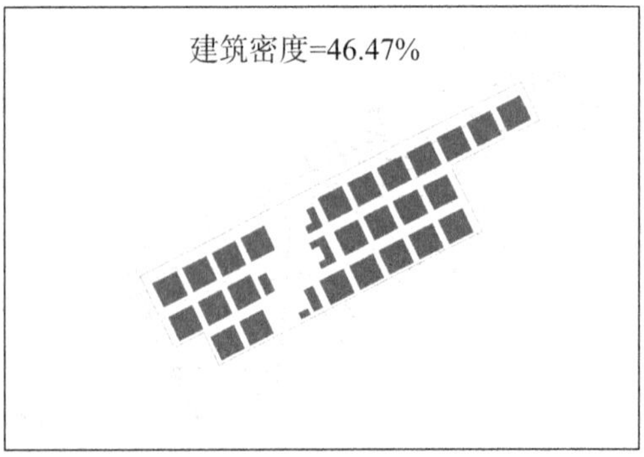

(f)DJK-23 居民点

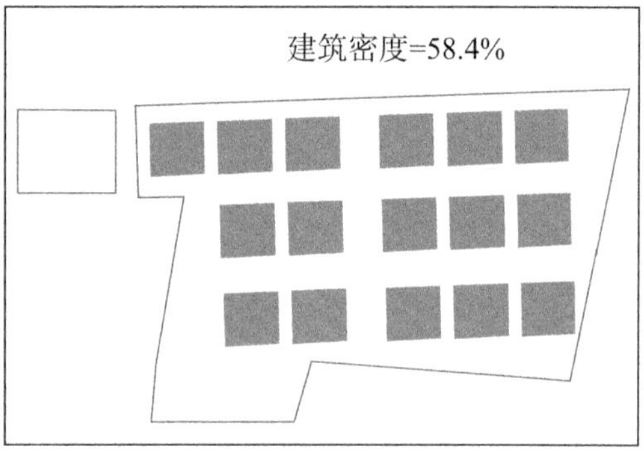

(g)DJK-14 居民点

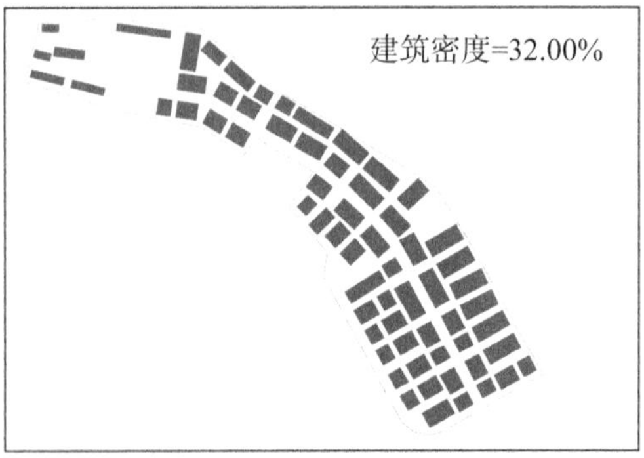

(h)DJK-71 居民点

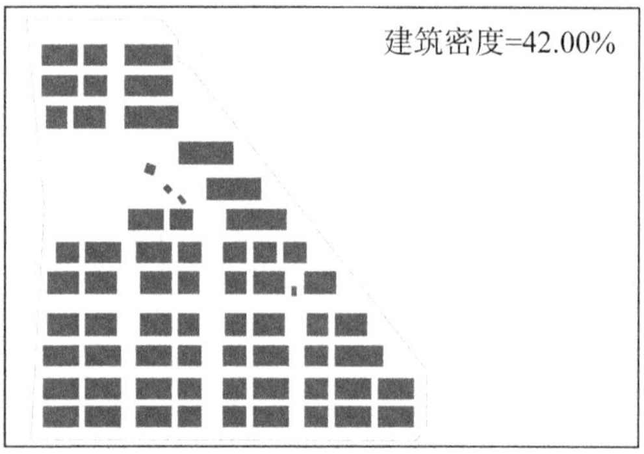

(i)DJK-57 居民点

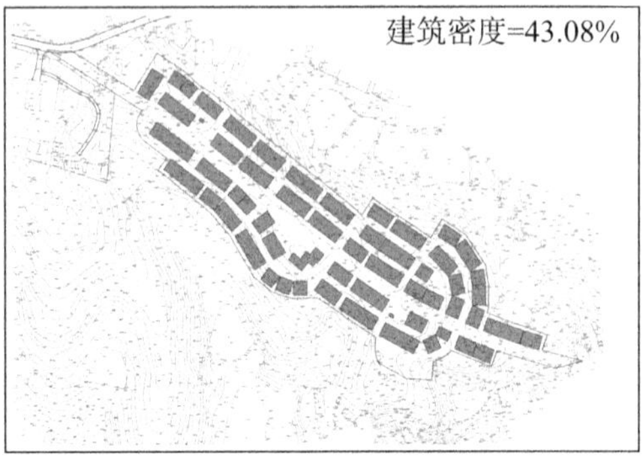

(j)XXS-04 居民点

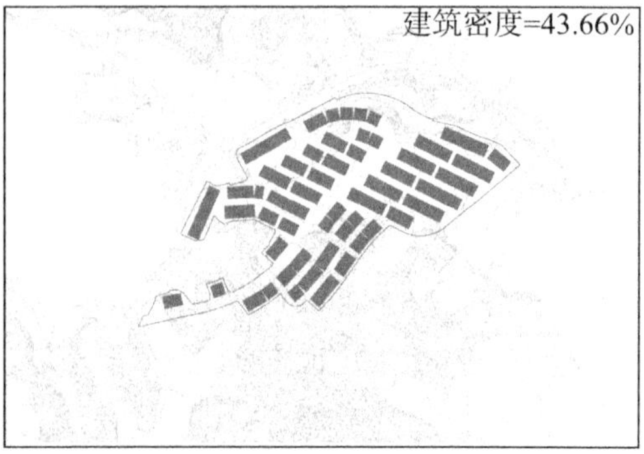

(k)XXS-05 居民点

(l)XXS-06 居民点

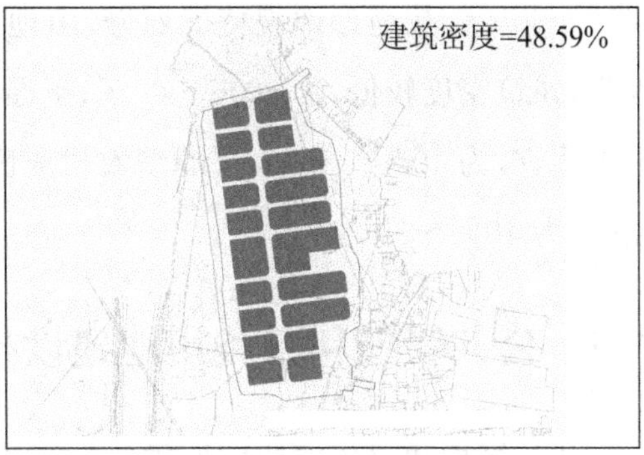

(m)HYH-03 居民点

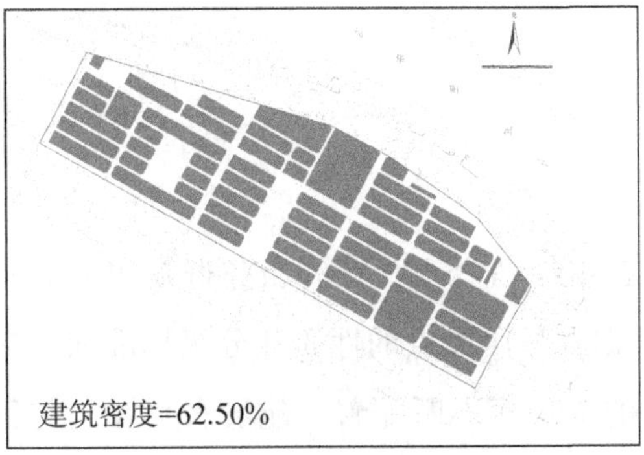

(n)HYH-06 居民点

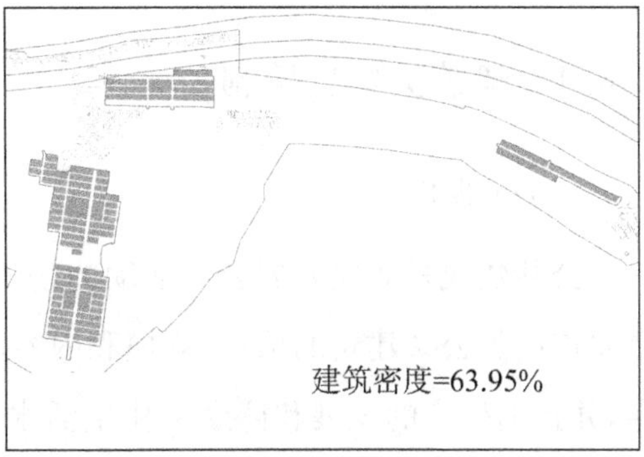

(o)HYH-07 居民点

图 7.3-16 平原型典型农村居民点建筑密度

7.3.5 小结

本节通过研究选取 100 余个农村居民点样本，概括梳理、归纳总结，从用地形态特征、建筑肌理特征、建筑密度特征等方面进行剖析，探究其空间形态特征方面的规律。

用地形态特征，农村居民点用地形态特征可分为集聚与组团两大类：集聚型居民点多处于地势平坦的地区，聚落生产、生活空间规模较大；组团型居民点受地形条件影响，通常由几个小规模团块组成。

建筑肌理特征，传统乡村聚落通常自发性修建，农村居民点一般为选址再建，建筑的排列布局模式具有一定的规则性，根据建筑肌理形态的不同可分为线性延展式与线性围合式两种类型。

建筑密度特征，按农村居民点规模划分，特大型、大型农村居民点建筑密度为 30%～45%，中型农村居民点建筑密度为 25%～50%，小型农村居民点建筑密度为

40%～60%。按地形地貌特征划分，山地型农村居民点：建筑密度上，受地形等影响因素，建筑密度较低，为20%～60%；平原型农村居民点：建筑密度上，由于场地平整，密度适宜，为40%～50%，平原型农村居民点由于规模较大，建筑布局集约，建筑密度偏高，为40%～60%。

7.4 公共管理和服务用地建设指标

公共管理和服务按使用性质分为行政管理、教育设施、文化科技、体育设施、医疗设施、社会保障和商业服务六类。

7.4.1 建筑类建设控制

(1)公共建筑

公共建筑是居民开展公共活动的场所，在组织、宣传、教育和服务群众等方面有重要作用。公共建筑的项目、规模和内容，根据农村居民点的性质和分级标准加以配套，并且随生产的发展和群众文化生活水平的提高而不断完善。建设水平在一定程度上反映了农村建筑的现代化程度。农村居民点公共建筑一般规模较小，而设立内容要求较为齐全。为方便居民的使用，有利于组织管理，并使之充分发挥效益，通常把性质相近、联系密切的用房成组建造或设在一幢建筑物内。

(2)选址布局

应保证较好的可达性，根据实际情况合理选址。公共空间的选址应以步行可达性为主要量化指标，基于时间成本来考虑，部分公共空间节点的选址应安排在一定区域内居民步行到达的时间为5～10min的范围内，大型公共空间的选址应安排在大部分村民步行到达时间为15～20min的范围内。

公共建筑宜布置在村口、主要道路两侧或中心广场附近等交通便利地段。宜布置在向阳、通风良好、地形相对平缓、地基稳定的地段。应充分尊重农村居民点现有肌理，突出地方特色和景观特色(图7.4-1)。

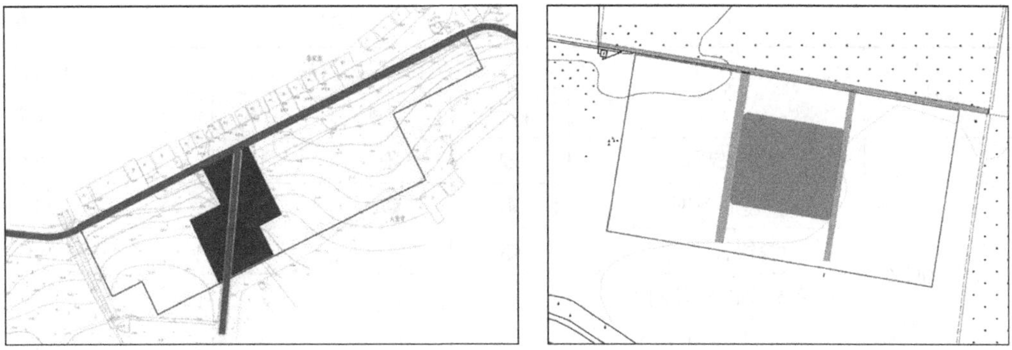

(a)布局一　　(b)布局二

图 7.4-1　公共建筑布局

(3)建筑功能

农村居民点公共建筑作为乡村公共空间的组成部分，是居民生活交往和娱乐休闲的主要场所。是否拥有更加丰富的公共空间逐渐成为影响居民生活幸福指数的一个重要指标。农村居民点公共建筑的建设在物质、文化和现实层面均有重要意义。公共建筑比民居更能反映当地的风土人情，更能展现乡村的文化与魅力。

公共服务配套设施以 0.03 万～0.1 万居民为主要服务对象，为居民提供日常便民服务。必须配建的设施包括垃圾收集点、垃圾分散收集点等。有条件配建的设施主要包括幼教点、卫生室、文体活动室、文体活动场地、小游园、居家养老服务点、公共厕所、警务室、防灾避灾场所、便民超市等(表 7.4-1)。

表 7.4-1　农村居民点公共服务配套功能配置

类别	项目	居民点规模				可否统筹设置
		特大型	大型	中型	小型	
一、行政管理	村(居)民委员会	●	●	●	●	可
二、教育设施	小学	●	○	○	○	否
	幼儿园	●	●	○	○	否
三、文化科技	文化活动室	●	●	●	●	可
	文化广场	●	●	○	○	否
四、体育设施	健身广场	●	●	●	●	可
五、医疗设施	卫生室	●	●	●	●	可
六、社会保障	村级养老院	●	○	○	○	否

续表

类别	项目	居民点规模				可否统筹设置
		特大型	大型	中型	小型	
七、商业服务	便民超市	●	●	○	○	可
	快递服务网点	●	●	○	○	可
	餐饮、特产店	●	○	○	○	可
	乡村金融服务网点	○	○	○	○	可
	农产品交易市场	○	○	○	○	否
	旅游服务中心	○	○	○	○	可

注：●代表应设项目；○代表可设项目。

7.4.2 空间类建设控制

农村居民点公共空间是指承担村民进行日常生活交往、活动、集会、娱乐、休闲、行政等诸多活动的空间载体。公共空间具有交流和满足、聚集、指认、认同、归属等特征。

(1)村庄入口

村口设计应有全局观念，把个体特征统一到整体的风貌中来考虑，实现农村居民点入口空间与村落内部空间风貌的协调。村口空间应当具有标识作用，可利用原有历史构筑物或小型入口广场等方式强调入口的空间感，并与整体风貌相协调。村口空间应充分展现乡村历史文化，彰显农村居民点的文化品牌。布置宜突出标志性景观要素，具有相关资源的农村居民点可在进村口空间利用古树名木或既有塔、碑、石、祠堂等构筑物打造出村庄的序列感。采用广场形式的村口空间推荐使用透水性佳的铺装材料，提倡使用乡土材料。空间的尺度应与周边建筑、农林等环境空间的疏密进行协调。

(2)公共广场

公共广场是承载农村居民点公共活动的主要空间，适宜采用主广场集中、小广场分散式的布局方式，沿村庄主要活动线路布置，提升村民使用的便捷性。可考虑在居民活动中心、文化大讲堂等公共建筑周边配建。农村居民点公共空间不宜过度集中、尺度过大。应当充分利用农村居民点边角地、闲置地，不仅能够有效促进土地集约利用，更有助于将消极空间转化为积极空间。公共活动及健身场地人均总用地面积不超过 $0.5m^2$。

公共活动场地应以绿化为主，适度硬化，有利于雨水自然下渗、营造丰富的景观层次，增强活动的舒适感。不宜过多使用硬质铺地，容易造成视觉疲劳，且缺少遮挡，夏季暴晒、冬季寒冷，使用率低下。应控制广场停车面积，适当位置设置拦路柱，保障居民在广场内的使用安全。必须硬化的场地，宜使用透水性材质和建造工艺。

7.4.3 建筑指标

(1)面积指标

《榆林市实用性村庄规划编制导则》提出，常住人口在1000人以上的村庄，按照办公和服务用房面积不低于300m^2，室外活动场地不少于500m^{2}的标准建设社区综合服务中心，其他村庄按照每百户不低于30m^{2}标准建设，各村室外体育场地原则上不少于800m^2。

《福建美丽乡村建设指南》强调，公共活动场地面积按以下要求配置：人口300人以下村庄，可按人均2m^{2}左右考虑；人口300～1000人村庄，可按人均1.5～2m^{2}考虑；1000人以上村庄，可按人均1.5～2.5m^{2}考虑。人口较多、村庄面积较大的，可考虑两处或以上的公共活动场地。确需新建村民公共服务中心的，要按低层建筑设计，建筑面积一般为100～200m^2，村庄农贸市场、农资农家店等经营性公共服务设施，建设面积参考指标为每4人200～600m^2，有旅游功能的村庄建设规模可适当增加。

《四川省村规划编制技术导则(试行)》提出，村委会建筑面积为100～150m^2，综合调节中心建筑面积约50m^2，村民培训中心建筑面积为100～150m^2，卫生计生中心建筑面积为50～100m^2，文化体育中心建筑面积为100～300m^2，便民服务中心建筑面积为50～100m^2，农家购物中心建筑面积为50～200m^2。

严控宅基地标准，严格实施一宅一户。户均占地面积宜控制在90～150m^{2}为宜，建筑占地面积标准需满足项目所在地基地面积标准。

(2)布局形式

同一组团内，建筑层数宜相同，建筑层高、建筑檐口高度宜相同；同一组团内，相同面积的农房户型、南北朝向宜相同；同一组团内，通过不同面积户型组合，避免呆板的布局形式，通过围合形成公共空间，打造新的邻里关系和社区文化(图7.4-2)。

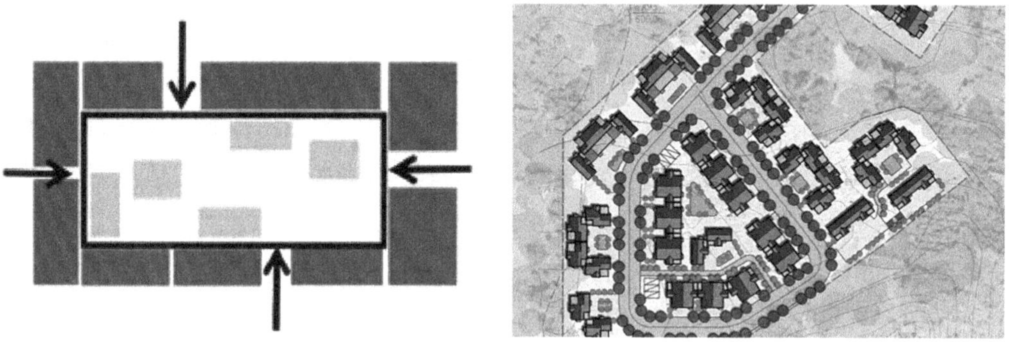

(a)布局一　　(b)布局二

图 7.4-2　围合式建筑布局

7.4.4　小结

本节在公共管理和服务用地指标上，从建筑类、空间类两方面提出建设控制指引。在建筑类建设控制方面，根据居民点规模配置公共管理和服务项目，并将公共建筑布置在村口、主要道路两侧或中心广场附近等交通便利的地段，以确保可达性。在空间类建设控制方面，对村庄入口和公共广场提出了相应的建设控制要求。通过对各大省份村庄规划编制导则梳理，提出对应建筑指标。

7.5　道路系统指标

7.5.1　道路分布

居民点的路网结构因所处地貌与社会生产因素而不同，呈现出多样化的特点，大致可分为面状路网、线性路网、枝状路网以及自由式路网(图 7.5-1)。

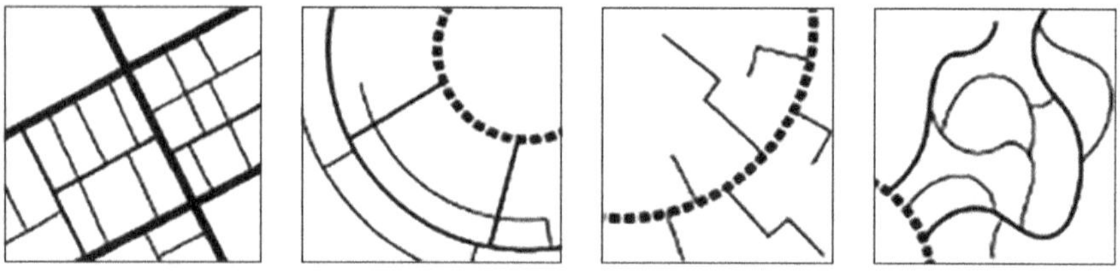

面状路网　线状路网　支状路网　自由式路网

图 7.5-1　乡村聚落路网结构

(1)道路等级

根据 100 余个样本的统计分析，特大型与大型农村居民点道路多分为三个等级，干路、支路与巷路；中型与小型农村居民点多为支路与巷路两个等级。干路为双向两车道，道路红线宽度一般控制在 10～16m；支路为单车道，道路红线宽度一般控制在 9～12m，巷路道路红线宽度一般大于等于 3.5m(表 7.5-1)。

表 7.5-1　　居民点内部道路规划技术指标　　(单位:m)

规划技术指标	道路等级		
	干路	支路	巷路
道路红线宽度	10～16	9～12	≥3.5
车行道宽度	6～10	6～8	≥3.5
每侧人行道宽度	2～3	1.5～2	—

(2)路网形态

1)居民点规模分类。

大型农村居民点路网形态特征较为明显，道路相对宽阔，交通便利。同时，由于人口众多，居民点道路需要能够承载较大的交通压力，因此往往采取较为科学的交通规划，包括干路、支路与巷路等，以方便居民出行和交通管理(图 7.5-2)。

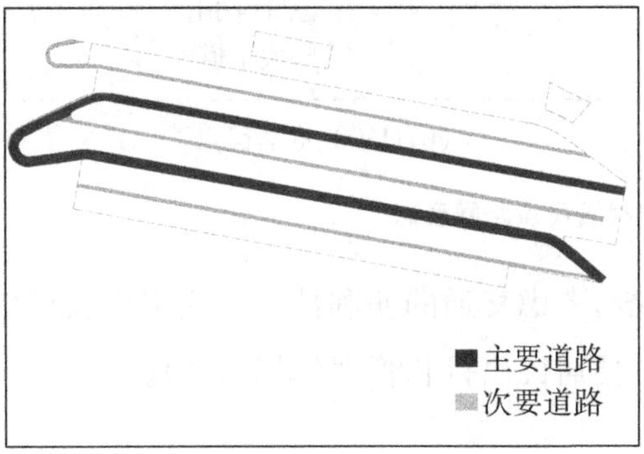

(a)XL-01 居民点

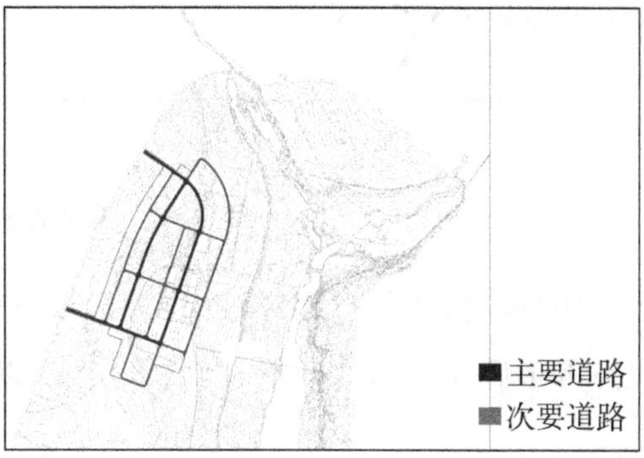

(b)YYLT-01 居民点

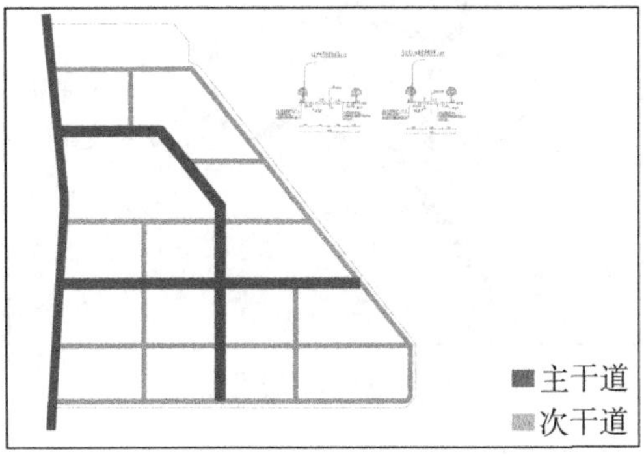

(c)DJK-57 居民点

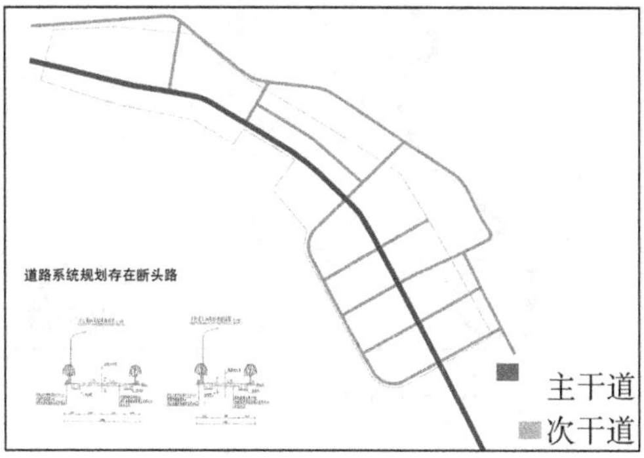

(d)DJK-71 居民点

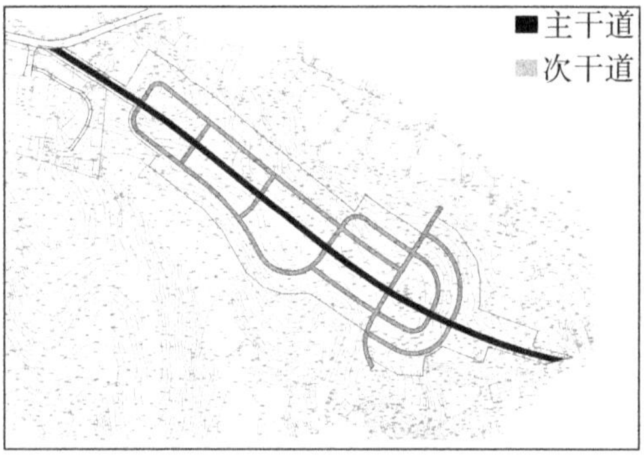

(e)XXS-04 居民点

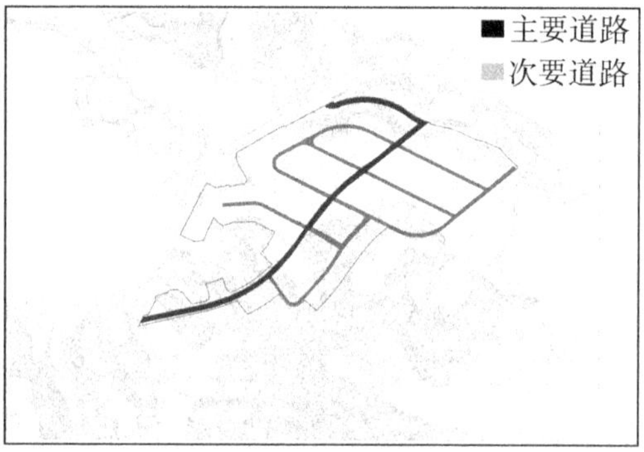

(f)XXS-05 居民点

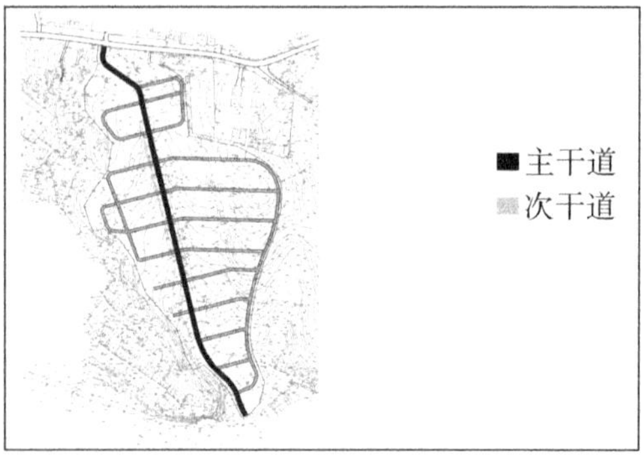

(g)XXS-06 居民点

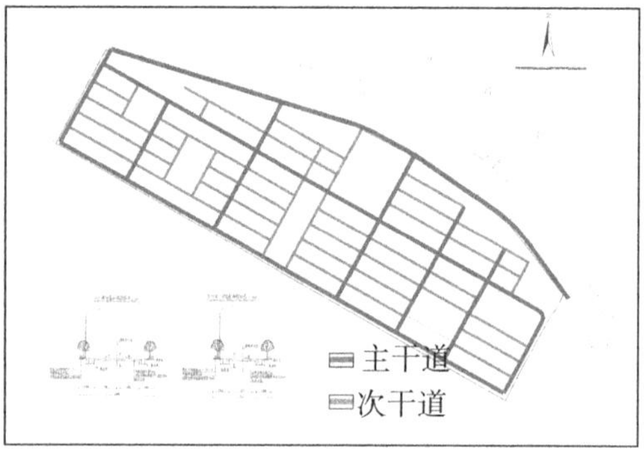

(h)HYH-06 居民点

图 7.5-2 典型大型农村居民点路网形态

中型农村居民点相对较小，人口数量较少，考虑交通的便利性。一些中型农村居民点的道路设计采取环形、网状等形式，以方便居民出行和管理(图 7.5-3)。

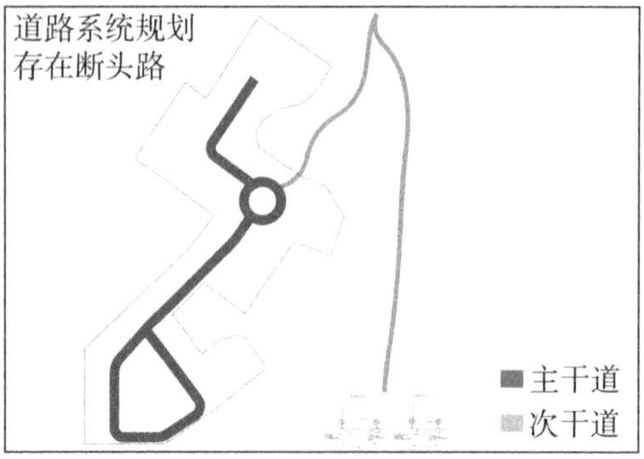

(a)CXH-01 居民点

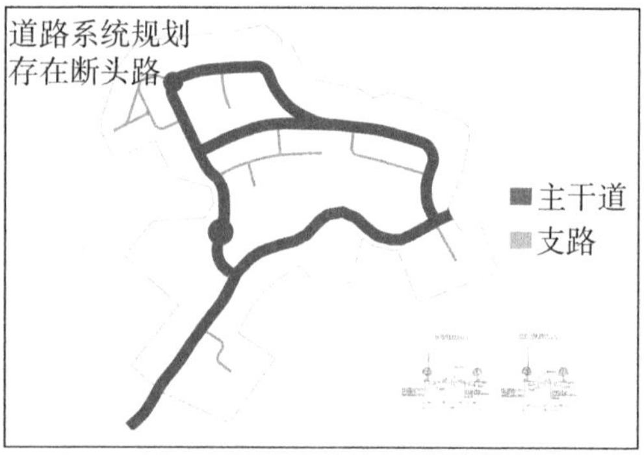

(b)CXH-02 居民点

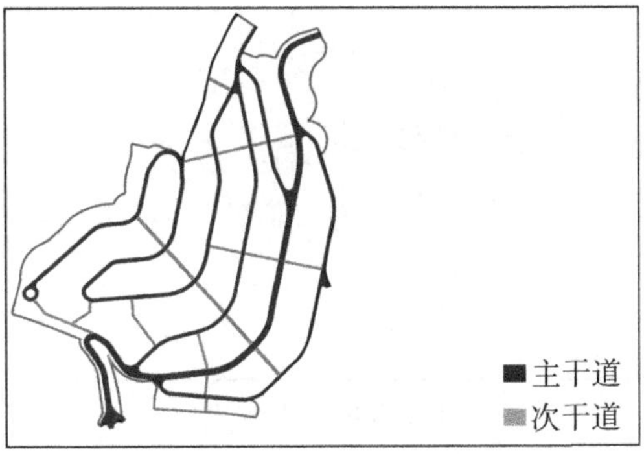

(c)NJ-02 居民点

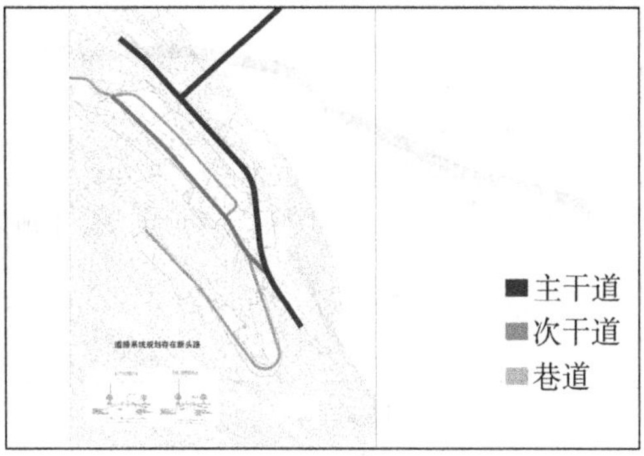

(d)QYK-03 居民点

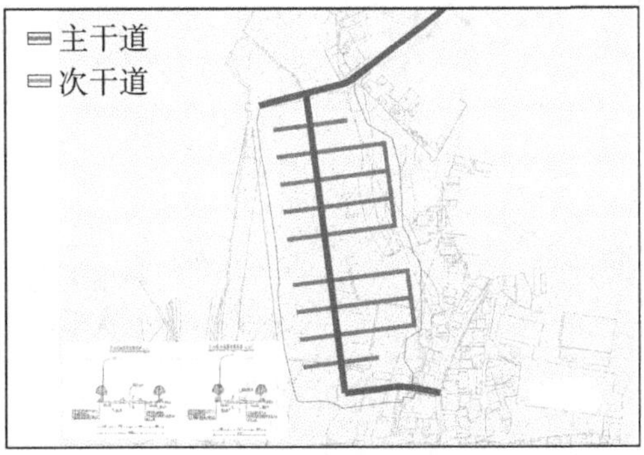

(e)HYH-03 居民点

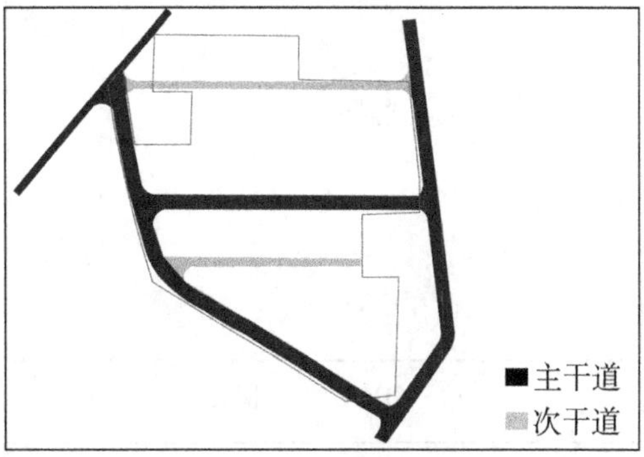

(f)DJK-24 居民点

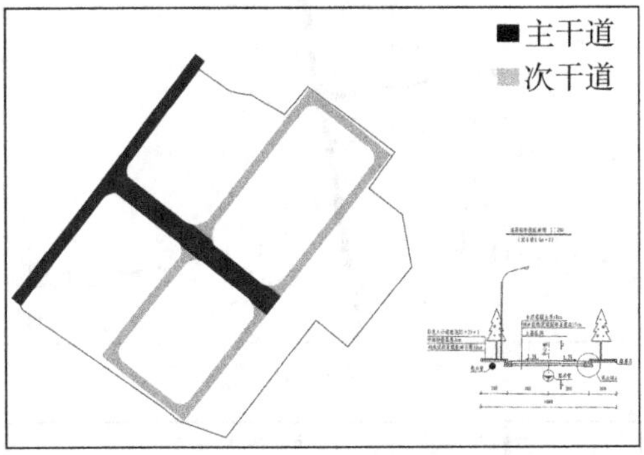

(g)DJK-26 居民点

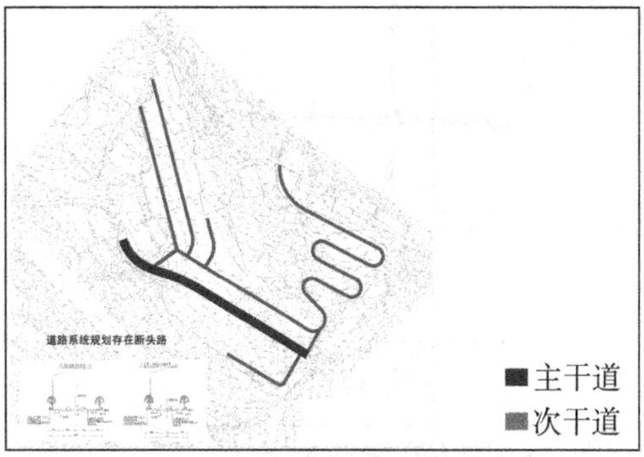

(h)QYK-04 居民点

图 7.5-3 典型中型农村居民点路网形态

小型农村居民点往往规模较小，人口数量也比较少，因此，道路宽度不需要太宽，但也需要考虑居民的出行和交通管理。一些小型农村居民点的道路设计采取了线性、单向、双向等形式，以方便居民出行和管理(图 7.5-4)。

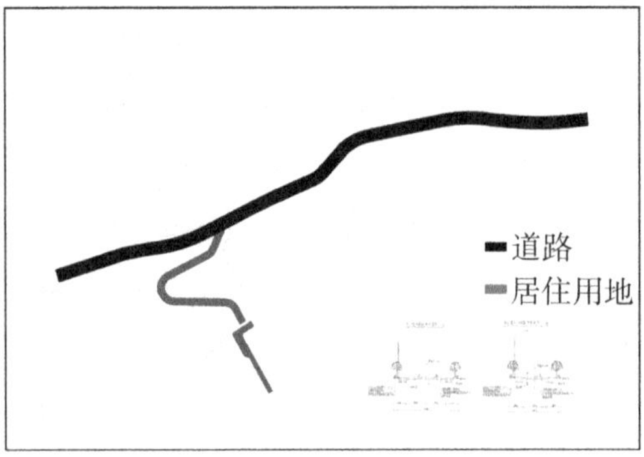

(a)HS-01 居民点

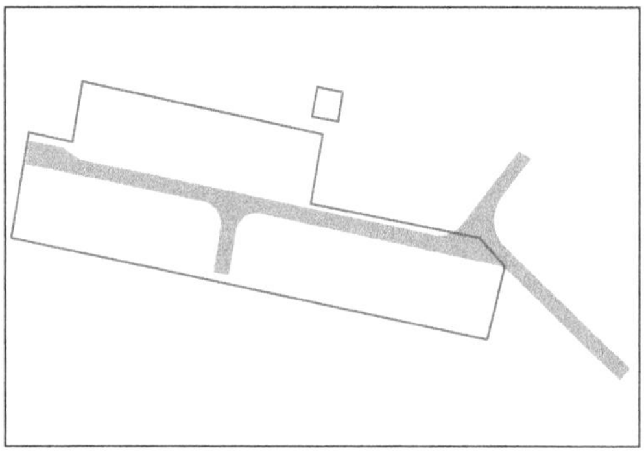

(b)TZK-01 居民点

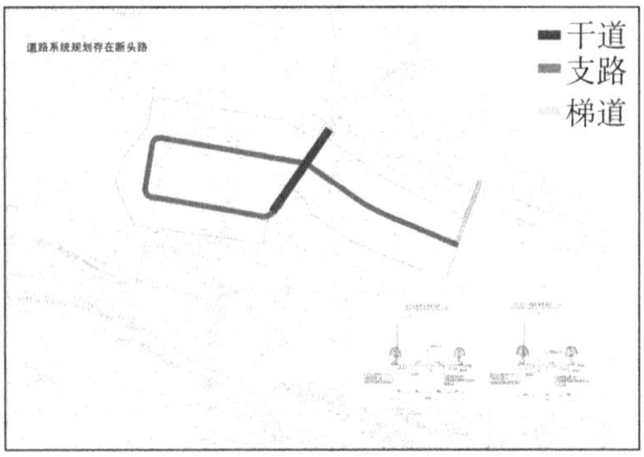

(c)QYK-01 居民点

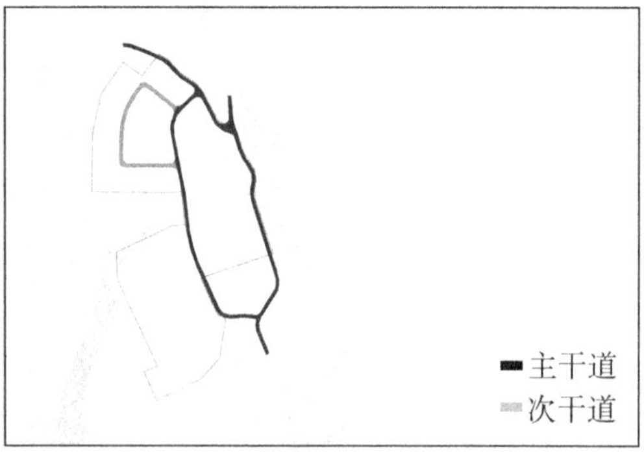

(d)HS-02 居民点

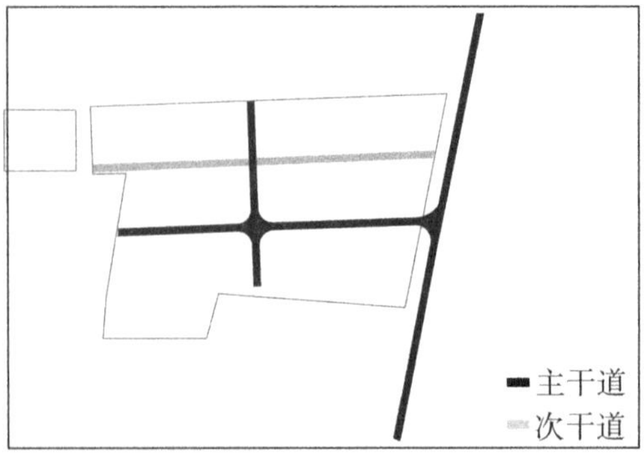

(e)DJK-14 居民点

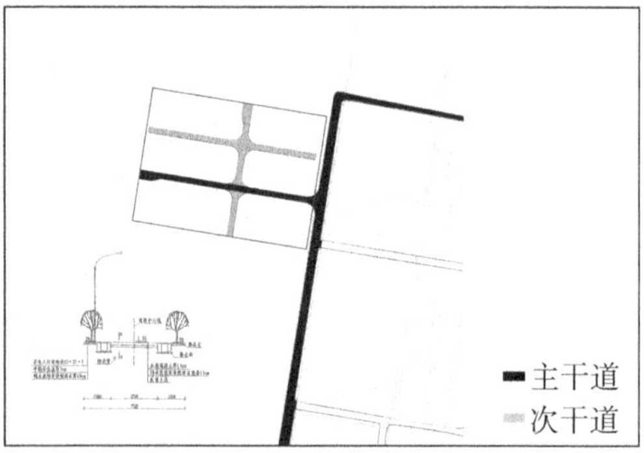

(f)DJK-07 居民点

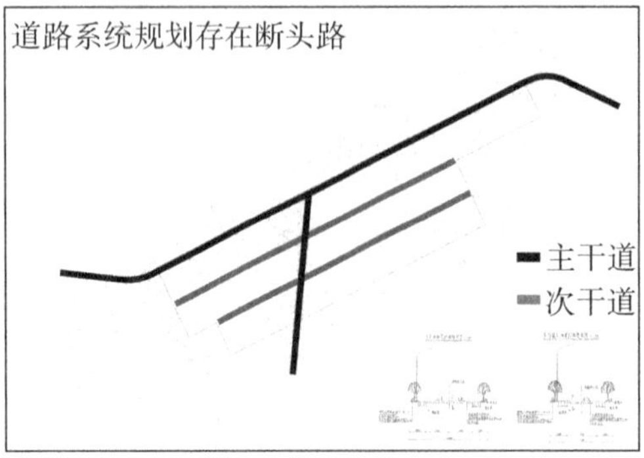

(g)DJK-23 居民点

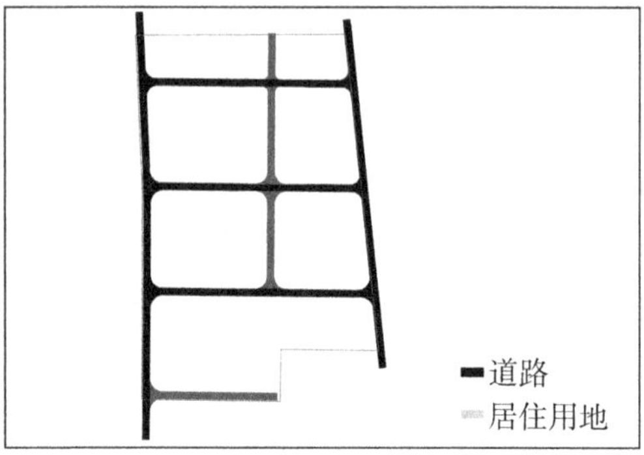

(h)DJK-21 居民点

图 7.5-4 典型小型农村居民点路网形态

2)地形地貌分类。

农村居民点选址一般位于现状乡道一侧或现状乡道自居民点内部穿越而过，居民点路网多由现状乡道延展开来。

山地型农村居民点地形高差较大，采用自由式路网，道路结合地形选线而形成，充分结合了自然地形，对自然环境和景观的破坏较少，节约道路工程造价，但也会造成部分区域绕行距离较大，不规则街坊空间较多，建筑用地较分散(图 7.5-5)。

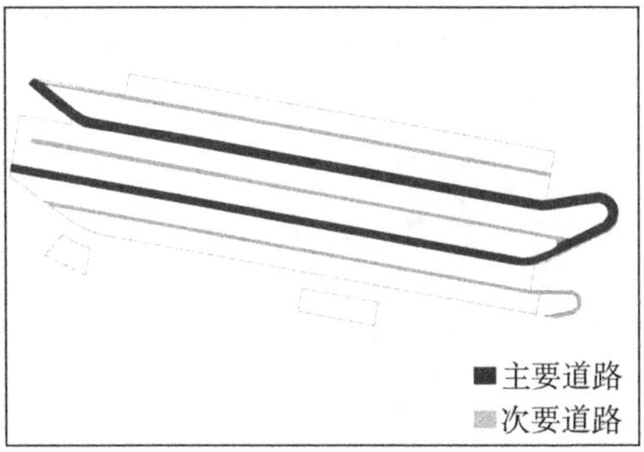

(a)XL-01 居民点

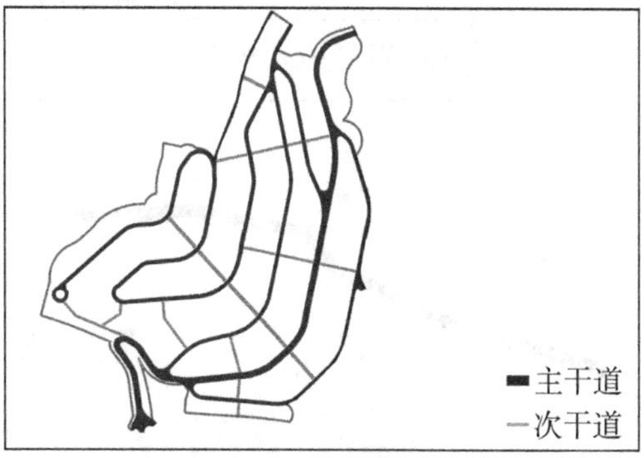

(b)NJ-02 居民点

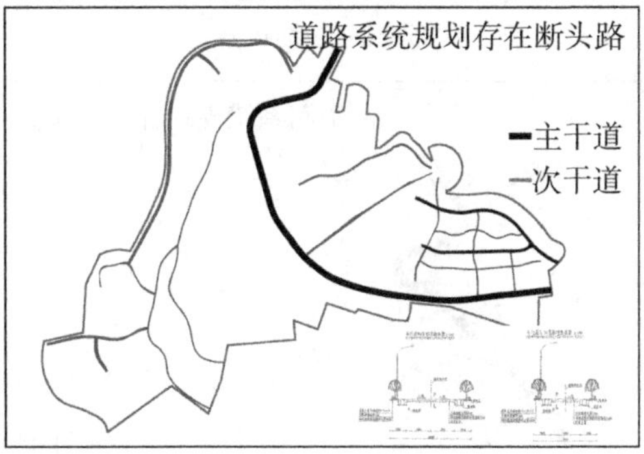

(c)NJ-01 居民点

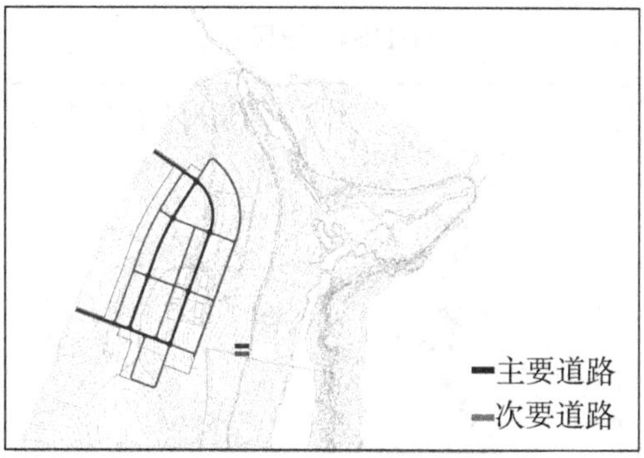

(d)YYLT-01 居民点

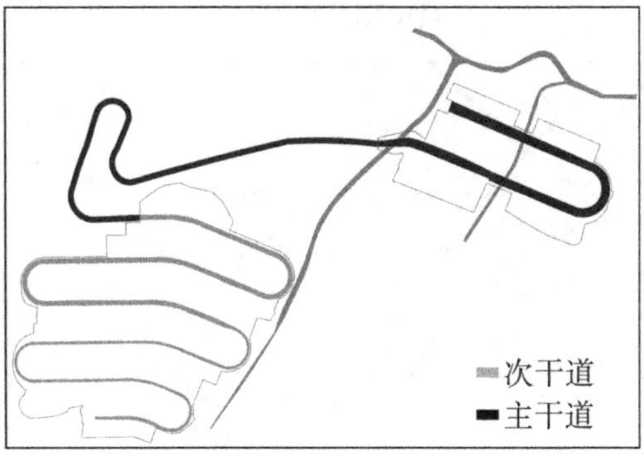

(e)WDD-03 居民点

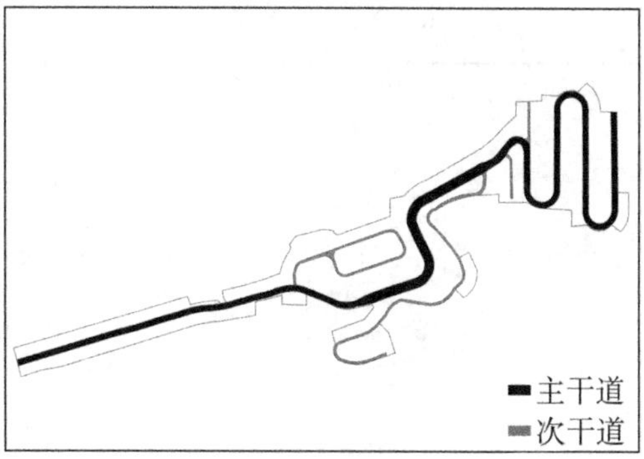

(f)WDD-04 居民点

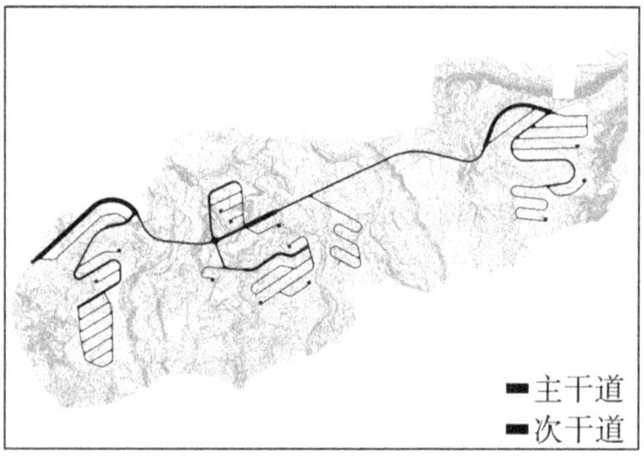

(g)WDD-01 居民点

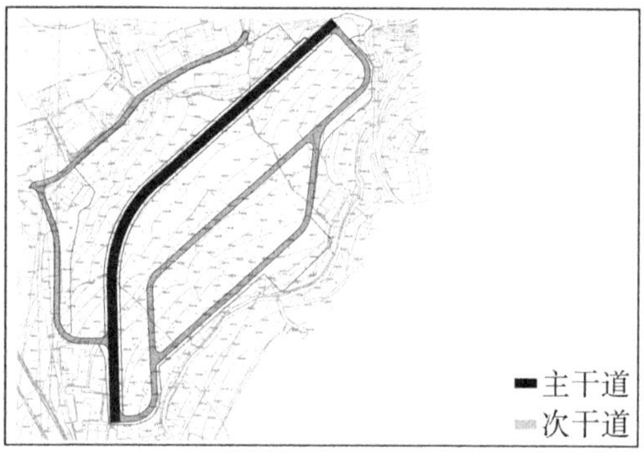

(h)WDD-02 居民点

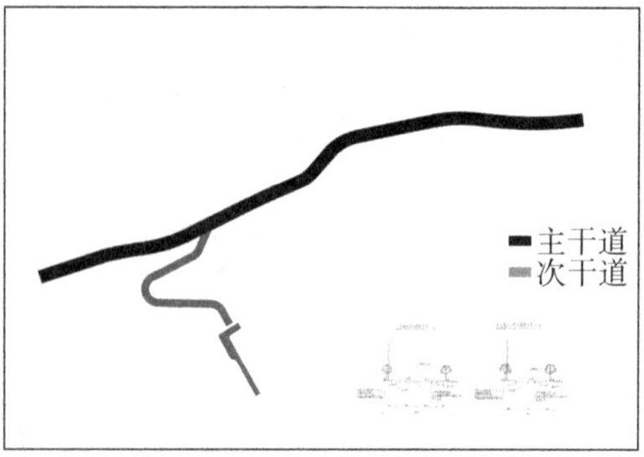

(i)HS-01 居民点

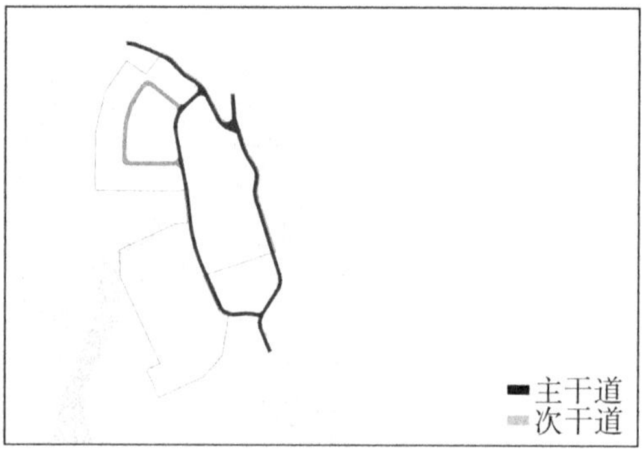

(j)HS-02 居民点

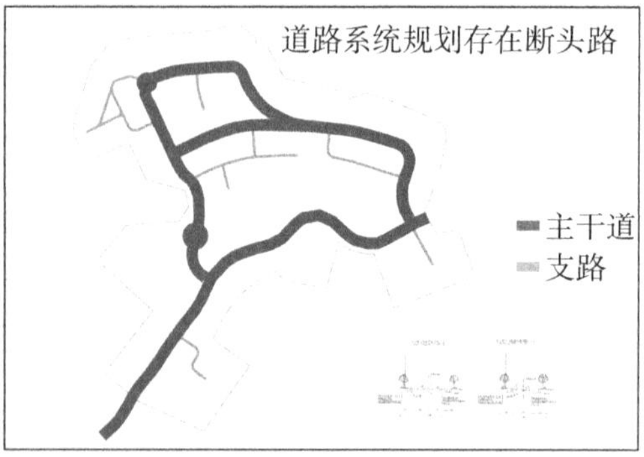

(k)CXH-02 居民点

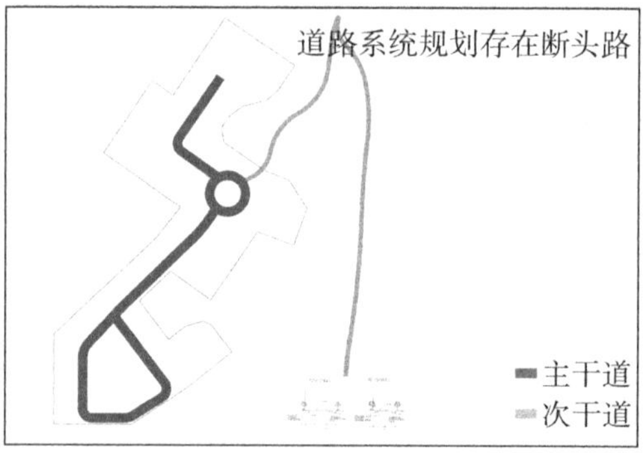

(l)CXH-01 居民点

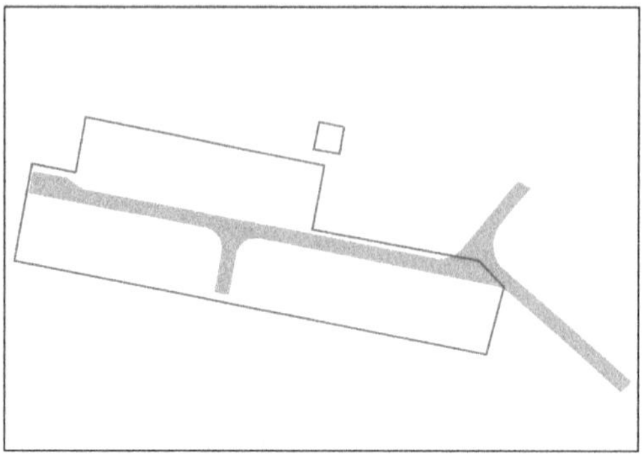

(m)TZK-01 居民点

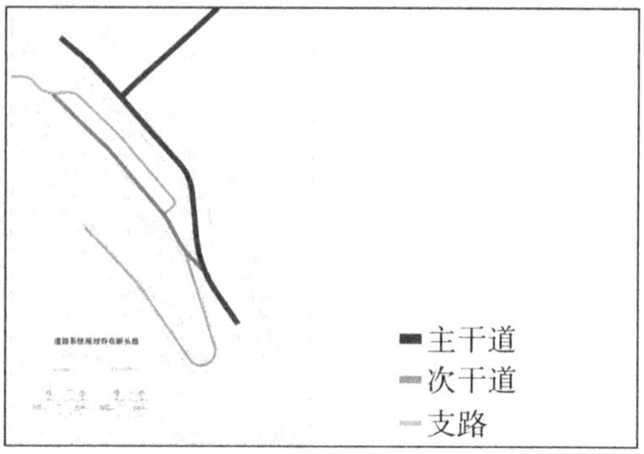

(n)QYK-03 居民点

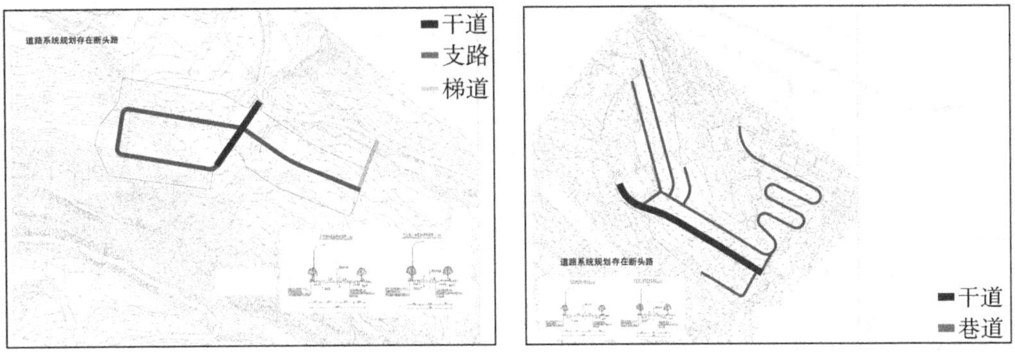

(o)QYK-01 居民点　　　　(p)QYK-04 居民点

图 7.5-5　山地型典型农村居民点路网形态

平原型农村居民点多地势平坦，采用方格网式路网，交通分散，灵活性大。方格网式路网横平竖直，划分的街坊空间整齐有序，有利于建筑布置(图 7.5-6)。

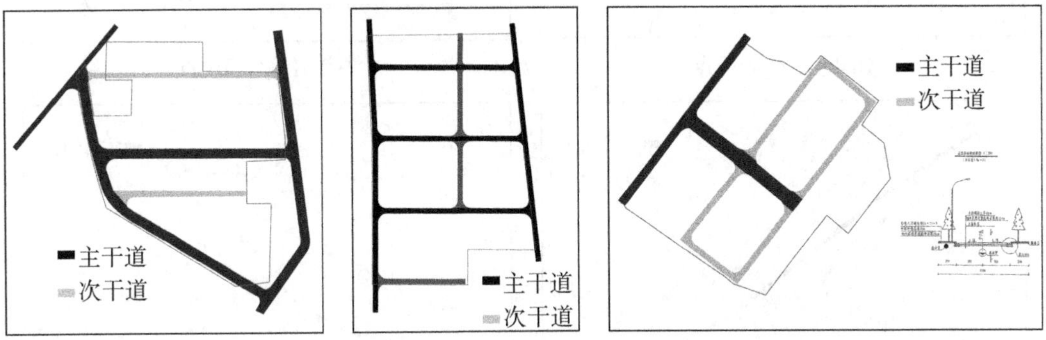

(a)DJK-24 居民点　　(b)DJK-21 居民点　　(c)DJK-26 居民点

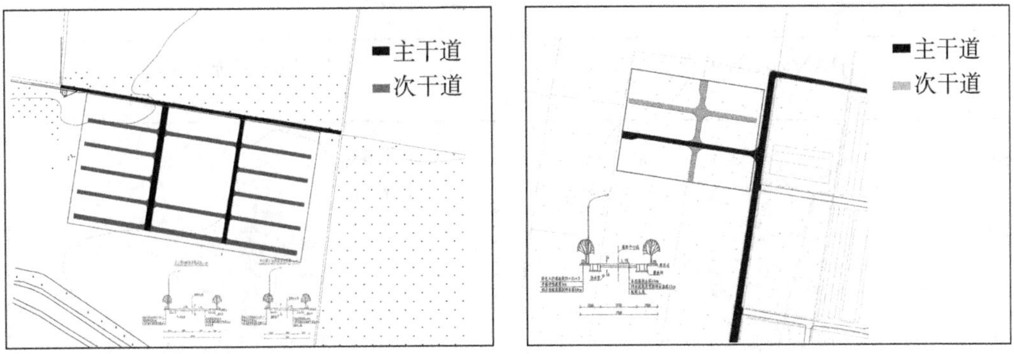

(d)DJK-30 居民点　　　　(e)DJK-07 居民点

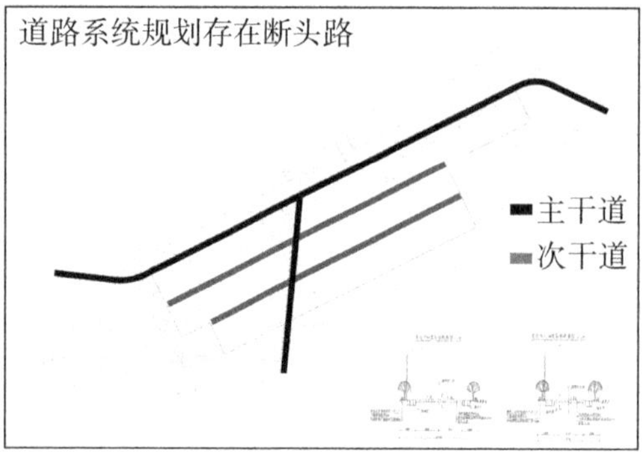

(f)DJK-23 居民点

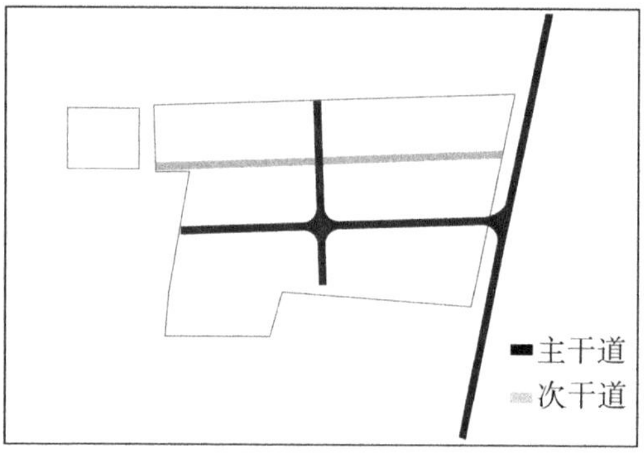

(g)DJK-14 居民点

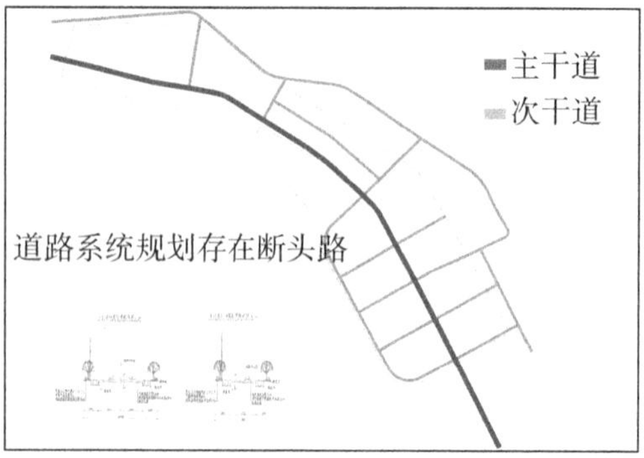

(h)DJK-71 居民点

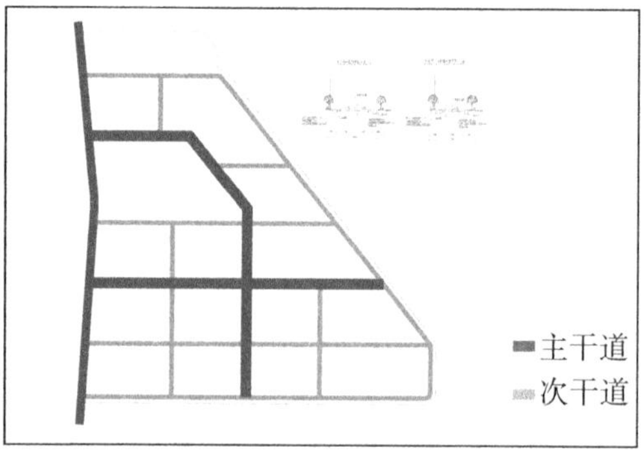

(i)DJK-57 居民点

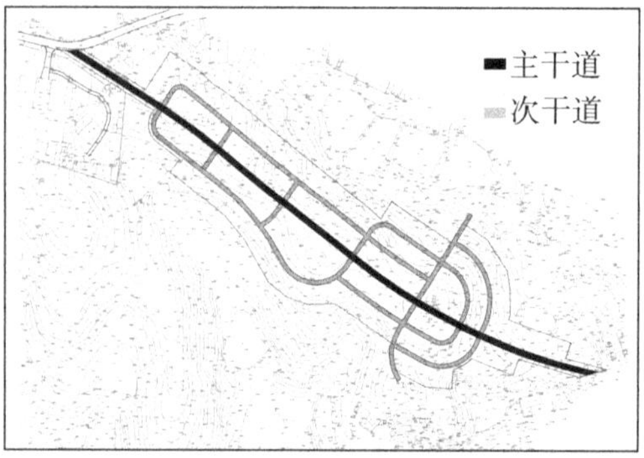

(j)XXS-04 居民点

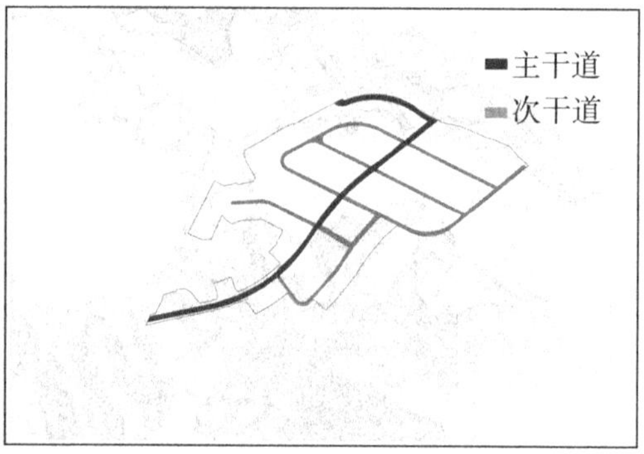

(k)XXS-05 居民点

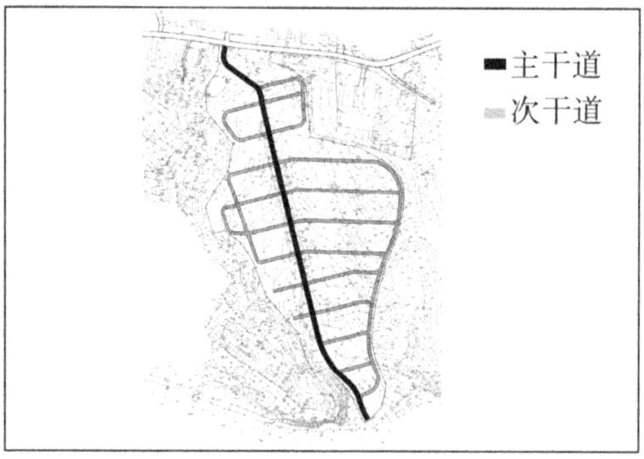

(l)XXS-06 居民点

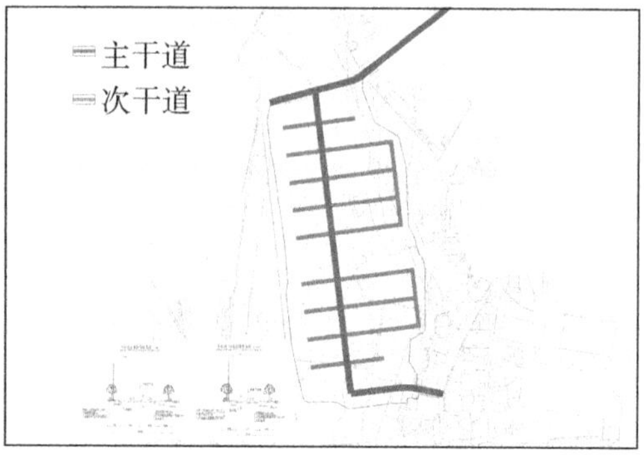

(m)HYH-03 居民点

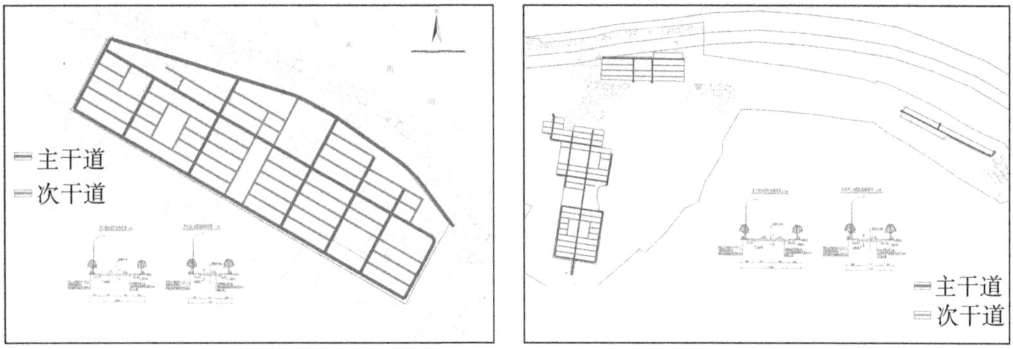

(n)HYH-06 居民点　　(o)HYH-07 居民点

图 7.5-6　平原型典型农村居民点路网形态

7.5.2　街巷尺度

(1)街巷长度

街道长度是度量街道的最基本和直观的指标。克利夫・芒福汀在《街道与广场》中写道,街道不间断的长度上限大约是 1500m,如果超出这个限度,人们对街道就会失去尺度感。同样,如果街道的长度过短,街道的线性空间感知会受到严重的削弱。

山地型居民点街巷结合地形考虑,呈带状,一街少巷,线性延伸,形态较为自由,多转折。街道长度较短,多在 100m 以内,营造亲切自由和具有生活气息的街巷氛围(图 7.5-7)。

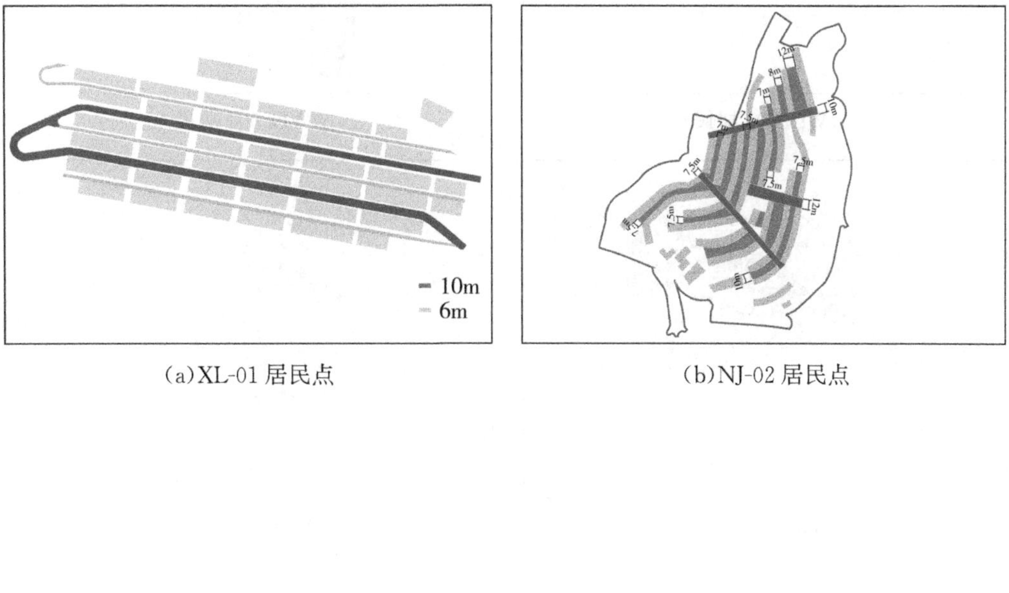

(a)XL-01 居民点　　(b)NJ-02 居民点

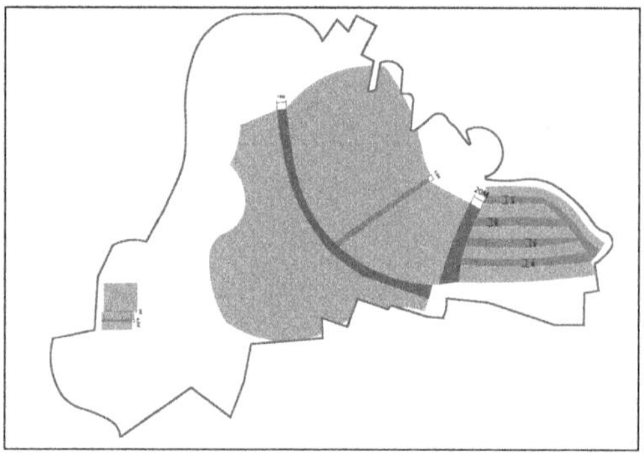

(c)NJ-01 居民点

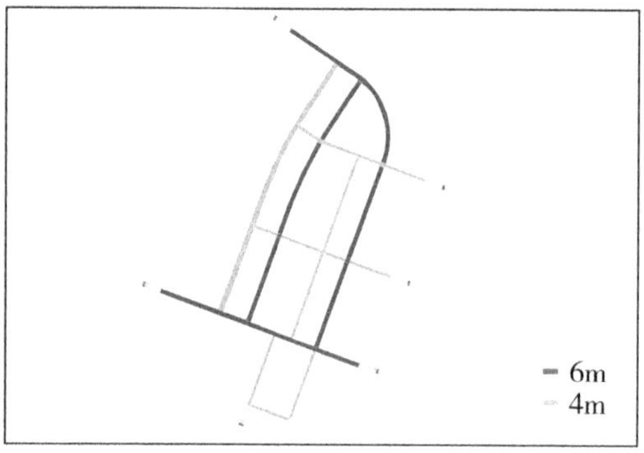

(d)YYLT-01 居民点

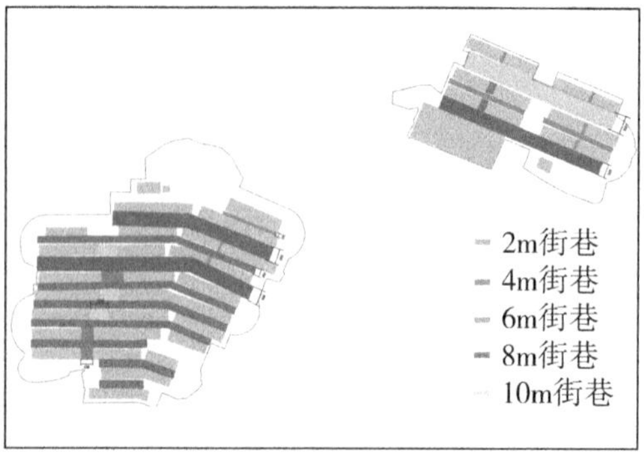

(e)WDD-03 居民点

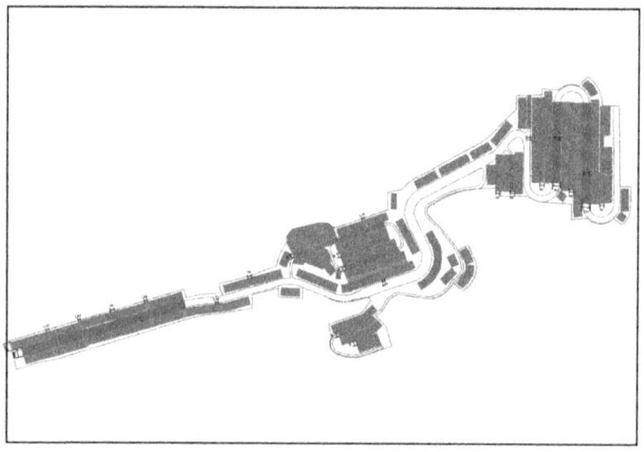

(f)WDD-04 居民点

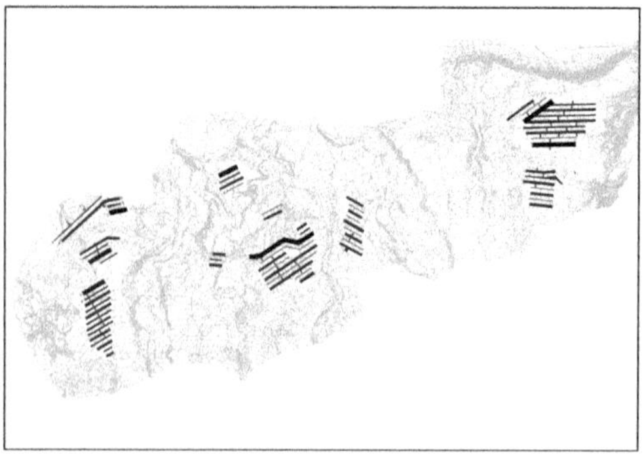

(g)WDD-01 居民点

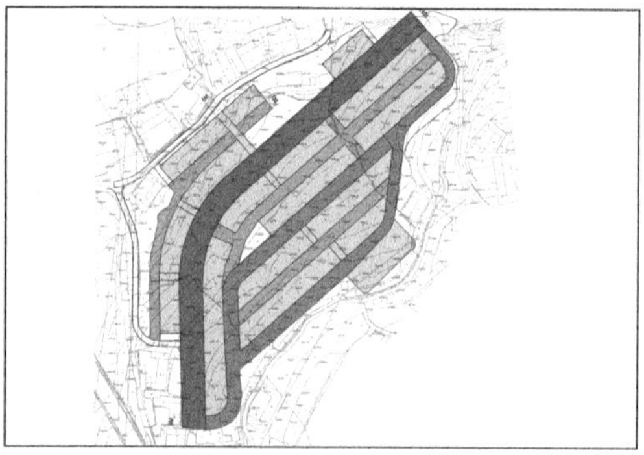

(h)WDD-02 居民点

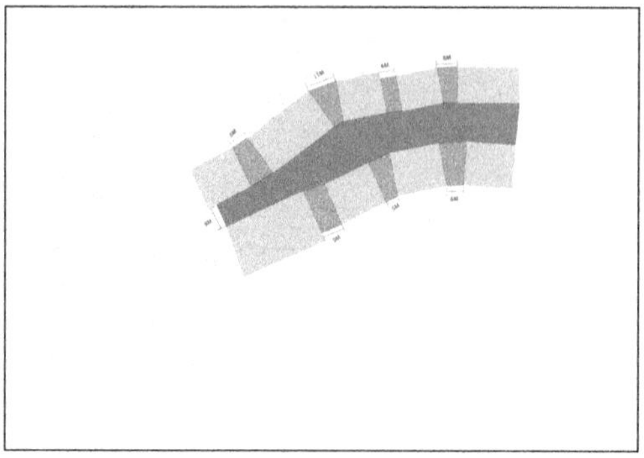

(i)HS-01 居民点

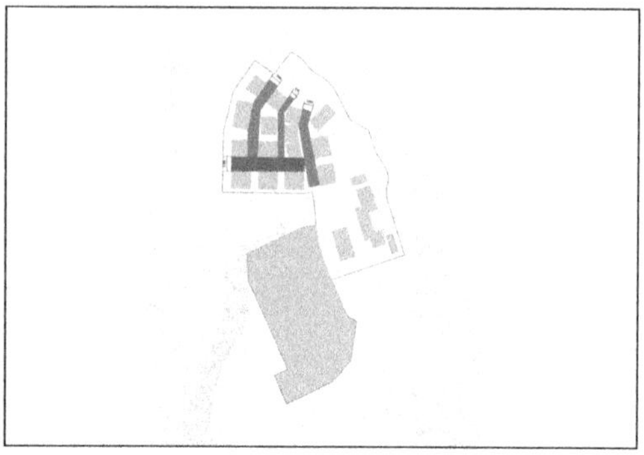

(j)HS-02 居民点

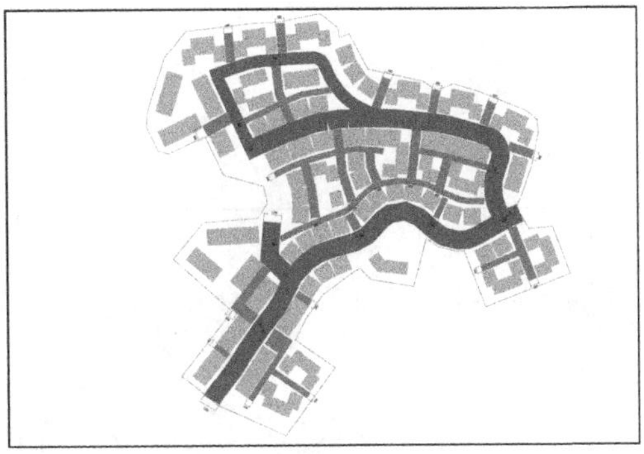

(k)CXH-02 居民点

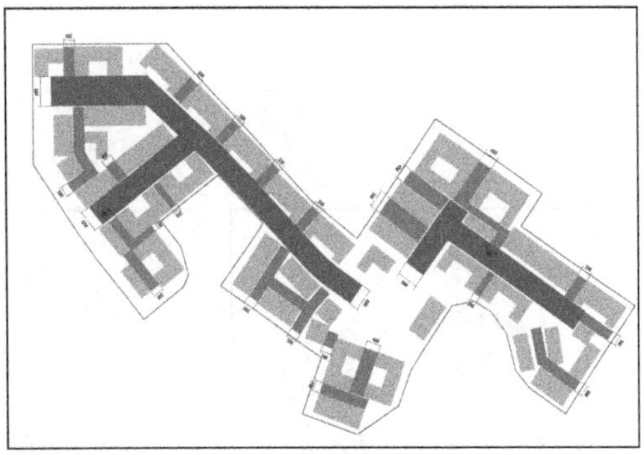

(l)CXH-01 居民点

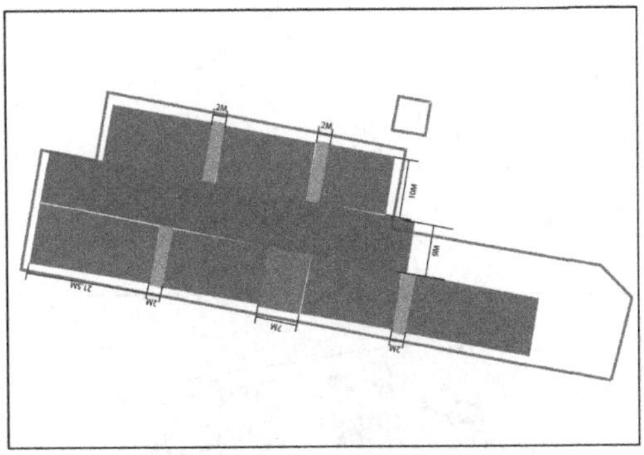

(m)TZK-01 居民点

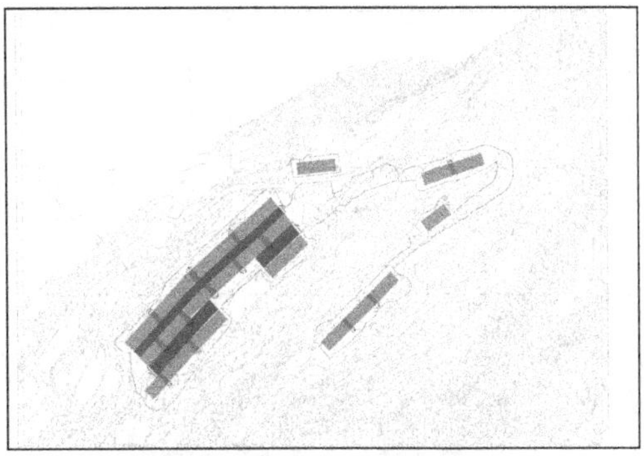

(n)QYK-03 居民点

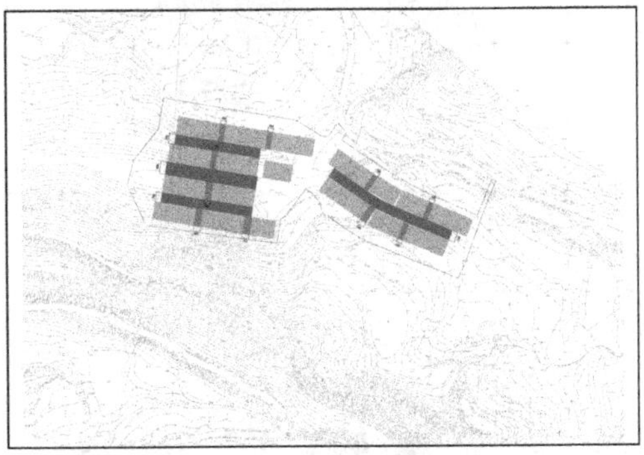

(o)QYK-01 居民点

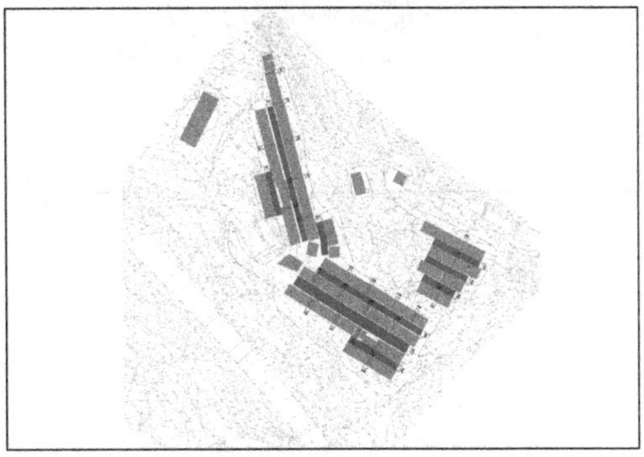

(p)QYK-04 居民点

图 7.5-7　山地型典型农村居民点街巷尺度

平原型农村居民点街巷多横平竖直，交叉扩散，呈交叉状，数条主街、街巷交叉，多层次，用地面积相对较多。街巷长度较长，主巷长度可达 200～300m，次巷尺度可达 70～120m，构建视野开阔、方向引导性较强的街巷空间(图 7.5-8)。

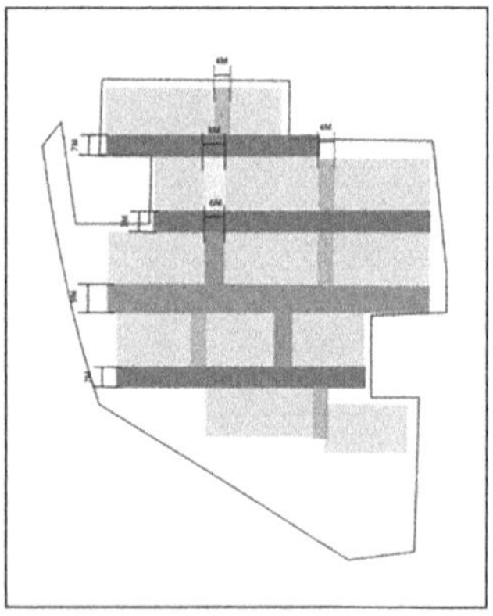

(a)DJK-24 居民点

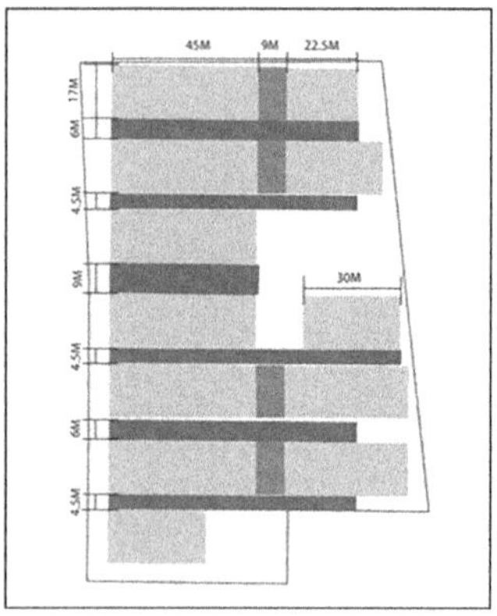

(b)DJK-21 居民点

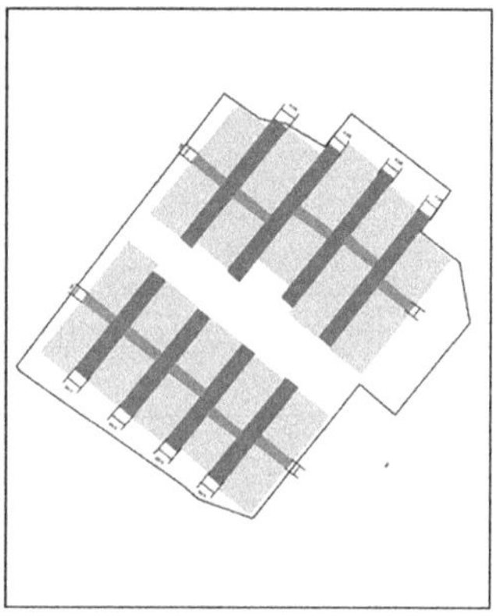

(c)DJK-26 居民点

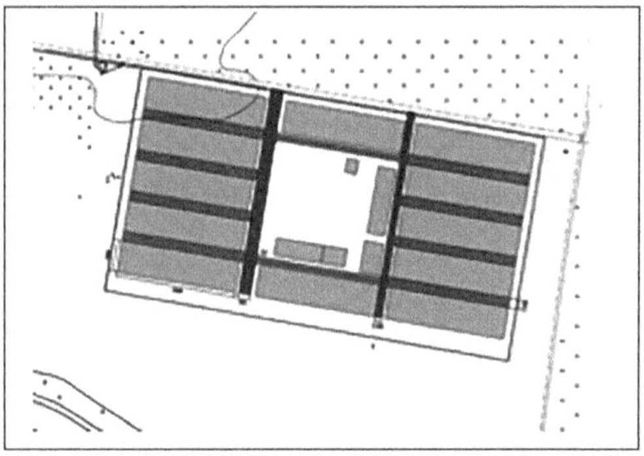

(d)DJK-30 居民点

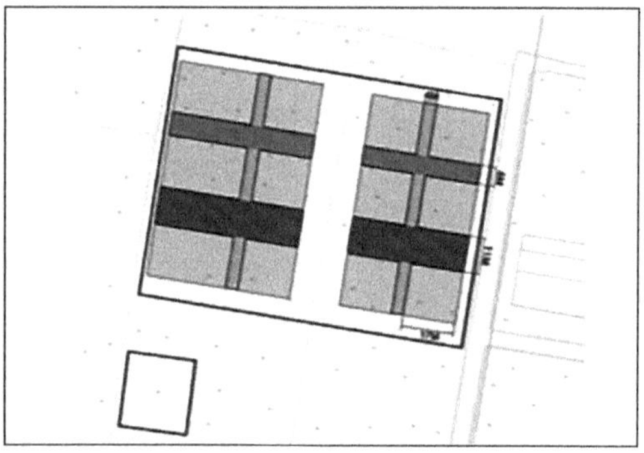

(e)DJK-07 居民点

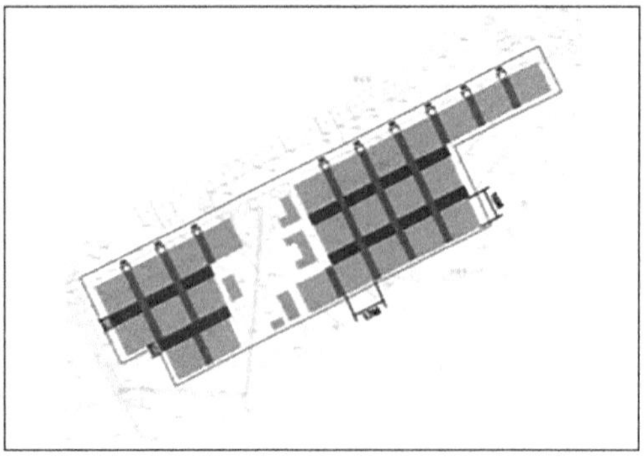

(f)DJK-23 居民点

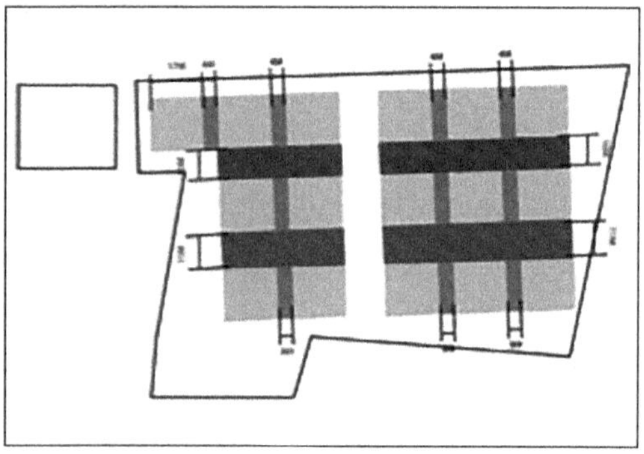

(g)DJK-14 居民点

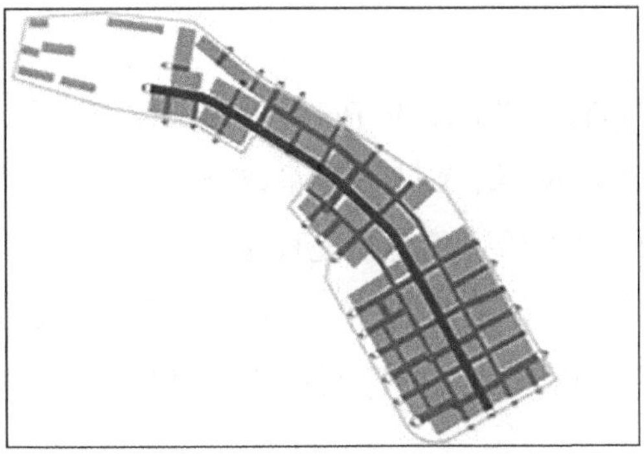

(h)DJK-71 居民点

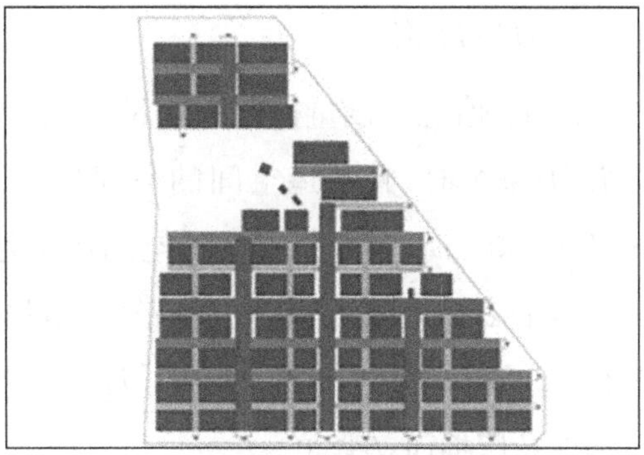

(i)DJK-57 居民点

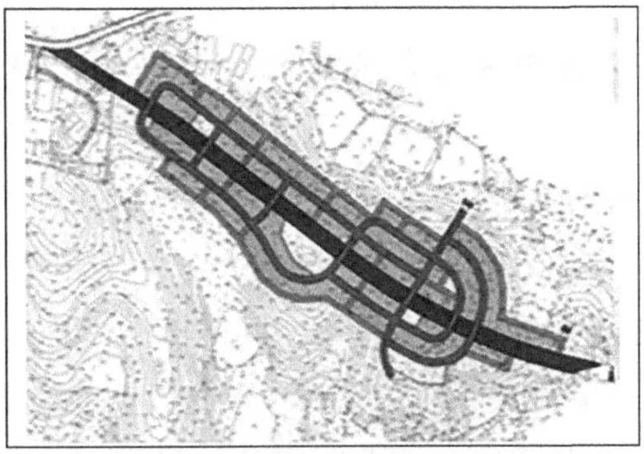

(j)XXS-04 居民点

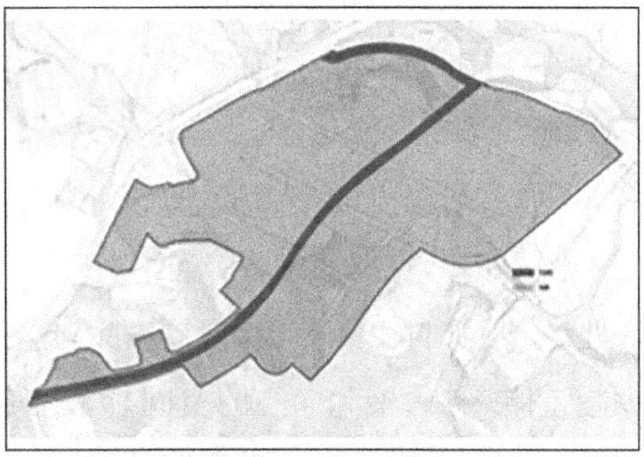

(k)XXS-05 居民点

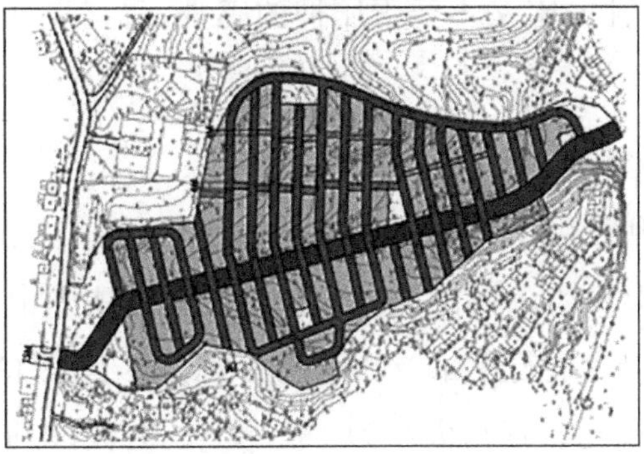

(l)XXS-06 居民点

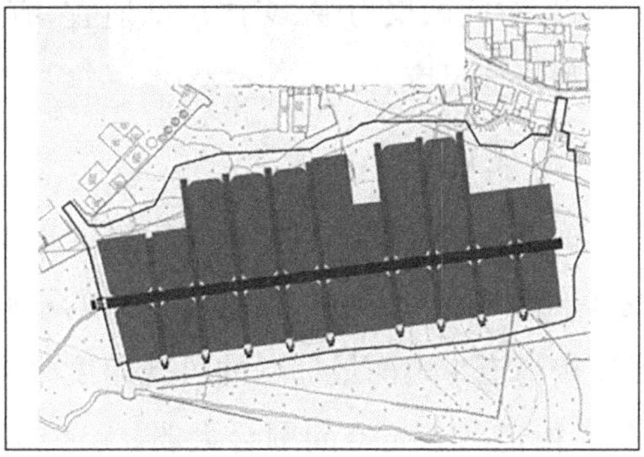

(m)HYH-03 居民点

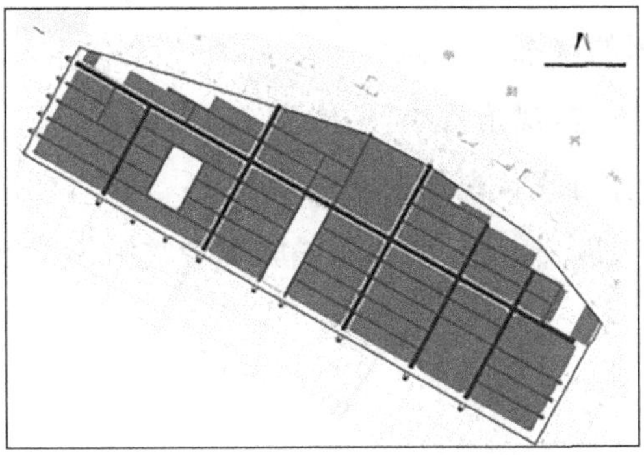

(n)HYH-06 居民点

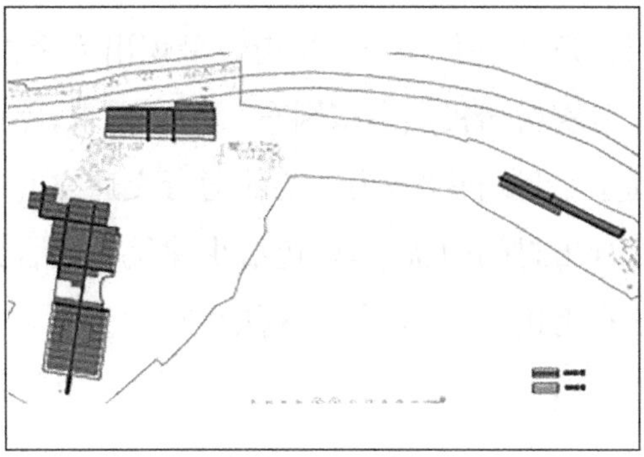

(o)HYH-07 居民点

图 7.5-8 平原型典型农村居民点街巷尺度

(2)D/H 值

D/H 值也是度量街道空间尺度的一大指标。芦原义信在《街道的美学》中指出当 $D/H \geqslant 2$ 时，其街道空间的空间形态是离散的，给人封闭感差，空旷的感觉。当 $1 < D/H \leqslant 2$ 时，其街道空间的空间形态是内聚的，给人的感受是稳定、内向又不压抑的。当 $1/2 < D/H \leqslant 1$ 时，其街道空间的空间形态是紧凑的，给人的感受是视线受到限制，压迫感也随之而来。当 $D/H \leqslant 1/2$ 时其街道空间的空间形态是幽闭的，给人的感受是压抑而又紧迫。

山地型居民点的街巷 D/H 值多在 2～3，街道空间的界定感较弱，空间感比较差，和在广阔的室外空间感觉相似，会产生两实体相斥、空间离散的感觉，使人感到很空旷，视线不易形成焦点。

平原型居民点的主街 D/H 值多在 2～2.5，次街的 D/H 值多在 1～2。主街空间感比较广阔，空间感增强，墙面对人与人的交往行为产生的影响不大，人身处其中，心理上会更加自由和安定，视界增大，这种比例关系较好，且街道空间同样比较紧凑，仍能产生一种内聚和向心的空间感，建筑与街巷的关系较为密切。次街两侧的建筑高度与街巷宽度相当，视界受限的感受减弱，人的视线基本上比较自由，空间的界定感较强，空间内聚力强、交往尺度适宜，有一种安定又不至于压抑的感觉，适宜步行，是一种最佳尺度。

(3)视角大小

街道空间尺度另一个重要指标就是人观察沿街建筑(或景观)的视角大小。人在观赏景物时，由于视点、视线和视角的不同会产生不同的感受。在视线分析法则中，可以按街道中地面最远点的可视角度来对街道进行度量。一般视角大小小于 18°的时候，街道状态是空间围合太弱，无法形成街道。视角大小为 18°～27°的时候，街道是呈现完全开放的状态。当视角大小为 27°～45°的时候，街道是呈现半封闭的状态。当视角大小大于 45°时，街道呈现出完全封闭的状态。

农村居民点主街因车行交通需求，路面较宽，视角较小，一般为 20°～40°，街道空间呈半封闭状态，为主要的通行交通空间；次街较窄，视角大小一般为 45°～60°，街道呈现出封闭的状态，两边沿街建筑的围合给人以安定感，便于居民驻足观赏沿街建筑或在街边休憩，为主要交往空间。

(4)可达性

本书以农村居民点街巷空间为研究对象，根据用地形态归纳总结出组团型居民点、带状型居民点、行列型居民点三种类型，建立居民点街巷空间轴线模型，导入

Depthmap 进行分析,研究居民点街巷空间可达性。

集成度也称整合度,是各个空间单元在研究区中的聚集程度,集成度衡量了一个空间吸引到达交通的潜力。其数值越高则代表该空间与周围其他空间联系的便捷程度越高,且说明该轴线在整个空间中具有较高的可达性和渗透性。

1)集中组团型居民点。

集中组团型居民点由两个及以上一定规模的集中团块组成,各个团块间有一定距离,围绕自然要素或公共建筑呈面状展开,依托路网或水系形成向心、内聚的空间形态。

全局集成度分析:通过对典型特征性居民点如 NJ-02、NJ-01、CXH-02 等居民点全局集成度可得(图 7.5-9),集成度最高的轴线为红色和橙色,故集中型居民点空间核心主要以主干道为主,以此为中心向周围向心扩展延伸,全局集成度数值逐级下降。通过在全局集成度轴线图的基础上叠加分析公共空间位置。由分析可知,组团型居民点公共空间由于地形等原因,造成多样的组团布局,空间结构较为丰富公共,居民点的集成核的公共空间具有较高的社会活动强度。

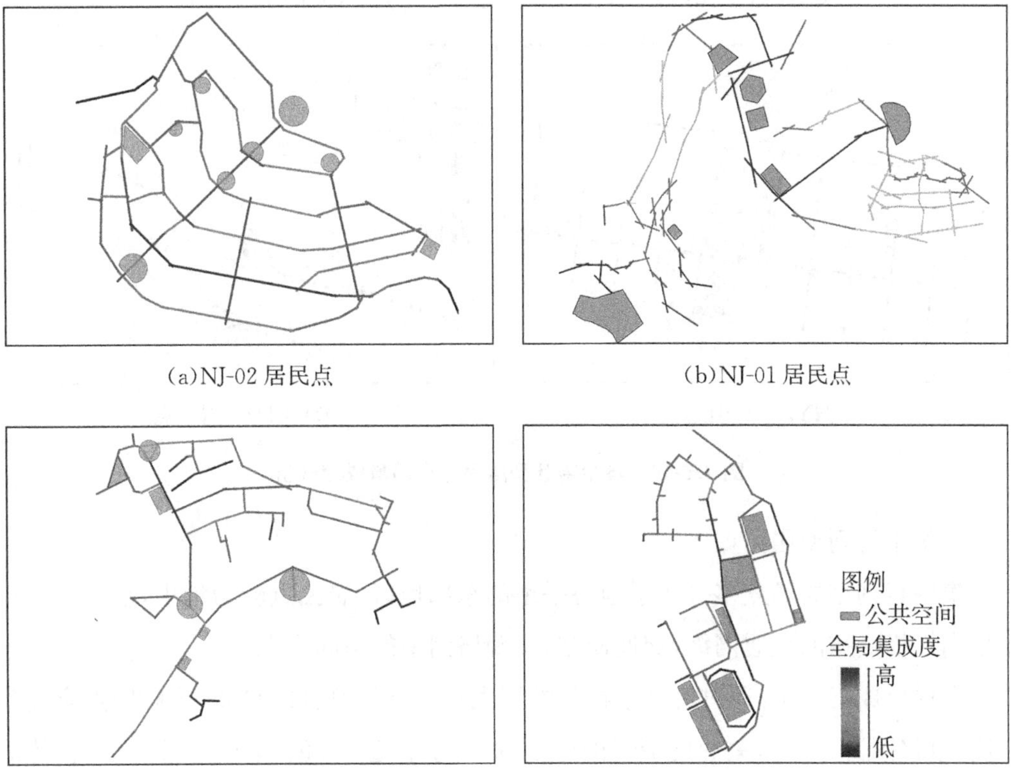

(a)NJ-02 居民点　(b)NJ-01 居民点

(c)CXH-02 居民点　(d)HS-02 居民点

图 7.5-9　集中组团型居民点全局集成度分析

2)集中带状型居民点。

集中带状型居民点集中布局,依托省道、县道或乡村公路布置分布,交通都较为便利,整体形态呈线形或长条状多边形,扩展有一定的方向指向性,呈条形。

全局集成度分析:通过对典型特征性居民点如 CXH-01、WDD-04 等全局集成度可得(图 7.5-10),集成度最高的轴线为红色,故带状型居民点空间核心为主要交通干道,可达性最高。在全局集成度轴线图的基础上叠加分析公共空间位置,公共空间聚集在交通要道两侧,平行于道路布置,呈现较为规则的线型空间形态。

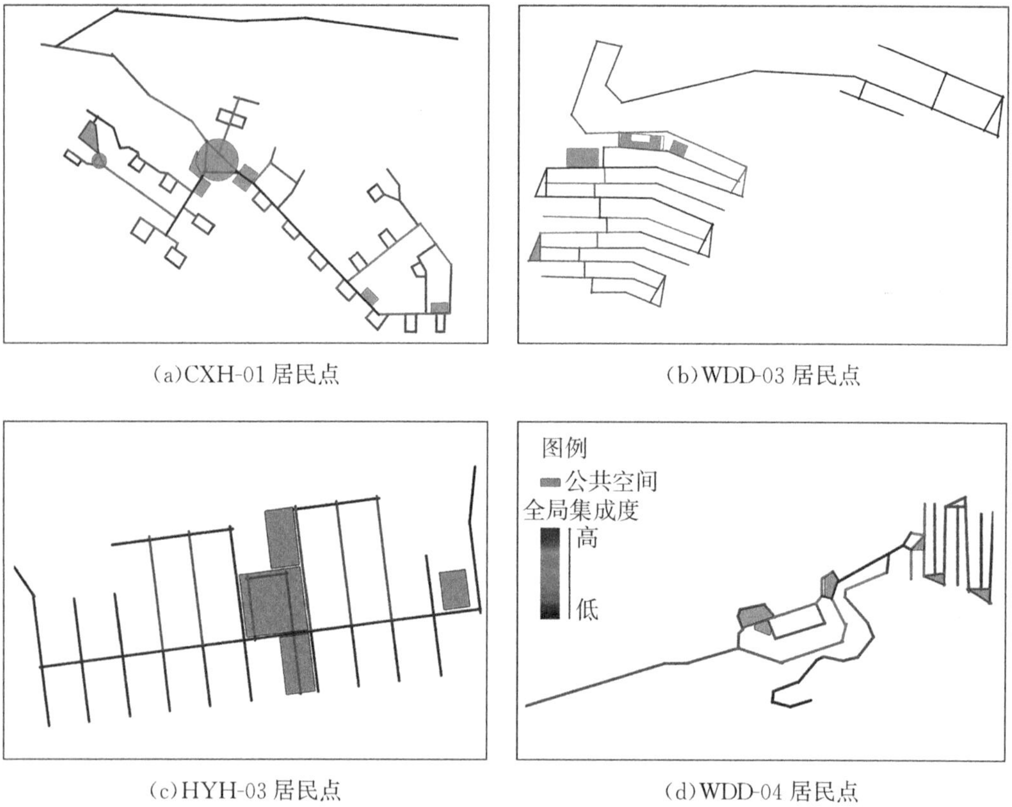

(a)CXH-01 居民点　(b)WDD-03 居民点

(c)HYH-03 居民点　(d)WDD-04 居民点

图 7.5-10　集中带状型居民点全局集成度分析

3)集中行列型居民点。

集中行列型居民点多分布于地势平坦的东部地区,居民点较为集中,规模扩张后衍生出纵横交错的交通网络,交通便利,呈现格网型的空间形态。

全局集成度分析:通过对典型特征性居民点如 XL-01、HYH-06 等居民点全局集成度可得(图 7.5-11),集成度最高的轴线为红色、橙色、黄色,集成度较均质,整体居民点街巷空间可达性较高。在全局集成度轴线图的基础上叠加分析公共空间位置,公共空间聚集在居民点中心位置,偏离空间核心的部分离散布置公共空间 。

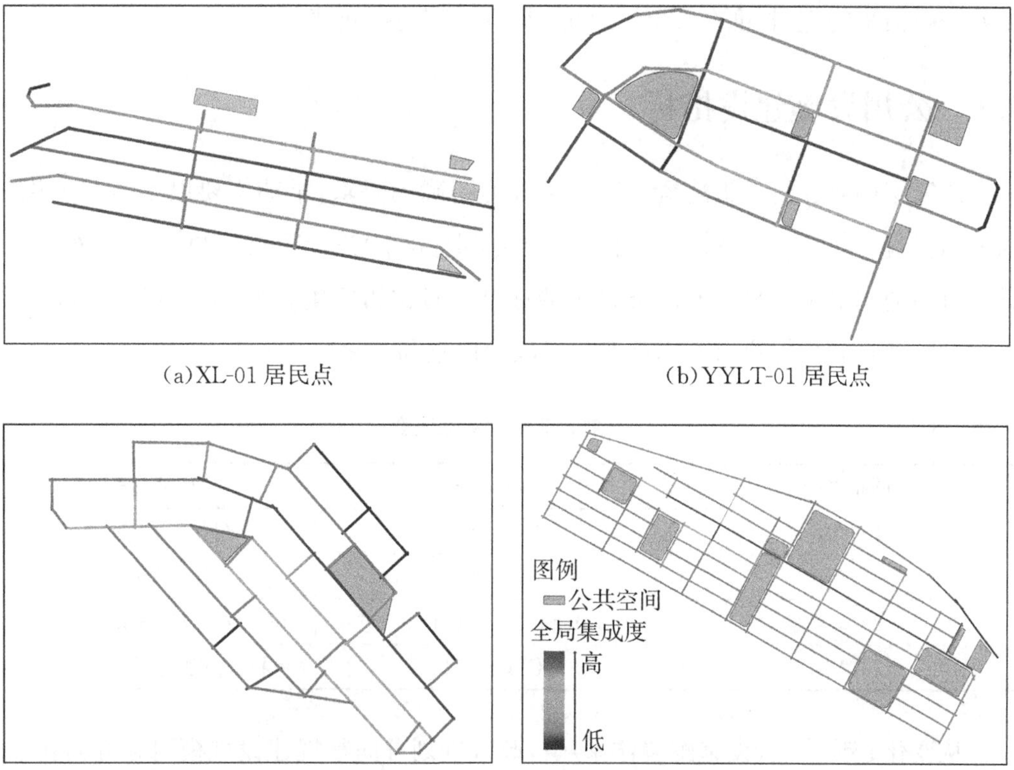

(a)XL-01 居民点　(b)YYLT-01 居民点

(c)WDD-02 居民点　(d)HYH-06 居民点

图 7.5-11　集中行列型居民点全局集成度分析

7.5.3　小结

本节通过从道路分布、街巷尺度等方面，对农村居民点进行了分析讨论。

按农村居民点规模划分，特大型、大型农村居民点路网形态，包括干路、支路和巷路等，以方便居民出行和交通管理。

中型农村居民点公共服务设施建筑体量较小，公共绿地布置大多有且只有 1 处，但面积较大，多作为景观绿地。道路设计采取了环形、网状等形式，交通便利。

小型农村居民点无公共服务设施和公共绿地，区位临近镇(县)中心或已成规模的村落，共用公共服务设施及公共绿地，道路设计采取了线性、单向、双向等形式，形态较为简单。

按照农村居民点与山、水、田、路的相对关系，山地型农村居民点：路网形态上，充分结合自然地形，采用自由式路网，用地分散；街巷尺度上，多呈现带状，长度 100m 以内，形态自由，街道空间感较弱。

平原型农村居民点：路网形态上，采用方格网式路网，具有灵活性；街巷尺度上，街巷一般横平竖直，长度在200～300m，具有一定的空间感。

7.6 公用设施建设指标

国家层面对乡村设施配置一直缺乏较为明确的要求，早期主要以乡镇相关规定为依据。直到2013年《乡村公共服务设施规划标准》(CECS 354—2013)的颁布，才更具针对性地明确了乡村公共服务设施的标准。对比历版配置标准的内容，在配置层级、类型、项目和指标要求方面都发生了较大调整和变化。

表7.6.1　　乡村设施配置标准演变

颁布时间	编号标准	标准名称
1993年	GB 50188	《村镇规划标准》
2007年	GB 50188	《镇规划标准》
2010年	建村〔2010〕184号	《镇（乡）域规划导则(试行)》
2013年	CECS 354	《乡村公共服务设施规划标准》

从变化趋势来看，设施配置体系从行政级别划分向重视建设规模引导方向转变；设施分类方面更加注重社会保障类设施供给，简化政府职能设施配置；设施用地方面细化控制标准，通过用地比例和人均指标进行规模控制和引导。但仍存在一些问题，一方面，以人口规模和行政职能为主导的等级划分模式对乡村复杂性考虑不足，缺乏对乡村地域特征、产业类型和设施可达性等方面的考虑。许多人口较少、建设量较少的村庄受行政界限和建设成本限制无法达到设施配建最低标准，容易形成设施空白区。另一方面，从设施类型供给方面，仍以基础保障性设施供给类型为主，对多元、网络背景下乡村居民生活品质提升类设施的配置考虑较少。

公用设施工程主要包括给水、排水、电力、通信、燃气和供热工程的规划设计，应依据农村居民点所在省、自治区、直辖市的有关规定，确定公用设施规划设计内容

7.6.1 给排水

(1)给水工程

农村居民点根据《镇规划标准》(GB 50188—2007)和《村镇供水工程技术规范》(SL 310—2019)，并结合规划区实际情况，最终确定其用水量标准。村镇集中供水工程按供水规模分类见表7.6-2。

表 7.6-2　　村镇集中供水工程按供水规模分类

工程类型	Ⅰ型	Ⅱ型	Ⅲ型	Ⅳ型	Ⅴ型
供水规模 W/(m^3/d)	W≥10000	10000>W≥5000	5000>W≥1000	1000>W≥100	100<W

山地型农村居民点居住建筑根据地势布置，受周围环境影响水源有江水也有水库，居住用水指标同样受影响起伏变化不定，集中体现在人均 130L/d。公共服务面积大小不一，其用水量控制在居住用水的 10%～40%，道路与绿化用水标准一般控制在居住用水的 3%～5%，未预见用水量一般控制在居住用水的 10%左右，消防与生活给水共用一套管网系统，消防用水量按同一时间内火灾次数为 1 次，每次灭火用水量 10L/S，2 小时消防延时考虑，消防用水量 HS 水库附近居民点为 72m^3，其他均为 108m^3。

平原型农村居民点均采用深层地下水作为居民点水源，用一井一塔的供水方式，因居民点建筑布置集中，居住面积接近，因此居住用水人均为 100L/d，其他用水标准统一，其中公建用水按生活用水量的 10%估算，浇洒道路和绿地用水量按生活用水量的 5%估算，管网漏失及未预见水量按生活用水量和公建用水量之和的 15%计算。

平原型农村居民点水源主要来自区域内自来水厂，供水方式采用接入自来水管。随着地势、地理位置变化人均居住用水量分为 100L/d、110L/d、130L/d 三个等级，消防用水主要分为 75 m^3、108m^3 两套标准。该流域内其他用水均受居住用水影响，居民点公建用水按生活用水量的 15%估算，浇洒道路和绿地用水量按生活用水量的 10%估算，管网漏失及未预见水量按生活用水量和公建用水量及浇洒道路和绿地用水量之和的 15%计算。

(2)排水工程

居民点排水工程严格按照排水设计标准，排水均采用雨污分流制，满足《城镇污水处理厂污染物排放标准》(GB 18918—2002)中一级 A 标准，废水排放量存在差异，平原型及临近农村居民点按照生活用水量的 70%计算，其余按照生活用水 80%计算。

7.6.2　供电

农村居民点供电根据国家用电指标及规划实际情况按单位建筑面积指标计算负荷，用电负荷等级均为三级，但因居民点受海拔、水流、建筑面积等影响，具体负荷性质各有不同。

山地型农村居民点用电负荷分布受居民点地势与建筑面积影响，供电台区数量略微不同，多数为一个，居民的生活用电标准高低不一，最低为1kW/户，最高为4kW/户，公共服务设施用电标准比较统一，主要设计在50W/m²，道路照明等其他用电几乎都按居民用电基本的5%计算，部分居民点道路照明采用太阳能照明，净水站及污水处理厂均按照实际用电。

平原型农村居民点根据实际情况，地势相对平缓结合实际情况安置区均布置1个供电台区，居民生活用电标准统一为1kW/户，公建及工业用电负荷均按居民用电负荷5%计算，道路照明光源采用钠光源，功率为250W。

平原型农村居民点因建筑面积不同，各居民点人居户数存在差异，供电台区数量多达6个少则1个，居民生活用电标准随着流域变化呈现三个等级，分别为1kW/户、2kW/户、4kW/户，但是公共服务设施用电标准一致为50W/m²，道路照明等其他用电几乎都按居民用电的5%计算，光源采用钠光源，功率为250W和125W。

7.6.3 通信

住宅电话每户1门，入户率按100%考虑，公共建筑按1门/100m²；光纤到户工程(FTTH)由光线路终端(OLT)、光分配网(ODN)、光网路终端(ONT)组成信号传输系统。住宅电视每户1终端，入户率按100%考虑，公共建筑按1终端/100m²；居民点广电采用地面光节点组建HFC网络，规划采用FTLA系统。居民点内通信广电线路采用架空方式敷设。

7.6.4 燃气和供热工程

燃气工程规划设计应包括确定燃气种类、供气方式、供气规模、管网布置和供气设施。农村居民点燃气工程规划应根据不同地区的燃料资源和能源结构的情况确定燃气种类。燃气工程规划应符合现行国家标准《镇规划标准》(GB 50188)、《燃气工程项目规范》(GB 55009)和《城镇燃气规划规范》(GB/T 51098)的有关规定。燃气工程规划管线应从燃气站规划至接入末端用户总阀门井。燃气工程设计应符合现行国家标准《城镇燃气设计规范》(GB 50028)和《可燃气体报警控制器》(GB 16808)的有关规定。

供热工程规划设计应主要包括农村居民点集中供热的热网及其附属设施。供热工程规划应参照现行国家标准《镇规划标准》(GB 50188)和《城市供热规划规范》

(GB/T 51074)的有关规定。供热工程规划管线宜从供热站规划至各末端用户总阀门井。供热工程设计应符合现行行业标准《城镇供热管网设计标准》(CJJ/T 34)和《城镇供热直埋热水管道技术规程》(CJJ/T 81)的有关规定。

7.7 防灾减灾工程

农村居民点的防灾减灾工程是确保居民在面对自然灾害时能够得到有效保护和应对的关键措施。防灾减灾工程主要包括消防、防洪、抗震防灾和防风减灾,应依据所在省、自治区、直辖市的有关规定,确定农村居民点防灾减灾规划内容。

《榆林市实用性村庄规划编制导则》提出,应分析村域内地质灾害、洪涝等隐患,确定综合防灾减灾与公共安全保障体系,划定灾害影响范围和安全防护范围,提出综合防灾减灾的规划原则、目标、设防标准以及预防和应对各类灾害危害的措施;《合肥市村庄规划编制技术导则(试行)》强调消防栓间距不大于120m;《青海省村庄基础设施建设技术导则》提出,村庄应有明确的疏散道路,且应设置不少于1处应急避难场所。消防通道净高不应小于4m,宽度不应小于4m,转弯半径不应小于9m,或尽量满足12m,尽头式消防回车场不应小于12m×12m(长×宽),或尽量满足18m×18m(长×宽)的规模要求。

7.7.1 消防

消防规划设计主要应包括消防安全布局和消防给水系统规划、消防车通道设置。

(1)消防安全布局

活动广场、农产品交易市场等活动区域应规划布置在不妨碍消防车辆通行的地段,该地段应与火灾危险性大的场所保持足够的防火间距,并应符合消防安全要求。

农产品交易市场、厂房、仓库以及变压器、变电站之间及与居住建筑的防火间距应符合现行国家标准《建筑设计防火规范》(GB 50016)的要求。

耐火等级低的建筑密集区应开辟防火隔离带和消防车通道,增设消防水源。

(2)消防给水系统规划

在消防规划设计中,需要合理规划和布置消防水池、消防水井、消防栓等设施,并确保其容量和供水能力满足居民点的消防需求。

具备给水管网条件时,其管网及消火栓的布置、水量、水压应符合现行国家标准《建筑设计防火规范》(GB 50016)的有关规定;不具备给水管网条件时应利用河湖、池塘、水渠等水源规划建设消防给水设施；给水管网或天然水源不能满足消防用水时，宜设置消防水池，寒冷地区的消防水池应采取防冻措施。农村居民点应设置消防水源，消防水源应由给水管网、天然水源或消防水池供给。

室外消防给水管道和室外消火栓的设置应符合下列要求：室外消火栓应满足其保护半径内建筑最不利点灭火的压力和流量的要求；消防给水管道的管径不宜小于100mm；室外消火栓间距不宜大于120m。

(3)消防车通道设置

消防车通道之间的距离不宜超过160m，车道净宽、净空高度不宜小于4m，满足消防车转弯半径，道路能承受消防车压力，尽头式车道满足消防车回车要求。

7.7.2 防洪

农村居民点防洪规划设计应根据洪灾类型(河洪、海潮、山洪和泥石流)选用相应的防洪标准及防洪措施，实行工程防洪措施与非工程防洪措施相结合，组成完整的防洪体系。对于容易受洪水影响的地区，需要进行洪水管理措施的规划。包括建设防洪堤、河道整治、设立警示系统等，以减少洪水造成的损失。

农村移民居民点防洪规划设计应按现行国家标准《防洪标准》(GB 50201)的有关规定执行。防洪规划设计应结合公共管理和服务用地、通信系统等统筹设置救援系统，包括应急疏散点、医疗救护、物资储备和报警装置等。

7.7.3 抗震防灾

抗震防灾规划设计主要应包括建设用地评估和工程抗震、生命线工程和重要设施、避震疏散的措施。

在抗震设防区进行规划设计时，应符合现行国家标准《中国地震动参数区划图》(GB 18306)和《建筑抗震设计规范》(GB 50011)等的有关规定，选择对抗震有利的地段，避开不利和危险地段，严禁在危险地段规划设计居民点。

避震疏散场地应根据疏散人口的数量规划设计，疏散场地应与居民点广场、绿地等用地综合考虑，并应符合下列规定：

应避开次生灾害严重的地段，并应具备明显的标志和良好的交通条件；

居民点应急避难场所人均面积宜按1.5m^2设计，特大型、大型农村居民点宜设置集中疏散场地，面积不宜小于1000m^2。

疏散人群至疏散场地的距离不宜大于500m。

7.7.4 防风防灾

在规划和设计过程中，需要考虑当地的气候条件和风险等级，并采取相应的防风措施。包括建造耐风建筑、加固房屋结构、建立风围墙、设置防风林带等，以减少风灾对居民点建筑物的影响。

易形成风灾地区的居民点选址应避开与风向一致的谷口、山口等易形成风灾的地段，应在上风方的边缘选种密集型的防护林带，充分利用风力资源，因地制宜地利用风能建设能源转换和能源储存设施，以家用小型为主。居民点建筑物、场地的规划设计应符合现行国家标准《建筑结构荷载规范》(GB 50009)、《防灾避难场所设计规范》(GB 51143)的有关规定。

7.8 环境规划指标

各省结合自身实际情况，已陆续出台了村庄规划编制导则、技术指南等相关文件，在景观绿化设计方面，《榆林市实用性村庄规划编制导则》提出，做好造林绿化空间的预留，明确具体实施、落实、细化的路径。鼓励通过农村土地综合整治，利用废弃地、边角地、空闲地、拆违地，增加村庄绿化空间。具体空间应结合农村居民的生产、生活和民俗乡情，采用自然、生态、简洁且尺度适宜的绿化形式，并适当配置座椅、花坛、小品、标识指引等设施，清理村庄房前屋后杂乱空间，提升绿化景观。

《湖北省村庄规划编制基本技术指引(试行)》指出，村庄绿化景观应体现地方特色；《青海省村庄基础设施建设技术导则》强调，绿化宜采用本土果树林木花草品种；《淅川县乡村振兴规划建设导则》提出，规划应充分保护和利用现有的植物和水系资源，发挥自然生态景观的功能作用。村庄绿化景观设计应将道路两侧、街巷空间、活动广场、滨水堤岸作为绿化重点空间，选择1～2处重要节点进行绿化景观详细设计。

7.8.1 农村居民点规模分类

特大型、大型农村居民点由于规模较大，在绿化上，往往采用树木、草坪和花坛等绿化手段，同时也会利用水系进行水景的布置，绿地率控制在20%～30%(图7.8-1)。

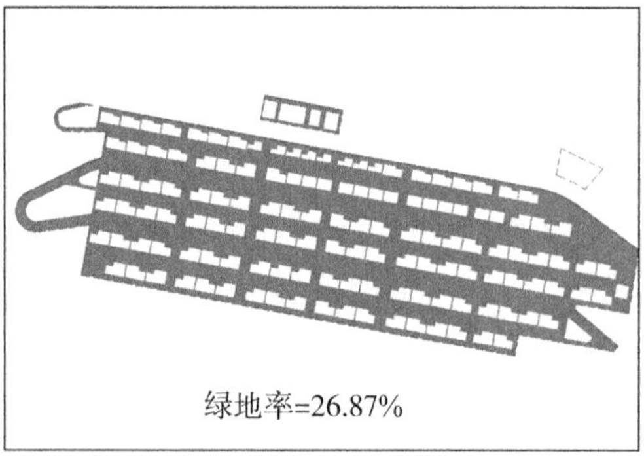

(a)XL-01 居民点

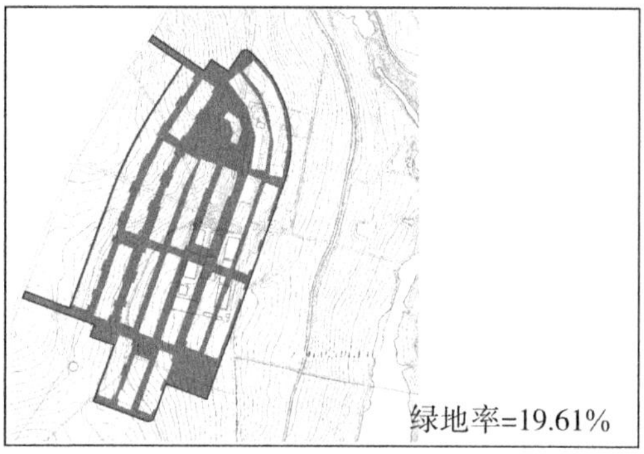

(b)YYLT-01 居民点

(c)DJK-57 居民点

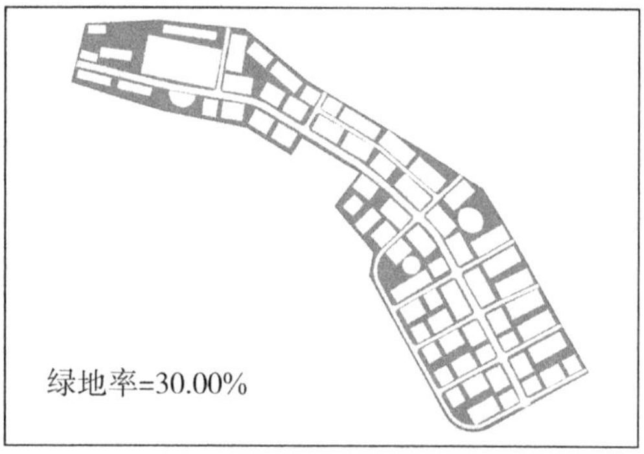

(d)DJK-71 居民点

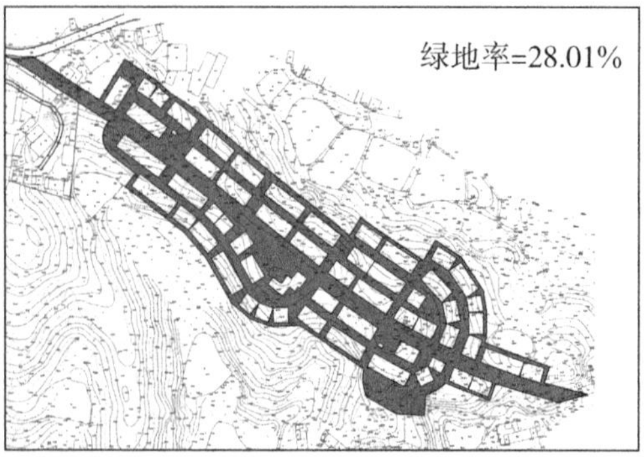

(e)XXS-04 居民点

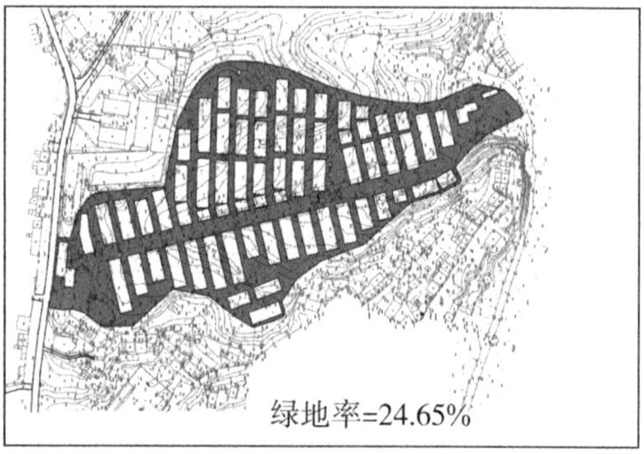

(f)XXS-06 居民点

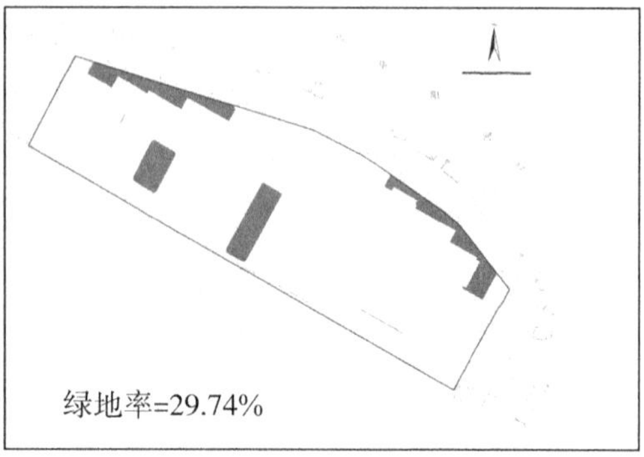

(g)HYH-06 居民点

图 7.8-1 典型大型农村居民点绿地率

中型农村居民点在面积上略小于大型农村居民点，因此在建设过程中，更多考虑实用性。在绿化上，往往采用树木、灌木和花坛等绿化手段，同时适度加入自然环境的元素，如花海、山石等，营造自然和谐的景象。绿化项目通常会用安装遮阳板和凉棚等防晒设施，以方便居民在户外休闲和活动的同时得到较好的防晒、降温等保障，绿地率控制在 30%～40%（图 7.8-2）。

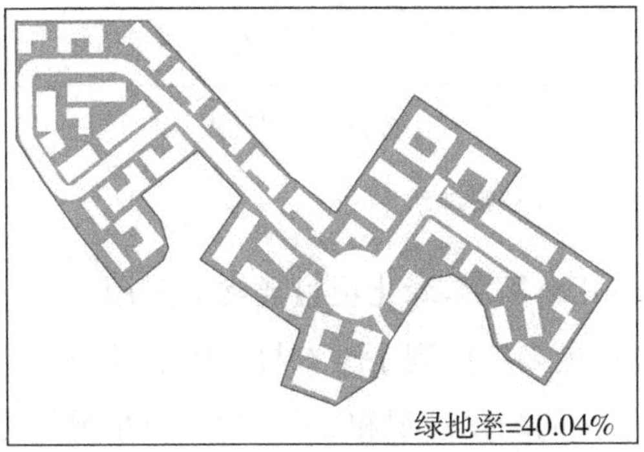

(a)CXH-01 居民点

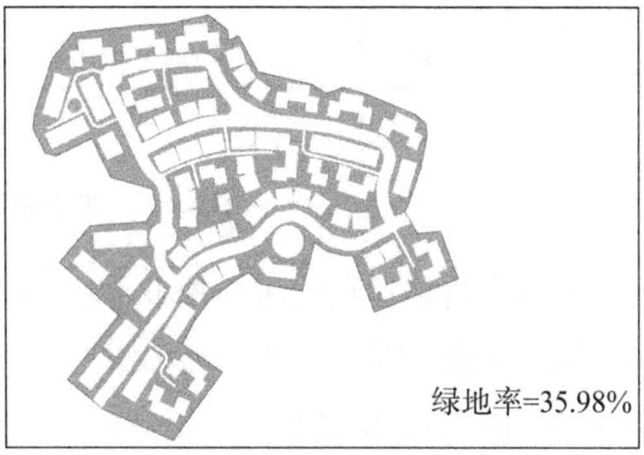

(b)CXH-02 居民点

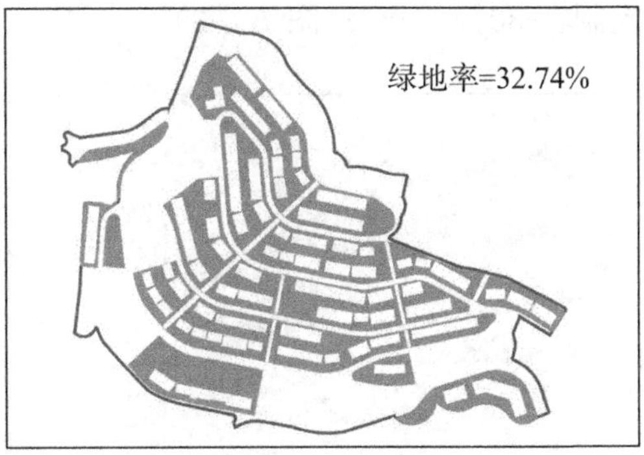

(c)NJ-02 居民点

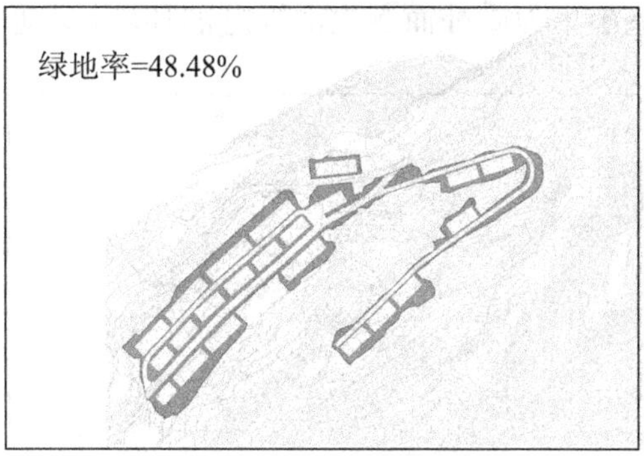

(d)QYK-03 居民点

(e)HYH-03 居民点

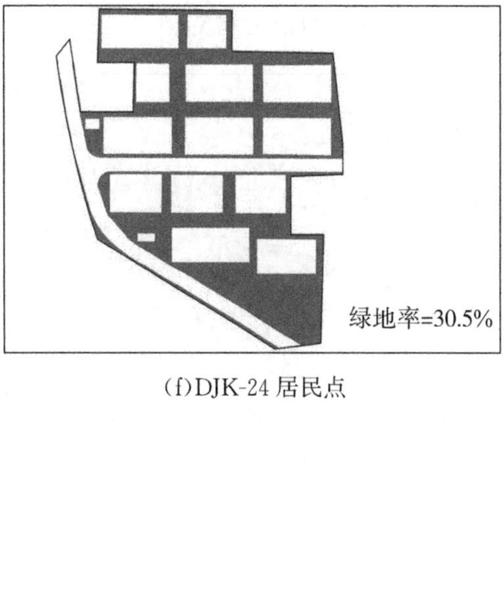

(f)DJK-24 居民点

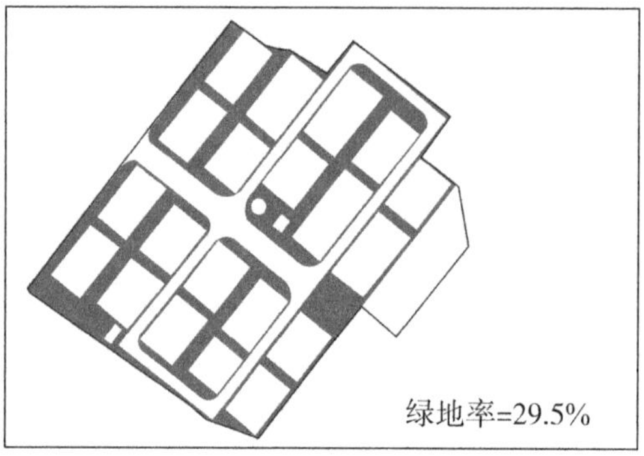

(g)DJK-26 居民点

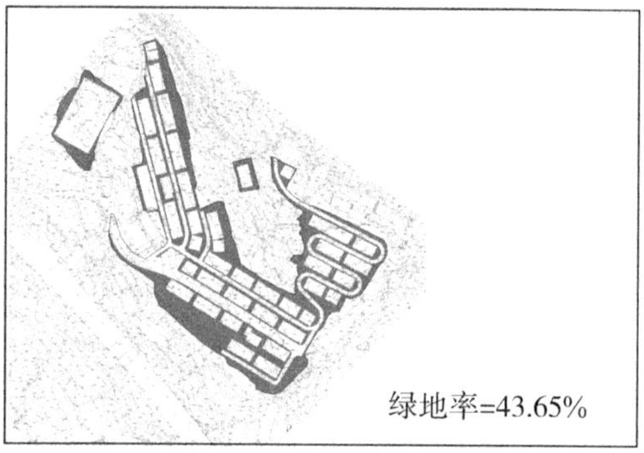

(h)QYK-04 居民点

图 7.8-2　典型中型农村居民点绿地率

小型农村居民点的面积较小，建设规模也相对简单，绿化项目通常会采用一些简单的绿化手段，如树木、灌木和小花坛等。设计更多考虑到小型农村居民点的通勤和居住等实际需求，因此绿化手段侧重于增强居民的绿化景观和净化空气，减小湿热感并提高居住舒适性。通常会试图将绿化景观与安置居民之间的关系融为一体，以营造出更为质朴而有生活气息的环境，绿地率控制在 30%～45%(图 7.8-3)。

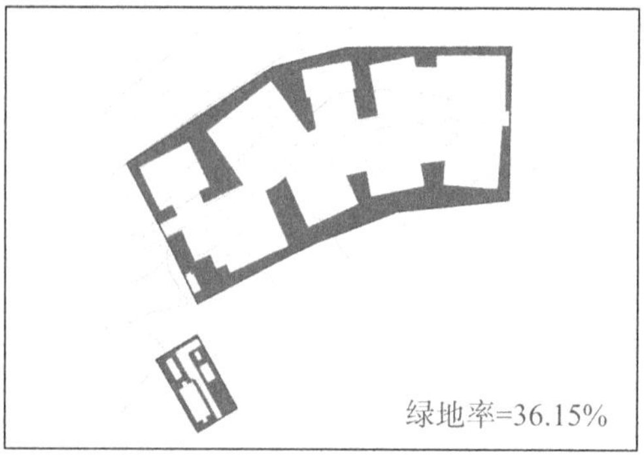

(a)HS-01 居民点

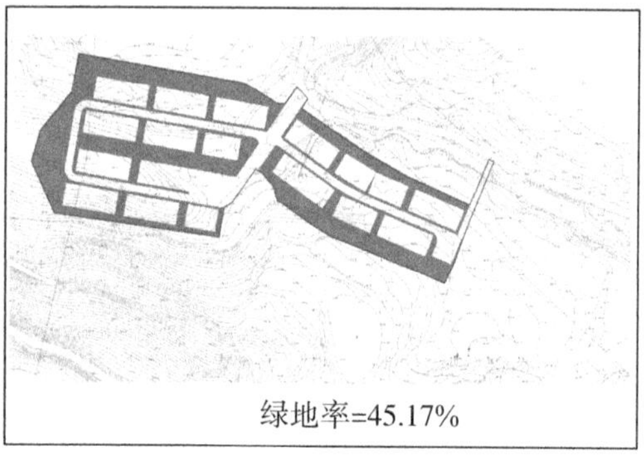

(b)QYK-01 居民点

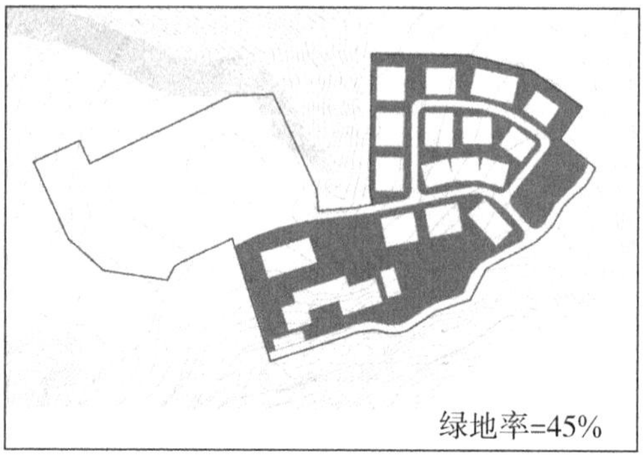

(c)HS-02 居民点

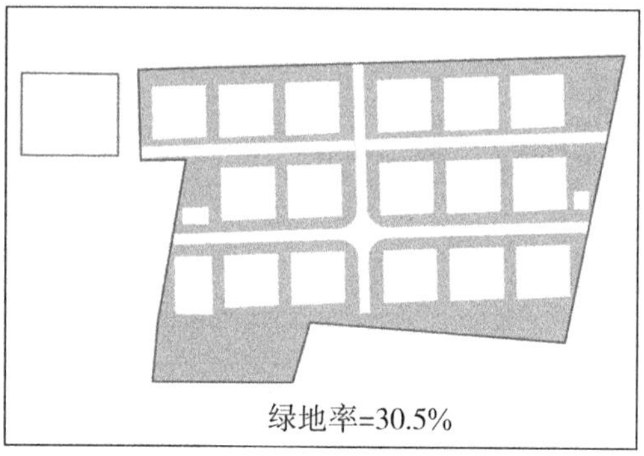

(d)DJK-14 居民点

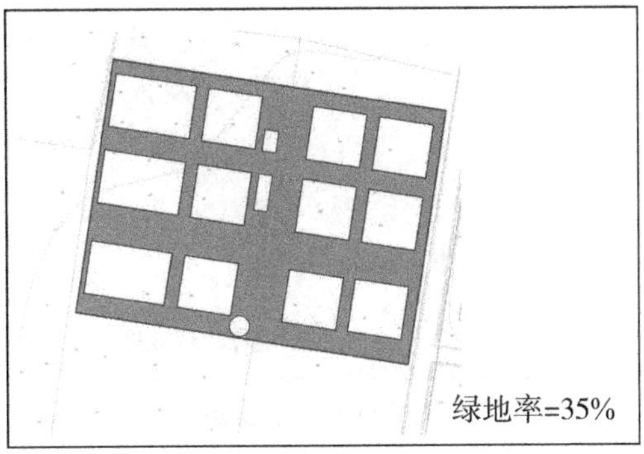

(e)DJK-07 居民点

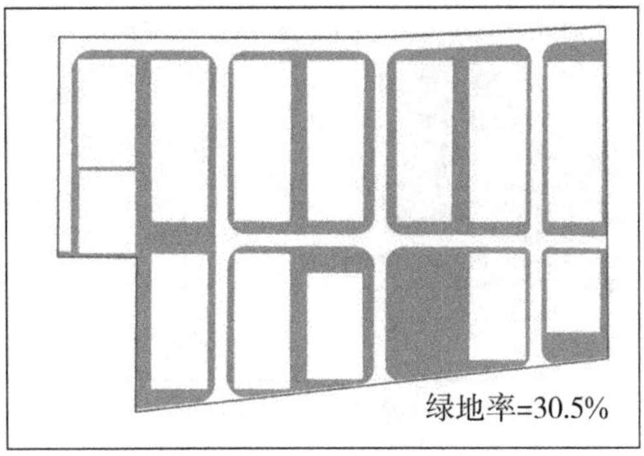

(f)DJK-21 居民点

图 7.8-3 典型小型农村居民点绿地率

7.8.2 地形地貌分类

山地型农村居民点景观规划目前主要为沿路绿化，少数为自然景观，绿地率控制在 10%～40%(图 7.8-4)。

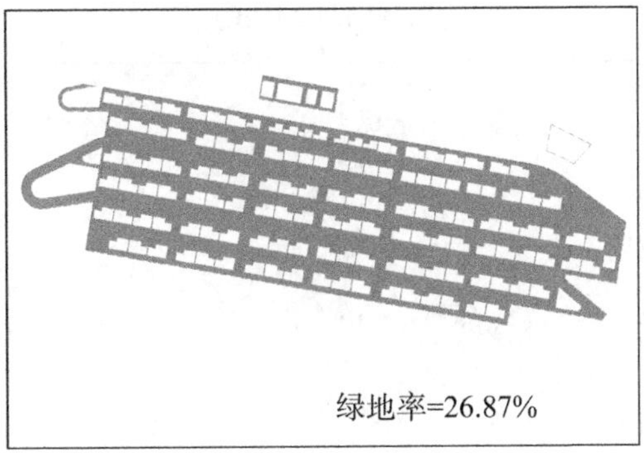

(a)XL-01 居民点

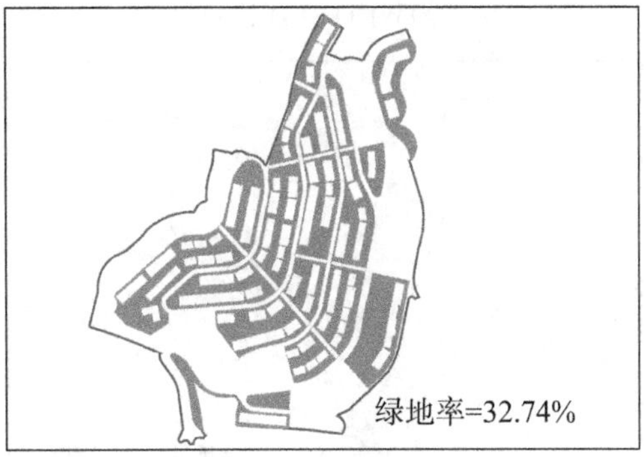

(b)NJ-02 居民点

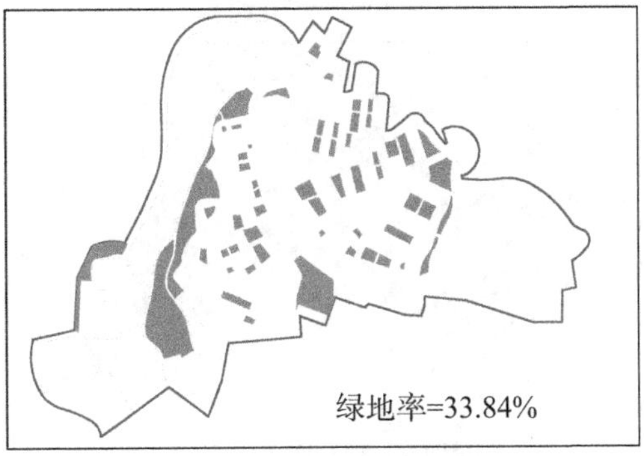

(c)NJ-01 居民点

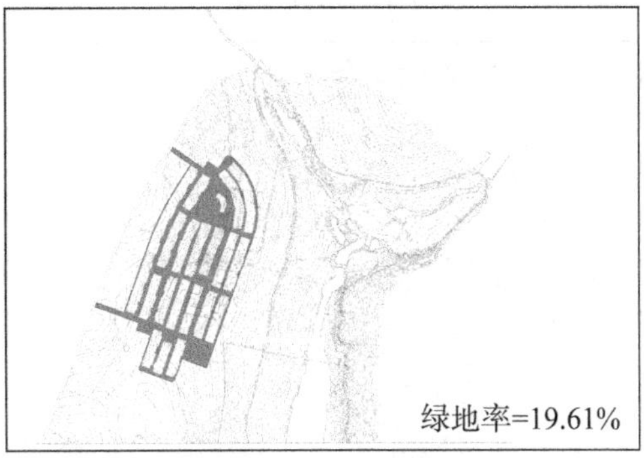

(d)YYLT-01 居民点

(e)WDD-03 居民点

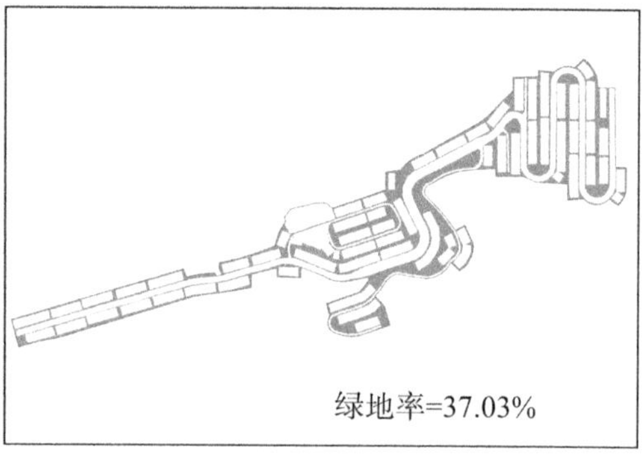

(f)WDD-04 居民点

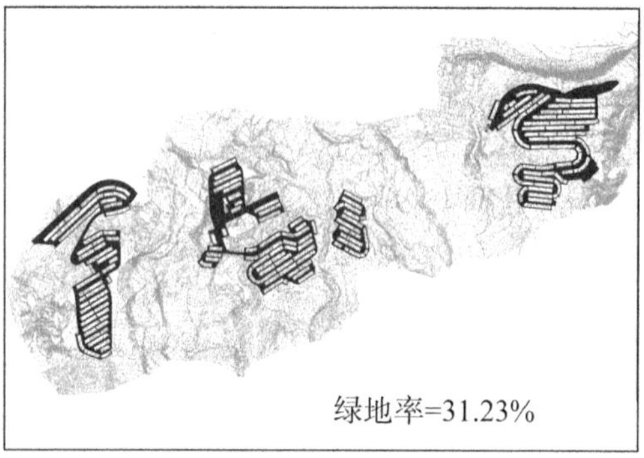

(g)WDD-01 居民点

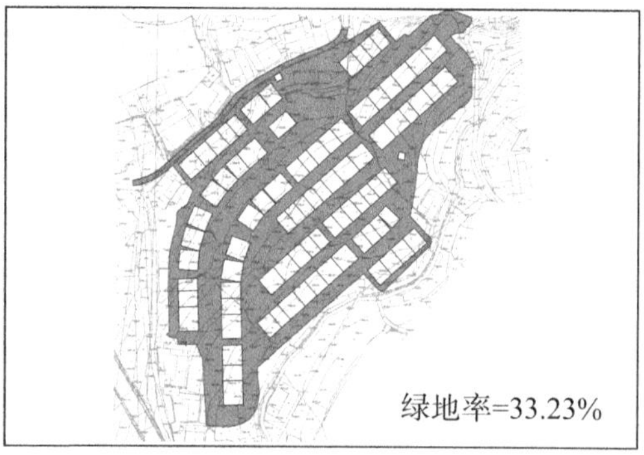

(h)WDD-02 居民点

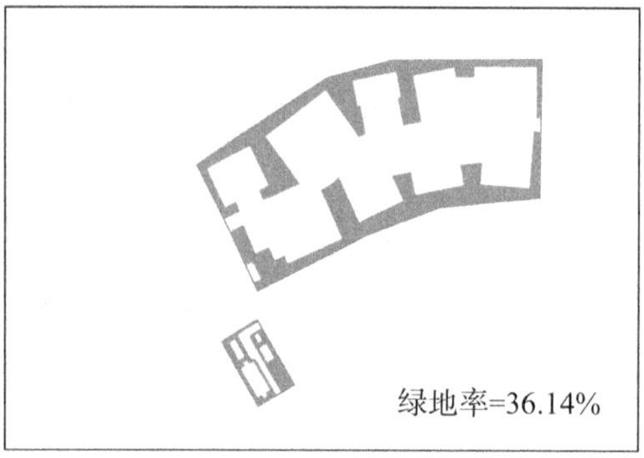

(i)HS-01 居民点

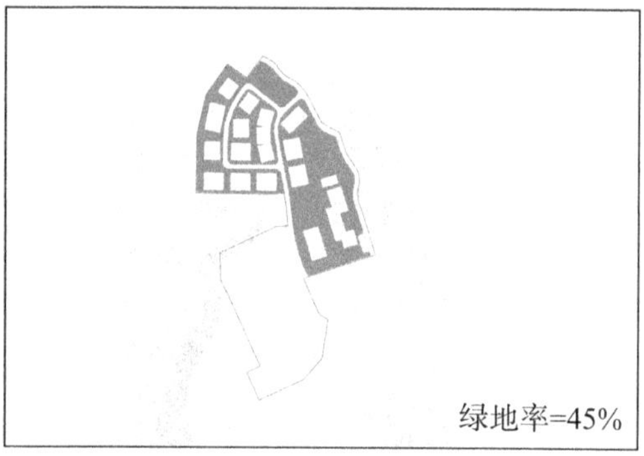

(j)HS-02 居民点

(k)CXH-02 居民点

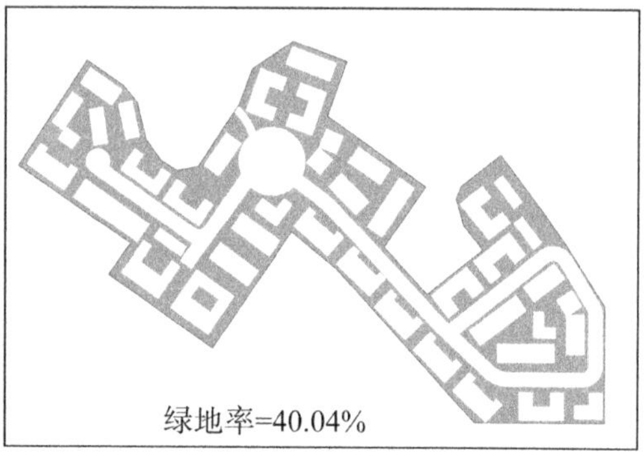

(l)CXH-01 居民点

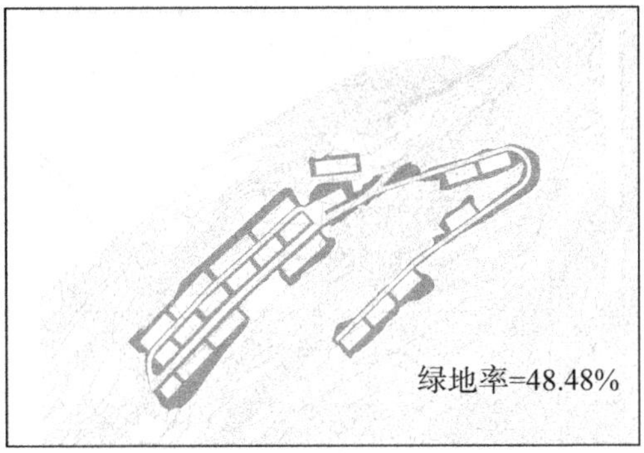

(m)QYK-03 居民点

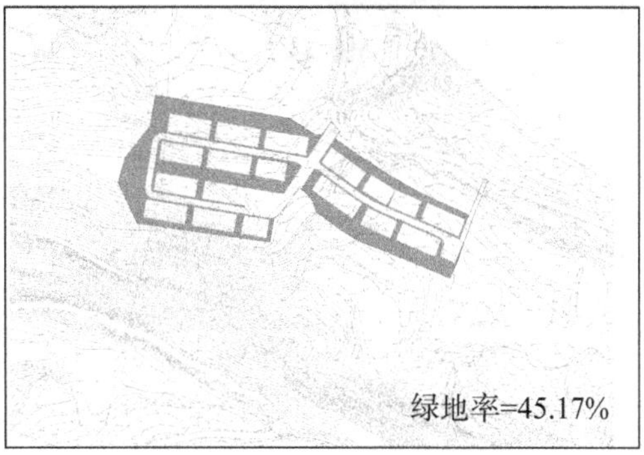

(n)QYK-01 居民点

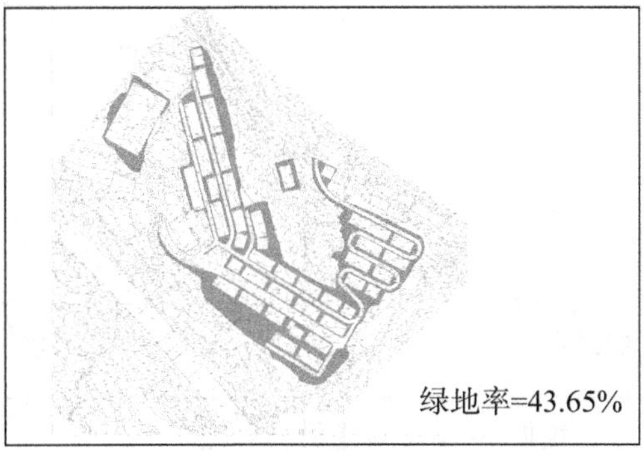

(o)QYK-04 居民点

图 7.8-4　山地型典型农村居民点绿地率

平原型农村居民点景观规划主要为道路景观少量场所景观,绿地率一般控制在30%,少数在10%(图 7.8-5)。

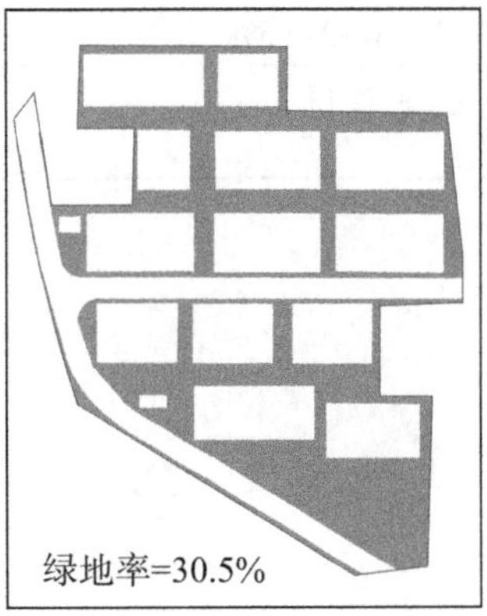

(a)DJK-24 居民点

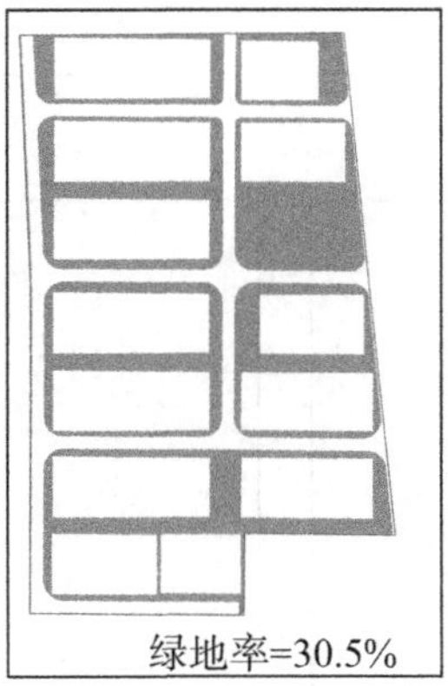

(b)DJK-21 居民点

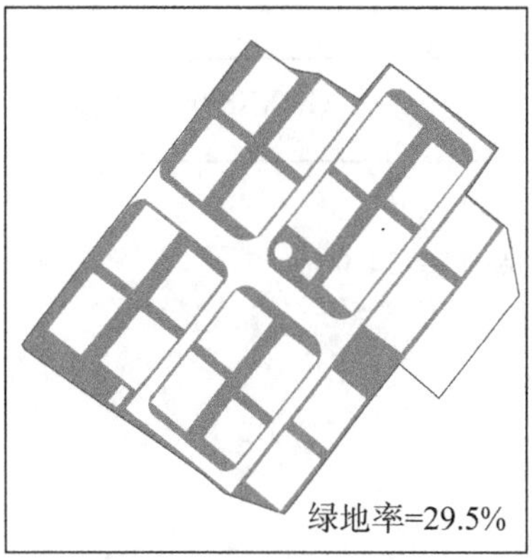

(c)DJK-26 居民点

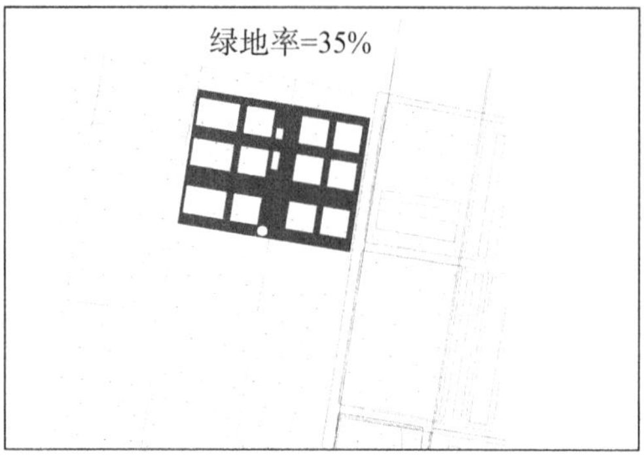

(d)DJK-07 居民点

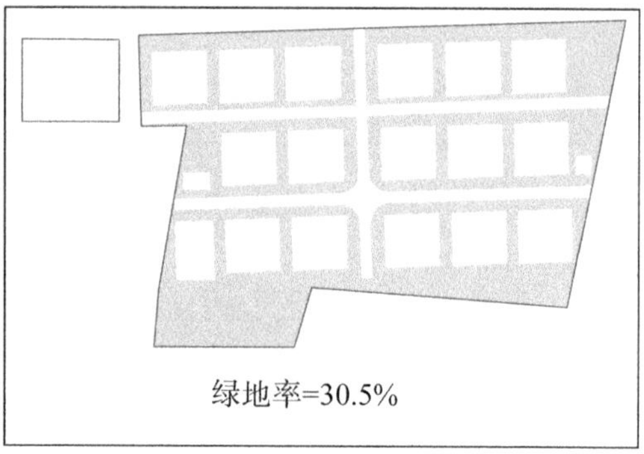

(e)DJK-14 居民点

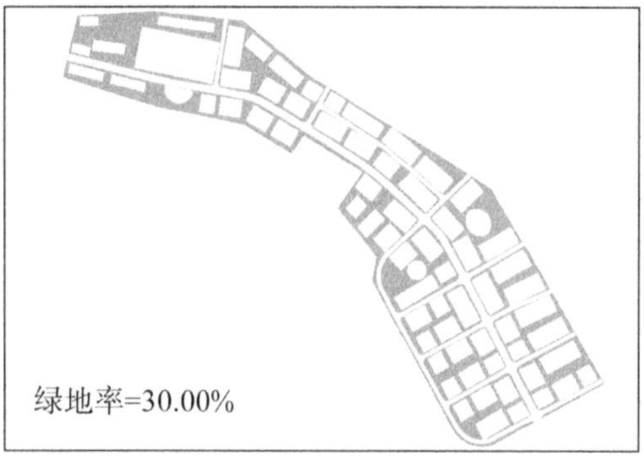

(f)DJK-71 居民点

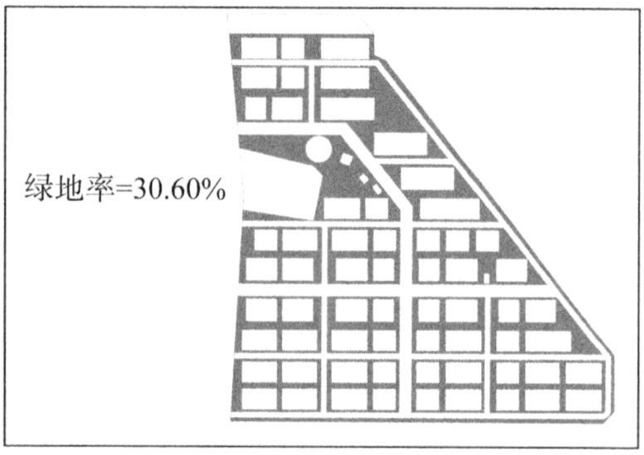

(g)DJK-57 居民点

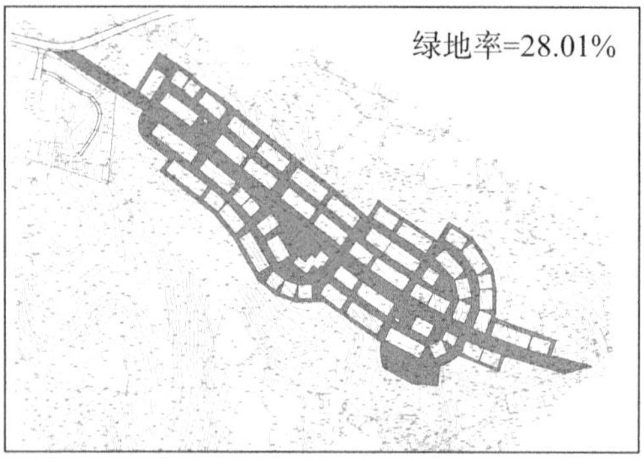

(h)XXS-04 居民点

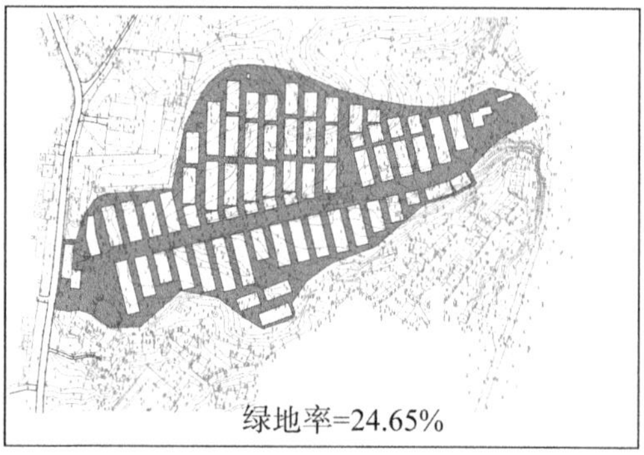

(i)XXS-06 居民点

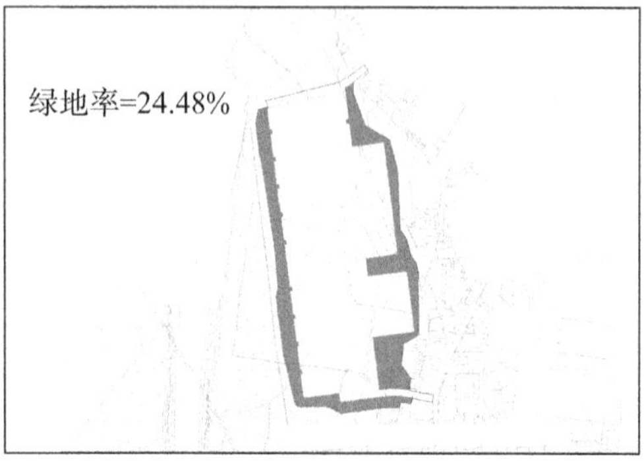

(j)HYH-03 居民点

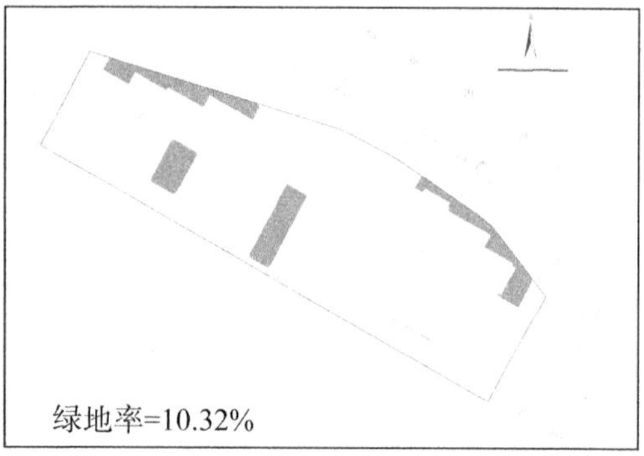

(k)HYH-06 居民点

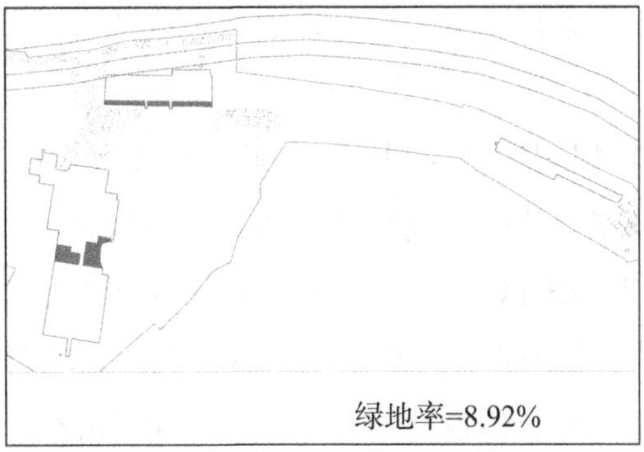

(l)HYH-07 居民点

图 7.8-5 平原型典型农村居民点绿地率

7.9 历史文化

农村居民点的历史文化是乡村社会的重要组成部分，具有丰富的历史遗产和独特的文化传统。历史文化的积淀体现了农村社会的多样性和独特性，对于传承和弘扬农村地区的优秀传统文化、激发农民的创造力和创新能力具有重要意义。

农村居民点历史文化保护方面要从整体格局保护和历史遗产保护两方面展开。

整体格局保护：保护历史过程中形成的村落内道路网格、水系、院落、绿地以及村落建筑平面形态。保护形成传统格局的重要元素，如地形地貌、河湖水系、农业遗迹、乡土景观、自然生态等。

历史遗产保护：深入挖掘村庄历史文化资源，落实文化保护控制线，提出历史文化景观整体保护措施。明确历史建筑或传统风貌建筑、历史环境要素、地质遗迹、非物质文化遗产等的保护对象名录。保护好历史遗产的真实性，防止大拆大建，做到应保尽保。

农村居民点的用地选择、用地布局、各项设施的选址、道路与工程管网的选线，应有利于村镇历史文化的保护。选址在历史风貌控制区内的农村居民点应严格控制建筑的高度、体量、色彩及形式。

7.10 建筑风貌

为保证农村居民点安置区建筑彼此间的协调，强化总体景观风貌控制，必须对安置区建筑风格提出基本的设计导向。规定建筑的尺度、形式、材料、色彩等设计要素，使安置点的建筑风格既具有特色又协调统一。通过规划设计、建筑美化、绿化环境、改善交通、建设公共设施以及保持环境卫生等措施，提升农村居民点的村容村貌，改善居民的生活环境和居住条件。进一步推动农村地区的可持续发展和提高农民的生活品质。

《榆林市实用性村庄规划编制导则》提出，黄土丘陵风貌区整体以窑居风貌为主，凸显村落与黄土大地景观一体的空间特色。风沙草滩风貌区整体以平房建筑风貌为主，新建建筑要汲取优秀传统做法，创造简洁、大方的建筑形象，优先采用地方材料。《成都市社会主义新农村规划建设技术导则》强调，农村住房外观应按照“多样性”的原则，体现地方特色，公共配套建筑外观应尽量个性化，使之成为村落的标志性建筑，建筑立面应高低错落，进退变化，层次丰富。《淅川县乡村振兴规划建设导则》建议，以淅川乡村传统民居特色为基础，挖掘楚都建筑特色，创新化设计，规划建设淅乡楚风风貌特色。《福建美丽乡村建设指南》指出，一般性建筑整治不做大拆大建，原则上用本土材料，由本地工匠施工。具有较高历史文化价值的历史建筑、特色建筑，应专项设计，按设计要求进行重点保护，保留原始结构与风貌，适当清洁、修复，做到修旧如旧。

建筑肌理：提取、继承地方村居原有构筑方式所反映出的组团风貌、屋顶形式、立面特征、总平面构成肌理等要素，使之体现传统特色。

建筑高度：应满足农村居民点生活空间尺度要求，以1～3层为主，室内净高不宜大于3m，其中底层层高可酌情增加，但不宜超过3.6m，局部净高不低于2.5m。

建筑形体：住宅建筑形体应当整体规整、比例合宜、错落变化、层次丰富。避免形体呆板、体量硕大、比例失调，宜灵活运用院落、敞厅、天井、露台等形式，使室内外空间既有联系又有分隔，构成开敞通透的空间格局，满足自然通风采光和夏季遮阳的基本要求，并符合居民生产生活习惯和审美需求（图7.10-1）。建在坡地、水边等有地形变化地带的农房，应顺应地貌地势，运用台阶、坡道、出挑等不同形式灵活组织建筑形体，避免简单的挖山填塘。

图7.10-1 建筑形体

建筑材料：在经济可行、保障安全的前提下，提倡采用木、竹、石、砖、土等乡土材料，以提升建筑的乡土趣味。鼓励使用装配式绿色节能新型材料，突出色彩、质感等方面的特性，彰显风貌特色。鼓励将新材料与传统材料结合使用，在乡土语境中体现现代气息。

建筑色彩：乡村色彩是农村居民点形态、视觉形象和人居环境的重要组成部分，也是展现农村居民点形象和风格，体现农村居民点个性和品位，提升乡村品牌和竞争力的重要因素。农村居民点建筑色彩趋势尊重乡村个性，反映农村居民点特色并体现居民的价值与自信，体现生命、文化、建筑、自然、文明的氛围多样性。

居住建筑色彩应当在地域传统建筑中汲取营养，遵循所在区域整体色彩特征，与周边建筑整体协调，避免色彩突兀、格调低下、反差过大、难以融入环境建筑色彩应基于地方材料的本色。建筑色彩选择宜平稳，主色搭配以 2～3 种为宜，避免色彩过于繁杂，新建建筑的色彩选择要与农村居民点核心色调基本保持一致。

第8章 结 语

8.1 研究结论

8.1.1 农村居民点选址

农村居民点的选址应符合市、县级国土空间规划中市域、县域城镇发展格局、职能结构、国土空间控制线、村庄规划等规划要求。

用地安全方面，避免选择滑坡、浸没、坍岸、泥石流等不良地质地段和洪水影响区。

交通区位角度上，农村居民点通常分布在省道、县道和乡村公路沿线，交通便利，便于居民的日常出行和与外界的联系。

自然环境方面，水源供给充足、水网稠密的地区居民点集中且规模较大。水源供给匮乏、水网稀疏的地区居民点则较为分散且规模较小。

人文环境方面，农村居民点应尊重迁建移民和迁入地居民的风俗习惯，采取就近安置的原则。

生态环境方面，农村居民点的选址应避开自然保护区、生态敏感区等区域，选择生态质量较好、具有较强自我调节能力的区域。

8.1.2 农村居民点规模

(1)人口规模

按居民点规模分，特大型农村居民点总户数在251～500户为宜，可聚集农村居民人数1001人以上；大型农村居民点总户数在151～250户为宜，可聚集农村居民人数601～1000人；中型农村居民点总户数在51～150户为宜，可聚集农村居民人数201～600人；小型农村居民点总户数在20～50户为宜，可聚集农村居民人数50～200人。

按地形地貌差异分，山地型农村居民点总户数在80～120户为宜，可聚集农村居民人数280～480人；平原型农村居民点总户数在120～300户为宜，可集聚农民人数420～1200人。

(2)用地规模

农村居民点容积率控制在0.7～0.9为宜，人均建设用地面积控制在80～100m^2为宜，总用地规模控制在2万～14万m^2为宜。

(3)用地分类指标

居民点用地以居住用地为主，居住用地规模控制在65%～80%为宜，道路用地规模控制在20%～28%为宜，公共管理与服务用地控制在1%～10%为宜，公用设施用地规模控制在1%～4%为宜。

8.1.3 基础设施

(1)道路交通

1)对外交通连接。

农村居民点的外部交通应当与内部交通保持顺畅的衔接关系，外部交通组织应当充分考虑地理条件、人口分布、通勤车数等综合因素，科学规划线路走向，充分考虑与乡镇企业、旅游景点、农业基地、学校等人流集聚方向的线路衔接。内部道路与交通量大的外部道路的交叉口应当设置入口标识，交叉口道路转弯半径应考虑视距三角。与交通干道形成的交叉口或重要地段处应设置减速让行、停车让行等交通标志。

2)道路标高。

道路纵坡坡度应控制在0.3%～3.5%，纵坡度大于3.5%时，应采取相应的防滑、减速措施。道路横坡一般宜采用双面坡，宽度小于4m的道路也可采用单面坡，坡度控制在1%～2%。道路两侧应设置排水沟渠或埋设排水管道。当路面高于周边场地时可根据情况设置路肩。

3)道路分级。

规划农村居民点路网分为三级，其中干路红线宽度为10～16m，两侧规划人行道；支路红线宽度为9～12m，两侧规划人行道；巷路红线宽度大于等于3.5m。路面结构皆为水泥混凝土路面。

(2)给水指标

居民综合用水量指标按人均100～140L/d考虑；公建用水按生活用水的10%考虑；绿地及浇洒道路用水按生活用水的5%考虑；管网漏损及未预见水量按上述用水量之和的10%～15%考虑。一次消防用水量为108m^3。

(3)排水指标

集中居民点采用雨污分流制，村庄生活污水采用集中式处理，利用氧化沟、生物塘（稳定塘）、生活滤池等统一处理达标后排放或灌溉利用，污水量按总用水量的70%～80%计算。

(4)电力指标

供电标准为4～8kW/户，公建用电指标为50～100W/m^2，其他用电按上述各项总和的5%计。小区内部采用箱式变电站供电，高低压配电干线全选用YJV－1kV绝缘电缆地埋敷设。

(5)通信标准

通信网络采用光纤到户方式建设，按满足多家电信业务经营者平等接入，用户可自由选择电信业务经营者的要求组网。电信主干线路采用光缆地埋敷设。

(6)燃气和供热

燃气：推荐近期使用罐装液化气，远期完成管道燃气安装。

供热：按照不同的建筑形式，推荐家用小型采暖系统、太阳能采暖房、电取暖以及锅炉房集中供暖等冬季采暖方式。

8.1.4 历史文化

农村居民点规划设计历史文化方面应注重整体格局保护与历史遗产保护。

整体格局保护：保护村落内道路网格、水系、院落、绿地和建筑平面形态等历史形态元素，以及地形地貌、河湖水系、农业遗迹、乡土景观和自然生态等传统格局要素。

历史遗产保护：挖掘村庄历史文化资源，设定文化保护控制线，提出整体保护措施。明确保护对象名录，包括历史建筑、传统风貌建筑、历史环境要素、地质遗迹和非物质文化遗产。保护历史遗产的真实性，避免过度拆除和建设，力求最大程度地保护。

8.1.5 村容村貌

(1)绿化建设

行道树绿地：布置在农村居民点主要道路沿线，道路两侧种植行道树及绿化带等，形成带状绿化；公共绿地：主要布置于农村居民点各个组团内部的路旁或公建旁，结合广场区域形成片状公共绿化空间，种植花草树木；宅间绿地布置：在道路斜交所形成的斜角内或每栋房屋前后间隙，形成点状宅间绿化；庭院绿化：庭院种植划定明确的作物种植分区，既保证蔬菜瓜果的正常生长，亦能形成种植肌理明显、富有特色的庭院景观。

(2)文化建设

农村居民点文化建设与村口空间建设相融,可利用原有历史构筑物或小型入口广场等方式强调入口的空间感,并与整体风貌相协调。充分展现乡村历史文化,彰显农村居民点的文化品牌。避免体量过大、村口空间与农村居民点原有空间格格不入;也避免体量过小,不能展现公共空间起点的节点风貌。布置宜突出标志性景观要素,院内景观小品应立足居民生活,满足居民休憩乘凉、种植取水、邻里交往等功能。

8.2 研究创新点

8.2.1 研究范围广

本书研究打破行政区划的边界,以长江流域、松辽流域农村居民点为研究对象,研究样本具有典型代表性和说服力。

自1983年,长江设计公司承担三峡百万规模的移民安置规划设计后,又陆续承担了南水北调、DJK水库等国家级大型水利水电工程的移民安置工作,在农村居民点规划设计中积累了丰富经验,对移民安置的整体框架、技术要点都有深刻的研究与成果。本书研究样本是从长江设计公司多年规划成果中选取的100余个典型农村居民点,样本数量多、样本间差异化大,可以对水利水电工程建设农村移民集中安置居民点规划设计做出重要指导。

8.2.2 切入点新

目前研究水利水电工程建设的文献极多,从工程选址、工程建设方法、工程产生影响、工程先进的技术手段等多个方面都有许多学者进行了详细的研究;集中安置居民点的研究已经具备坚实成果,各个省市及区县均已制定出符合本地实际情况的安置房建设标准,但多为城市集中安置房、农村集中安置房规划及建设标准较少;而水利水电工程建设农村移民集中安置居民房的建设标准尚处于空白领域。

现承担农村居民点规划设计单位多样,有水利行业、水电行业、市政行业、规划设计行业、建筑行业等不同类型设计院,在规划设计农村居民点过程中,因缺乏安置居民点的行业设计标准,导致参照的建设用地标准、道路标准、基础设施标准各式各样,规划设计成果质量参差不齐,常常出现用地指标大幅度超标、道路等级过高或过低、基础设施标准不达标等问题。本书通过建立农村居民点规划设计指标体系,从技术层面提供技术标准指引,统一规范要求。

参考文献

[1] 迈克尔·M.塞尼.移民重建发展：世界银行移民政策与经验研究(二)[M].南京：河海大学出版社，1998.

[2] 中共中央,国务院. 关于统一规划体系更好发挥国家发展规划战略导向作用的意见[EB/OL].[2018-12-08][2020-01-10]. https://www.sohu.com/a280492062_656518.

[3] 水利部.水利水电工程建设农村移民安置规划设计规范:SL 440—2009[S]. 北京:中国水利水电出版社,2009.

[4] 段跃芳. 非自愿移民补偿理论与实证研究[J]. 三峡大学学报，2005(6)：113-116.

[5] 单颖，左绪海. 水库移民安置后评价指标体系探讨[J]. 人民长江，2010(12)：26-30.

[6] 孔一枚，詹恒. 移民项目可持续后评价指标体系及方法研究[J]. 金融经济，2007(2)：31-33.

[7] 韩江江，李红远，肖银松,等. 水电工程移民安置规划与国土空间规划衔接的几点思考[J]. 水力发电，2020,46(10)：15-17,27.

[8] 袁子轶，胡波. 水电移民农村居民点道路规划及指标研究[J]. 水力发电，2017,43(6)：9-12.

[9] 蒋东方，朱朝阳，黄达智,等.基于美丽乡村的水库移民居民点规划设计的思考[J]. 水力发电，2020,46(7)：53-55.

[10] 郃艳丽，刘海燕. 我国村镇规划编制现状、存在问题及完善措施探讨[J]. 规划师，2010(6)：69-74.

[11] 梁娟. 新时期水库移民安置目标的界定与指标设计[J]. 人民黄河，2013.8：99-105.

[12] 水利部.水利部办公厅关于大中型水库移民后期扶持“十四五”规划编制工作的

指导意见[Z]. 办移民〔2020〕98 号,2020.

[13] 中共中央,国务院. 关于建立国土空间规划体系并监督实施的若干意见[Z]. 中发〔2019〕18 号,2019.

[14] 方明，刘军. 改革开放以来的农村建设[M]. 北京：中国建筑工业出版社，2006.

[15] 国务院. 村庄和集镇规划建设管理条例[Z]. 1993.

[16] 雍蓓蕾. 村镇的旅游性更新改造设计[D]. 重庆:重庆大学,2008.

[17] 胡琦琪. 乡村旅游背景下四川省新农村规划设计研究[D]. 重庆:重庆大学,2013.

[18] 中共中央,国务院. 乡村振兴战略规划(2018—2022 年) [M]. 北京:人民出版社,2018.

[19] 陆非,蒋建东. 城乡关系视角下的水利工程移民规划研究[J]. 长江技术经济,2020,4(1):69-75.

[20] 中华人民共和国建设部,中华人民共和国质量监督检验检疫总局. 镇规划标准:GB 50188—2007[S]. 北京:中国建筑工业出版社，2007.

[21] 中华人民共和国住房和城乡建设部. 村庄规划用地分类指南[Z]. 2014.

[22] 梁娟. 新时期水库移民安置目标的界定与指标设计[J]. 人民黄河，2013(8):99-105.

[23] 罗万云,韦惠兰,王光耀. 农民生态移民意愿及其决定因素 ——来自甘肃省沙漠边缘农户调查的微观证据[J]. 人口与发展,2019,25(2):97-107.

[24] 马驰骋. 基于城市特色的城市设计导则编制研究[D]. 西安:西安建筑科技大学,2010.

[25] 吴松涛,郭恩章. 论详细规划阶段城市设计导则编制 [J]. 城市规划,2001,25(3):74-77.

[26] 邵甬,陈悦. 历史城镇保护与设计导则研究与实践——以平遥为例[J]. 城市规划学刊,2020(6):102-109.

[27] 李红波,张小林. 国外乡村聚落地理研究进展及近今趋势[J]. 人文地理,2012,27(4):103-108.

[28] 金其铭,等. 乡村地理学[M]. 南京:江苏教育出版社,1991.

[29] 焦贝贝,石培基,刘春芳,等. 黄土高原低山丘陵区农村居民点分布与地形因子关系研究——以兰州市七里河区为例[J]. 资源科学，2013，35(8)：1719-1727.

[30] 闫庆武,谭学玲. 基于 GIS 的半干旱农牧交错区农村居民点分布特征研究——

以内蒙古伊金霍洛旗为例[J]. 干旱区资源与环境, 2017, 31(5): 107-112.
[31] 何建,杨庆媛,藏波,等. 基于 ArcGIS 的农村居民点选址研究——以重庆市石柱县冷水镇八龙村为 例[J]. 西南师范大学学报(自然科学版), 2014, 39(2): 72-79.
[32] 宋文,吴克宁,刘霈珈,等. 基于空间自相关的区域农村居民点分布与环境的关系研究[J]. 中国农业资源与区划, 2016, 37(12): 70-77.
[33] 马雯秋,朱道林,姜广辉. 面向乡村振兴的农村居民点用地结构转型研究[J]. 地理研究,2022,41(10):2615-2630.
[34] 赵之枫. 城市化加速时期村庄结构的变化[J]. 规划师,2003,19(1):71-73.
[35] 姜广辉,张凤荣,陈军伟,等. 基于 Logistic 回归模型的北京山区农村居民点变化的驱动力分析[J]. 农业工程学报,2007(5):81-87.
[36] 曲衍波,魏淑文,商冉,等. 基于“点—面”特征的农村居民点空间形态识别[J]. 资源科学,2019,41(6):1035-1047.
[37] 刘彦随. 中国新时代城乡融合与乡村振兴[J]. 地理学报, 2018,73(4): 637-650.
[38] 胡健, 王雷. 土地利用规划的刚性与弹性控制途径探讨[J]. 规划师, 2009, 25(10): 85-89.
[39] 肖元延,徐才灶. 移民安置环境容量评价探讨[J]. 水利经济,1998(6):34-39.